石が語る西海の歴史

倭寇とキリシタン世界を読み直す

市村高男
大石一久
原口　聡
編

横瀬浦（長崎県西海市西海町横瀬浦郷）

アルファベータブックス

滑石製弥勒如来坐像（奈良国立博物館蔵）

大村·箕島出土経筒（長崎県大村市教育委員会蔵）

「海夫」銘地輪（西海市西彼町八木原）

薩摩塔の相輪付き笠
（針尾・小鯛城跡周辺、佐世保市針尾中町祇園寺保管）

唐人墓（西海市西海町面高）

平原「INRI」キリシタン碑（西海市西彼町平原）

まえがき

世界遺産登録推進で賑わう外海といえば西彼杵半島南部のキリシタンの里を指すが、本書が扱う西海（肥前西部）とは西彼杵半島の北部、主に現在の西海市域にあたるエリアである。急峻な山岳がそのまま荒海に突っ込む外海と大村湾の穏やかな波間にとけ込む内海からなり、同じ半島とはいえ、その地勢は対照的である。ただ、ともに後背地に乏しく、かつては「陸の孤島」とまでいわれ、人々の往来には厳しい環境をなしていた。

この「陸の孤島」という表現は、おそらく移動や物流の主体が陸上の道（街道）に取って代わった近世以降の喩えであり、それ以前の中世までの主なルートは海上であった。今でいう高速道路も海の道であり、人々の往来はいうまでもなく、多くの物流も海の道を通して運ばれた。しかもこの道は、陸上の道に終点があるのとは違い、遠い異国の地とも結ばれた、いわばエンドレスの道であった。

ただ、中世の国際道路・海の道に参入するには、外航船に適した港を用意できるかどうかにかかっている。幸いにも、外海がもつ深い入り江は天然の良港として外航船の出入りを容易にし、ある時にはサービスエリアとしての機能も果たした。だからこそ、海外雄飛の希望は時と志しが満たされれば叶うし、また逆に海の彼方から荒海を越えてやってくる異邦の人々も多かった。小鯛の針尾城跡や面高の唐人墓は中国大陸との交渉を物語り、その延長で南蛮船が横瀬浦に入ってきた。『日本史』の著作で有名な宣教師ルイス・フロイスが日本への第一歩を踏んだのも横瀬浦であった。

また西海の地は、その独特の変成岩帯から採石した石製品において国内向けの一大生産地であった。滑石という石材からは、中世のブランド商品である石鍋が大量に製品化され、北海道を除く日本列島のほぼ全域に販路を拡大させて、西海の名を一躍全国に知らしめた。

石鍋はいわば生活用具の一種であるが、この技法はより拡大をみせて宗教関係の物作りへと発展した。その代表が壱岐島で発見された弥勒如来坐像滑石製経筒であり、現在は国の重要文化財に指定されている。また、中世の石塔は島原半島を除く県内本土部をすべて賄い、遠くは佐賀県の有田町、嬉野市、鹿島市まで、西海の緑色片岩製塔に後生の安寧を委ねた。

このように、中世までの西海地域は、海の道を介した海外との交流といい、また当地が持つ資産をフルに活用したブランド商品作りといい、まさに活気溢れる最先端の地であった。しかもこの伝統は近世以降でも活かされ、西海が持つもう一つの資源である捕鯨業や石炭産業へと受け継がれていく。

本書は、平成二四年二月に開催された「西海公民館歴史講座シンポジウム」での各パネラーの論考を基本にして、主にモノから見た中近世の西海地域を掘り起こしている。最近の考古学や石造学研究の進展は、これまであまり知られていなかった新たな西海史像を浮き出している。また本書では、同じ変成岩地帯である吉野川流域（徳島県）での石造事例まで収録することができ、今後の比較研究において大きなステップになるものと確信している。

各領域からのアプローチとはいえ相互に関連しており、しかも文献史とのコラボによって、より多面的学際的に西海の歴史を描いている。そういう意味で、モノと文献を通してみる西海の姿に、将来の青写真を描く際、何らかの指針を見出していただければ幸いである。

末筆ながら、本書作成にあたり、公私にわたりご協力いただいた関係者各位及び各機関に心からお礼を申し上げたい。

市村　高男
大石　一久（文責）
原口　聡

目次☆石が語る西海地域の歴史——倭寇とキリシタン世界を読み直す

I　モノから見た中近世の西海地域

中世石造物から見た西肥前
——西海地域の歴史像——

大石　一久

私達の周囲には、由緒も知れない数多くの石造物がある。普段は何気なく見過ごしているが、そこには造立当時の社会の一面を探ることのできる豊かな内容が含まれている。

人間と石の関係は石器時代より始まるが、ここでいう石造物とは、一般に石を材料として製作された遺品のうち考古学が対象とするものを除き、その形がすべて人工的に彫出されたものや、たとえ一部であれ石面に美術的彫刻を加えたものを指す。とくに飛鳥時代以降の仏教文化のひろまりにともなって著しく発展し、種目は石塔・石仏・石灯籠など二十五種近くに分類される。その中で五輪塔や宝篋印塔《ほうきょういんとう》はよく知られた石塔である。

一　石造文化圏

石塔を建塔できる階層は時代によって異なるし、また地域によって石材や石造物の形などに違いが出てくる。各地域で石造物に適した石材となれば限られてくる。そのために地域ごとに石質の違いや石工技術の高低、また石工自身がもつ個性ある意匠などによって石造物の形態に微妙な差異を見せている。そこに地域独自の石造文化圏が設定されてくるわけであるが、ただ石造文化圏の設定はあくまでも中世までである。次の江戸時代以降になると、地域を越えた広い範囲での物流や情報の交換が可能となって石塔類の商品化が一般化し、形態の画一化がおこる。そのため日本全国ほぼ大同小異の形状をもった石塔で占められるようになり、中世で見られたような地域ごとの個性ある石造文化圏の設定は基本的にできない状態となる。

中世における九州全域にあって、その主な使用石材は凝灰岩《ぎょうかいがん》（溶結凝灰岩）と安山岩である。とくに福岡県・大分県・宮崎県・熊本県・鹿児島県など阿蘇山周辺の地域では凝灰岩が主であり、そこからやや離れた佐賀県が凝灰岩と安山岩を併用している。

もちろん、地域によっては上記二種類以外の石材も使用している。鹿児島県の川辺郡などでは山川石と呼ばれる凝灰岩の一種が用いられ、また主に太宰府以北の福岡県などにあっては非常に早い段階から硬質の花崗岩が使用されている。さらに角礫《かくれき》凝灰岩や玄武岩、また一五〇〇年代後半以降になると各地で軟質の砂岩が使用され、製作時期と地域の状況により、その使用石材は多種多様である。(1)

ところで、凝灰岩を使用している地域が広範囲に及ぶことは上述した通りであるが、ただ同じ凝灰岩を使用していても各石造文化圏ごとに独特の形態をもっている。例えば宮崎県の五輪塔は軒面が非常に大きくとられて他地域の五輪塔のそれとは明らかに異質であり、また熊本県（とくに菊池地方）の宝篋印塔では基礎を数段の階段状にするなど他の文化圏からは想像できないような形態をもっている。さらに大分県の一地域（大野郡）では、南北朝期を中心に「玄正塔」と呼ばれる特異な形態をもつ宝篋印塔が知られている。このような傾向は何も凝灰岩だけに限ったことではなく他の安山岩などでも同じであり、石材は同じでも地域ごとに特色ある個性を読みとることができる。

現在の長崎県域は、西彼杵《にしそのぎ》半島産の緑色片岩と多良山系などの佐賀県側で採れる安山岩を使用しており、

図１　石材・塔形式による分類

緑色片岩製（滑石・蛇紋岩も含む。西彼杵半島産）

佐賀型（安山岩を主体に凝灰岩・玄武岩等も含む）

安山岩質凝灰岩製（蓮弁式型）

（註）特に室町後期以降、緑色片岩製区域全域で佐賀型の流入が顕著になってくるが、図表では、その両形式塔の混在は表示しない。

緑色片岩製塔

中央形式塔

安山岩製塔

それぞれに他地域に見られない個性豊かな形態をもっている（図1）。とくに緑色片岩を石材にしている地域は日本列島全域にあっても数ヵ所であり、そこに全国からみた長崎県の中世・石造物の特異性が示されている(2)。

このような石造文化の違いは当時の各地域ごとの生活文化や精神文化と深く結びつき、結果的に地域の石塔として生活文化そのものに包含されていったと考えられる。とくに五輪塔や宝篋印塔などの石塔類は主に埋葬に関わる墓塔であるため、被葬者またその関係者の生活文化と密接に繋がっている。具体的には自分らが住む地域で製作された石造文化こそが、自分らの死後の往生に繋がる石塔としてインプットされており、形態や石材が異なる他の文化圏の石塔には基本的に違和感を持つのである。

こんな話しがある。五島列島福江島は近世以降石工集団が登場し、その伝統は今でも受け継がれている。昭和三〇年代に「金の卵」として東京など大都市に集団就職した人たちが高年齢に達した現在、就職先の東京などで墓所を探し墓塔を求める際に、自分が生まれた五島の石工さんにわざわざ注文をしてくるという。まさに自分らの死後の往生に繋がる石塔は、自分が出生した故郷・五島で製作された石塔なのである。

商品化が一般化し、形態の画一化が激しい現代にあっても、五島での事例のように、たとえ一部であれ、経費や時間を惜しむことなく、わざわざ出生地で製作された石塔を求める人たちがいる。ましてや各地域ごとの生活文化や精神文化とより強固に結びついていた中世という時代にあっては、現代以上に個性豊かな地域の石塔が求められたものと思われる。この点が中世・石塔類の性格が陶磁器や銭貨などの性格と基本的に異なるところであり、例えば佐賀型の安山岩製塔の石造文化圏では、基本的に他の石材使用の石塔類は建塔しないし、また西彼杵半島（長崎県）の緑色片岩製塔文化圏に属する人々は、これまた緑色片岩製塔のみ建塔し他の石造文化は受け入れない状況を生み出す。それだけにその地域の石造文化とは異質な石塔類が確認される場合には、その建塔の背景に人々の移動を含めた政治的社会的な問題が想定されるのである。

このような異文化圏の石塔類は異質石塔として区別するが、ここで問題にしている西海地域及びその背後の大村湾内や佐世保湾内を含めた西肥前でも、本来の緑色片岩製塔文化圏内に異質な他の文化圏の異質石塔が確認されてくる。この問題については「異質石塔」の項で詳述するが、中世における石造文化は、より広域的に商品化が一般化してくる近世以降の石造文化とは、基本的に異なった個性豊かな地域色を示しているのである。

二　石塔を建てた人々

この世に生をえた人間が現実の安寧や死後の往生などのために造塔を願う行為が一般的になるのは、とくに鎌倉時代以降といわれている。その際、供養塔であれ墓塔であれ、経済的社会的に優位に立つものはその力に見合う大型のものを建塔し、石材も良質のもの、彫出技術も優れたものを求める。長い間造立に縁のなかった庶民層にその造立の条件がととのえば、たとえ小型で簡素化されたものであっても求めて建塔するであろう。

一般に鎌倉・南北朝期の石塔類は大型ないし中型のものが大部分を占め、石質・彫出技術も優れたものが多い(3)。また、その遺跡数は限られている。それに対し室町期それも後期にくだるに従い、基数はより以上に増加するが、簡略化・画一化された、石造学的には退化を意味する小石塔が一地域に限っても数ヵ所で確認されてくるようになる。

このような表れ方は、中央（大和・山城）と地方さらには各地域間で微妙な差異が認められる。そこに造立階層の問題が、その地方における階層分化、庶民層の成長、惣村の成立過程など、中世社会における諸問題を探る重要な課題の一つとして位置づけられるのである。

ところで、九州内における造立階層の表れ方は、博多など一部の中心的港市とそれ以外の地方で異なってくるが、旧大村藩域を含む長崎県にあっても、本土部と国境をまたぐ島々とでは明らかに造立階層に違いがみられる。ここでは長崎県本土部の造立階層について略述したいと思うが、ここで示した造立階層の傾向は博多を除く九州全域の傾向とほぼ一致するものと考えられる。

以下、各時代ごとにどのような階層の人々が石塔を建塔したのか略述するが、対象エリアは旧大村藩領域を軸にした長崎県域である。なお、詳細については拙著「地方における中世石塔造立階層の問題について」（『史迹と美術』第572号所収）を参照していただきたい。

①平安末・鎌倉・南北朝（一一〇〇年前後〜一三〇〇年代後半）

造塔者は、中世有力寺院の高僧、有力名主層以上の限られた少数のクラスと考えられる。実際、造立者が限定されていることから基数は非常に少ない。平安末から鎌倉初期に想定される石造物は笠塔婆・単体仏・経筒《きょうづつ》などであり、素材はすべて滑石製品で末法思想などとの関係がうかがわれる。また、鎌倉時代後半から出現する石塔類は、有力者による造塔を裏付けるように、一般に大型塔で占められている。彫出技術は、地方色豊かな地元の石塔（緑色片岩製塔や安山岩製塔）については、初期の鎌倉期のものはまだ拙ない部分もあるが、鎌倉末期から南北朝さらに室町前期になるにしたがい、次第に彫出内容は高度になってくる傾向にある。ただ、室町中期以降になると、形態は次第に形骸化・簡略化の傾向が認められてくるようになる。

さらにこの時期の遺跡数は、限られた階層による造塔という点を裏付けるように、非常に限定される。一般的には、一地域で一ヵ所程度である。つまりこの早い時期の石塔類が確認される場所は、その地域にあって中世における中心地またそれに近い範囲の場所を示していると考えられるため、中世における地域の社会的様相を知る上で非常に貴重な資料を得ることができる。この点からも、例え残欠であれ、石塔類の文化財としての高い資料的価値が出てくるのである。

なお、十四世紀後半から十五世紀代にかけて、主に五島（若松町日島など）・対馬・平戸島など国境をまたぐ島々では四五〇基分以上の中央形式塔（主に福井県高浜町の日引石塔）が集中的に建塔されている。同時期の本土部の基数とは比較にならないほどの大量建塔であるが、これらの造立者については階層や身分という概念で捉えるよりも、一時的な経済的盛況（倭寇）による造立という設定がより実態に近いように思われる。

②室町前期（一四〇〇年代前半）

一部の地域で、複数の法名を刻んだ交名碑が確認されることから、階層分化の進展を背景に、造立階層が次第に拡大し、小名主層まで造塔に参加しえたと考えられる。この点は、遺跡数の拡大、さらには石塔自体の小型化傾向、形態の形骸化という傾向とも符合する。

交名碑の一例として、文安四年（一四四七）銘の宝篋印塔（**写真1**）がある。基礎だけの残欠であるが、良質の緑色片岩を石材とした横幅四一センチ・背高二十三センチの基礎で、その正面と両側面三面に紀年銘・造立の趣旨と同時に五十五名の法名が列記されている。その他、長崎県内では八基分の交名碑が確認されるが、それらはすべて一四〇〇年代前半から半ばの約五〇年間に建塔されていることがわかる。

なお、長崎県内にあって交名碑が多数（五基分）確認される地域は、東彼杵地区である。さらに大村市萱瀬地区と佐世保市内、それに長与町で一点ずつ確認される。この交名碑の出現は、これまでの伝統的な有力名主層が分化・崩壊して各地域に小名主が成長・独立し、現在の村・郷に近づく地縁的な郷村制が成立して

写真１　東彼杵・文安塔（基礎残欠）

いく過程を示していると思われる。

ただ、この伝統的有力名主層の分化という過程は、県下全域に共通する傾向というよりも、東彼杵などの一部の地域に限定された傾向のように思われる。そのため、この室町前期における造立階層は、確かに石塔数は増加してくるが、ただそれまでの造立階層である中世有力寺院の高僧、有力名主層以上の限られた少数のクラスに入る階層がまだ主な造立階層であったとすべきであり、この時期から一部の地域にあって小名主層の造立への参加ができてきたと考えられる。

③室町中期から後期（一四〇〇年代半ば～一五〇〇年代末）

主に室町前期ころから表れてくる石塔造立階層の拡大は、室町の後期になればなるほど顕著になり、各地に成長してくる小名主さらには役士層クラスまでもが造立に参加したと考えられる。それが室町後期に見られる小型で簡略化・画一化された粗雑な石塔類を大量に建塔した背景をなすものと思われる。また造立階層の拡大を背景に、この時期の遺跡数・基数はより拡大し、一地域に限っても数カ所で確認されてくるようになる。

ただ、この時代にあっても、造立者が上位階層のものであれば当然良質の石材を使用した大型塔を建塔している。その好例が、大村家十六代大村純伊《すみこれ》の墓塔「中庵」塔（写真２）である。この「中庵」塔は、緑色片岩というよりも蛇紋岩に近い硬質の石材を使用した五輪塔（地輪だけの残欠、横幅五三センチ・背高二〇センチ）で、上端には反花、表面は研ぎ出しを入れて丁寧な造りとなっている。「大永三年」（一五二三）の紀

写真２　「中庵」五輪塔（地輪）

年銘をもつが、この「中庵」塔は、室町期とくに政治的不安定を増す室町中期以降になると、以前の高僧などにかわって世俗的な有力者層が大型造立の主な担い手になってきたことを示すものとしても貴重である。

ところで、中世の長崎県において、明らかに庶民層による造立と考えられる仏塔（五輪塔や宝篋印塔など）は、今のところ一基も確認されていない。では、いつごろから庶民層は本格的に墓塔造立に参加できたのかと言えば、大体、江戸時代の十七世紀後半以降ではないかと考えられる。一般庶民層が寺院に自家の葬祭を永続的に委託する習慣、つまり檀家制度が本格的に持ち込まれたのは、おそらく一般に言われる「実にかの切支丹禁圧の一方法として用いられた寺請制度の普及以後[4]」と考えられる。このことからも、一般庶民層による整形された石塔の建塔が始まったのは、多分に寺請制度普及以後の十七世紀後半とくに元禄年間以降と考えられ、それを示す石塔（立石墓塔）も実際に確認される。ただ、博多では、南北朝期の康永三年（一三四四）銘の自然石塔婆（福岡市水茶屋）に「弥五郎」や「又四郎」など二十七人の名が連記してあり、その苗字なしの名から考えて九州全域において最も早く庶民層が造立に参加したものと考えられる。[5] 博多の開明度の早さがうかがわれる貴重な石塔婆である。

なお、江戸時代前半期の石塔類は、いわゆる今日の墓塔の一般的な形態をなす立石墓塔が主流を占めるようになるが、一方で五輪塔や宝篋印塔も継続して建塔される。ただ江戸期の五輪塔については、中世以来の形態を踏襲したものと、江戸期に新たに登場する独特の形態をしたものに大きく分けられる。

前者は、大部分が地域の石材（主に砂岩）を使用し、専門石工でない素人によると思われるほどの粗雑な五輪塔となっている。形態上は、全体に大型であるが、火輪の大きさに対して風・空輪が大きく製作され、しかもその形状は、本来の風・空輪の形状を逸脱したものとなっている。

後者の江戸期に新たに登場する五輪塔は、前者以上に大型であり、いわゆる有耳五輪塔と呼ばれるものである。火輪の四隅が上方に大きく反り上がり、風・空輪も異様に大きく造られるものである。この有耳五輪塔は、全体の塔形は本来の五輪塔の形態から大きく逸脱したものであるが、ただその製作技術が高いところから明らかに専門石工による製作であり、石材も良質のもの（当地にあっては安山岩が主）が使用されている。

なお、十六世紀末から主に十七世紀前期にかけて登場するキリシタン墓碑は、中世から近世の狭間、その一時期だけ公に建碑されていた墓碑であるが、このキリシタン墓碑がその後の日本の墓石形態に与えた影響には多大なものがあったと思われる。個別的なキリシタン墓碑については割愛するが、横に伏せる伏碑を特徴とするキリシタン墓碑は、旧来の五輪塔や宝篋印塔など立塔とは全く異なる新規な墓碑であったし、その性格も単なるモニュメントとしての記念碑的なものであった(6)。最終的に死者の霊が宿るというような日本伝統の墓塔の意味づけとは明らかに異質であった。この新規なキリシタン墓碑の出現を幕府は当然意識しており、キリシタン禁令以降、その取締り対策の一環として、伏碑のキリシタン墓碑とは真逆に「墓石は立てて戒名を刻むべし」と規制した。つまり幕府は、墓石は立塔で戒名を刻むべしと義務化することにより、キリシタン撲滅対策の一環としたのである。しかも、死後の世界まで規制を加えることで、結果的に現在の墓石形態まで限定することになった。全国津々浦々に至るまで同じ立石墓塔で占められた近世以降の墓石は、そういう意味で宗教色というよりも、政治色が濃い性格を持っているのである。

三　石造物製作のメッカ・西彼杵半島——生活用具から宗教遺品まで

江戸時代以降になると離島の五島や対馬などでも在地の石工が出てくるが、それが江戸時代以前の中世（平安末から室町・安土桃山時代）ともなると、石工らは特殊な技能者として限られた地域にしかいなかった。その場合、石工さんの生業《なりわい》が成り立つ最大の条件といえば、石造物に適した良い石材が豊富に採れるかどうかにかかっている。つまり、良い石材が採れる場所は石工の生業が成り立つことになるわけだが、ただ、その条件だけでは十分とは言い切れない。そこには、単に製作する側だけの問題だけでなく、あらゆるイロハが揃っていなければならない。つまり、良質の石材が豊富に採れてその石材に適した加工技術が用意され、しかも運び出しが容易であることなどの諸条件が必要となる。また、その問題以外に、製作に移る前段階として、石造物に関する理念や意味付けなどの宗教上の文化的刺激が加わって、その必要性が共有され、しかも宗教上の恩恵を享受できた階層からの関心や現実的な需要がなければならない。そういった種々の条件が揃《そろ》って初めて石造物の製作は可能となる。

このような種々の条件を満たし、中世の早い段階から長崎県内最大の石造物製作のメッカであったのが、現在の西海市を中心とした西彼杵半島であった。

〔西海産のブランド商品〕

《1》生活用具のブランド商品・滑石製石鍋

西彼杵半島産の滑石《かっせき》や緑色片岩を素材とした遺品のなかで仏教文化の伝播にともなって製作されてくる石製品は、今のところ滑石製経筒がその初源である。ただ、経筒製作の前提をなすものとして滑石製の紡錘車や石鍋などの生活用具が想定される。なかでも石鍋は、平安時代の十世紀ころから鎌倉時代をピークにして中世末まで製作されており、西海町はじめ大瀬戸町（ホゲット遺跡）など西彼杵半島全域にその製作所跡が確認されている。「筑紫國船越荘未進勘文」（『平安遺文』二一九七号文書）によれば、「石鍋一個に牛四頭」と交換されたというから当時相当に高価なものであったと思われる。(7)またその分布範囲は、北は東北から南は九州・沖縄までという広範囲であり、西彼杵半島を起点とする当時の海上交易がいかにエネルギッシュに展開されていたかをよく示している。ただ、その活動を実際に担っていた人々がどういう立場の人たちだったのか具体的にわかっていないが、刎木《はねぎ》城跡（西彼町）の五輪塔地輪の銘文から「海夫」の存在が知られている。そのため、この海夫を担い手とする海上交易で石鍋の物流が行われた可能性が想定されるが、この点については「『海夫』銘五輪塔に見る海民達の盛衰」の項で述べる。

なお、この滑石製石鍋の製作地について、稼動率は西彼杵半島までは高くないとしても、山口県請川地区や福岡県糟屋郡でも確認されており、石鍋以降の滑石製経筒や石仏などの問題を考える上でも、両地区での滑石製品と西彼杵半島産との比較・検討が今後望まれる。また和歌山県下にあっても石鍋製作の可能性が指摘されている。(8)

ところで、石鍋の製作技法は、その後の経筒や石塔類など仏教文化に伴う遺品の製作に継承されていったものと考えられる。中世石塔類に見られる鑿《のみ》面幅は一・二～一・三センチ内外であるが、この数値は石鍋のそれとほぼ同値を示しており、技法上の継承があったことを裏付けている。とくに平安後期から鎌倉初期に比定される滑石製経筒・単体仏・笠塔婆・宝塔などの製作には、石鍋製作の技法が認められる。

《2》宗教関係のブランド遺品

〔1〕滑石製経筒

西彼杵半島産の経筒で紀年銘をもった遺品といえば文治元年（一一八五）墨書銘大村箕島経筒（写真3）と文治五年（一一八九）銘明星ヶ鼻経筒（写真4）である。とくに明星ヶ鼻経筒には紀年銘と同時に「大勧進［僧］永金」と陰刻されている。この「永金」なる人物については資料的に全く不明であるが、経筒が埋納された十二世紀は九州一円に熊野修験の活動が活発化した時代といわれている。[9] また実際に大村・郡川周辺にあっても熊野修験の痕跡が認められることを考慮すると、この文治元年銘明星ヶ鼻経筒に関する埋経行為も熊野修験関係者（大勧進［僧］永金）による可能性が高いように思われる。[10]

ところで、壱岐島鉢形山より出土した滑石製の石造弥勒如来坐像（写真5）は、西肥前の埋経行為を考える上で重要な示唆を与える特異な遺品である。経塚からの出土は延宝五年（一六八一）で、延宝九年には再度埋め直したことが「石製彌勒如来埋納碑」に銘文として残る。現在は奈良国立博物館に保管されているが、ほぼ完形で像高は五四・三センチを計る。

写真３　大村・箕島出土経筒

写真４　明星ヶ鼻経筒

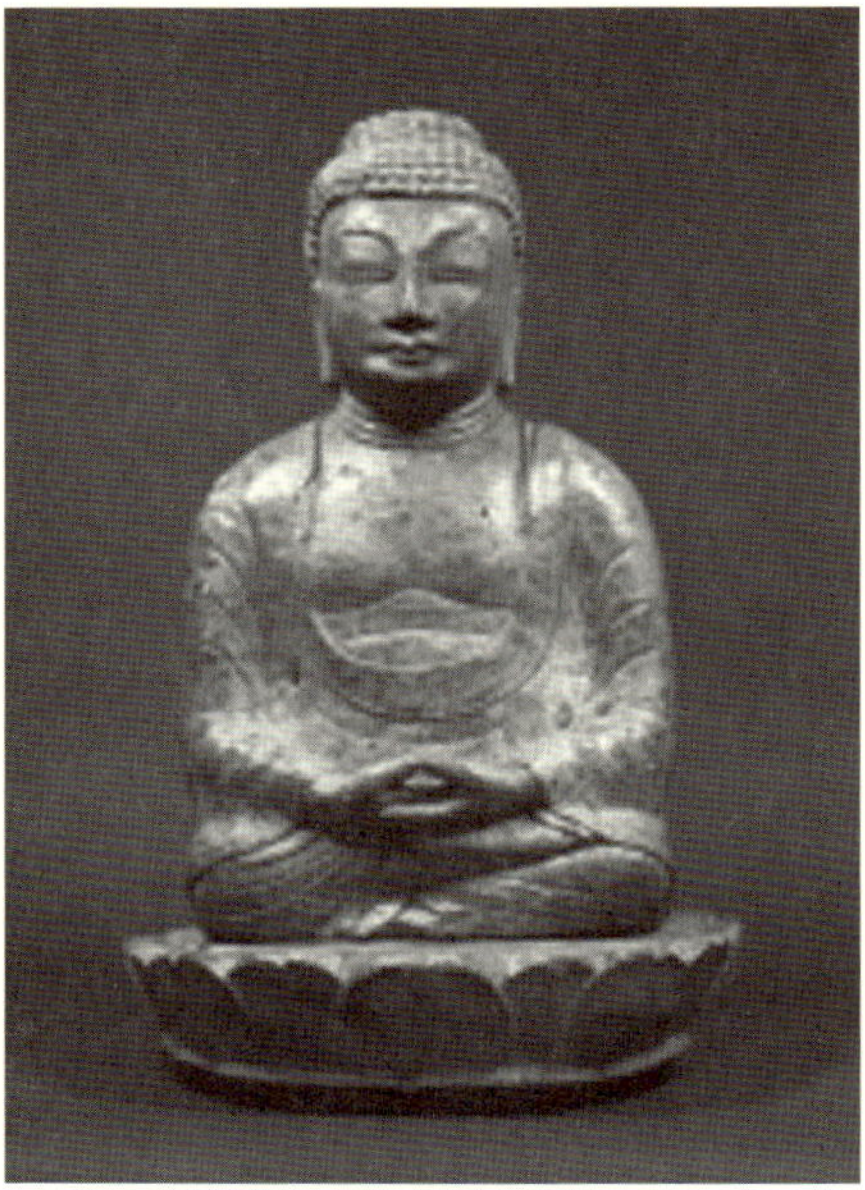

写真５　滑石製弥勒如来坐像

経筒といえば筒状の形態が一般的だが、この経筒は丸彫りの如来形坐像で、像の底部を長方形状に穿《うが》って像自体を経筒としている。他に類例のない特異な石仏経筒で、像様は通肩に衣をまとって法界定印の手印を結び、別石の同じ滑石製蓮台上に結《けっ》跏趺坐《かふざ》する。素材の滑石は西彼杵半島産と考えられ、採石の制約上、膝などの張り出しが短く不安定な造作となっている。

銘文は右肩から胴背面にかけて願文が毛彫りされているが、長文のため一部を左記する。

延久三年　月　日
当時國司正六位佐伯良孝／正六位大掾若江糸用／願主天台僧教因／佛師肥後講師慶因／佛師　頼圓／日本國壹岐嶋物部郷鉢形嶺／奉納置如法妙法蓮華経奉籠腹内／経者釋迦滅度二千年後始自延久二年十月／一日十七日書畢十一月十三日供養佛者／同二年十月十五日造畢／（以下略）

この願文によれば、延久三年（一〇七一）に壱岐国の国司佐伯良孝と若江糸用が、天台僧教因を願主として肥後の仏師慶因に造らせ、書写した法華経を像内に納め埋経した様相が書かれている。蓮台上面には弥陀の九品往生印が刻まれ、九輪中には上品上生から下品下生までの各印と願主・結縁者名が陰刻されている。

このように埋経に関わる経容器として滑石製の弥勒像自体を経筒にした類例は他になく、延久三年銘という時代性を含め、埋納思想の実態究明に貴重な資料を提供している。また、法華経・弥勒菩薩・阿弥陀如来の複合した信仰形態を示唆するものとしても、その学術的価値は高い。

この石造弥勒如来坐像経筒は、「日本國壹岐嶋」という願文からも、埋経地・壱岐島がもつ日本国の最前線という領土意識が読み取れ、とくに寛仁三年（一〇一九）、対馬、壱岐さらに北九州を襲った「刀伊の入寇」という侵犯事件が「日本國壹岐嶋」の表現に繋がったものと解釈される。(11) この危機意識は、十三世紀後半の元寇時における異国降伏意識と同じように、おそらく当時の西肥前全体に共通した意識であったものと思われる。

大村湾内にあっても、経筒以外に滑石製の単体仏や笠塔婆、宝塔などが確認され、これらも埋経思想に関わる遺品であろうと考えられるが、この一時期に集中的に埋経に関わる作善行為が行われていることは、単に末法思想の伝播だけではなく、そこに政治的社会的な混乱や不安を引き起こす何らかの時代的刺激があったものと思われる。だからこそ、これまで石鍋など生活用具を製作していた西彼杵半島で、仏教思想を背景にした経塚関係の造作が始まったのではないかと考えられる。しかも、このような作善行為を実際に推し進めたのは、弥勒如来坐像経筒の「願主天台僧教因」の銘文にみられる天台系の熊野修験関係者の可能性がある。壱岐島の長栄寺大御堂で発見された承元三年（一二〇九）銘宝塔（現在、壱岐国博物館蔵）は県内最古の紀年銘仏塔であるが、この宝塔などは経筒埋納地の地上標識的役割を担ったものであり、埋経思想の伝播に伴って西彼杵半島で仏塔製作が始まったことを示唆している。

なお、西肥前の場合、埋納場所が岬の突端（明星ガ鼻など）とか小島（箕島など）など海際がほとんどである。通常、末法思想に伴う埋経場所は霊山の山頂や標高のある山腹であるのが一般的だが、松浦市を含めた西肥前では一部の例外（永仁二年〔一二九四〕銘経筒が多良山系の主峰・経ガ岳山頂より江戸期に発見）を除き海際の低地に築かれている。おそらくこの点も、海の向こうからやってくる災いを防御するための海上祈願に関係深い場所、ひいては海上交流にとって重大な意味を持った場所に埋経施設が形成されたのではないかと思われる。

〔2〕滑石製単体仏

平安後期の分布地は外洋に面した外海ではなく大村湾内に限定される。ここで対象とする遺品は、主に宗教的所産と位置づけられる経筒や単体仏、笠塔婆であり、すべて西彼杵半島産の滑石を素材としたものである。

西彼杵半島の外海で鎌倉時代まで遡れる遺品は、大瀬戸町東楽寺跡の滑石製五輪塔水輪と風空輪（写真6）であるが、平安期まで遡れる石塔類は未だ確認されていない。それに対し、平安後期（主に一一〇〇年代）まで遡れる遺品は大村湾内で確認される。主な遺品を挙げれば、先述したように、まず大村湾開口部にあたる針尾瀬戸を望む明星ガ鼻で文治五年（一一八九）銘の経筒（現・祇園寺保管）が確認され、その針尾瀬戸を抜けて内海に入ると箕島（現・長崎空港）で文治元年（一一八五）銘の経筒が出土している。また大村市弥勒寺町の石堂屋敷などでも滑石製経筒が出土、佐世保湾内では早岐瀬戸に位置する三島山で宋代湖州鏡や青白磁を共伴して経筒が発掘されている[12]。多良山系を境に大村市に隣接する佐賀県鹿島市では、岩屋観音などで確認される。また、笠塔婆の塔身にあたる滑石製遺品は、湾内では川棚町小串郷（写真7）、波佐見町東前寺などで確認され、有明海沿いの小長井町河内名（現在は称念寺で保管）でも確認される。

ところで、平安後期に比定される滑石製の単体仏は、背高一三〜一八センチ、最大横幅一一〜一五センチ、厚さ五〜六センチの半肉彫り坐像の小石仏（写真8）である。この単体仏は、長崎県内では大村市の郡川周辺のみで確認される。とくに弥勒寺郷の石堂屋敷や石走地区などで計八体の単体仏が確認され、しかも石堂

写真７　滑石製笠塔婆塔身（川棚町）

写真６　滑石製五輪塔水輪と風空輪（大瀬戸町東楽寺跡）

写真８　滑石製単体仏（大村市）

屋敷では文治五年銘の明星ヶ鼻経筒と同形態の経筒も出土している。同じ滑石製の単体仏は佐賀県脊振山霊仙寺跡で三体確認され、より精巧な丸彫りの単体仏は鹿島市岩屋山などでも確認される。

これら平安後期に想定される滑石製遺品は、基本的に末法思想に伴う埋経行為に関係するものと思われる。ただ、埋経場所が山頂などではなく小島や海際であることを考慮すれば海上祈願に関係深い場所を選定して設けた可能性もある。

なお、平安後期の遺品所在地域は、鎌倉期以降の石塔類が継続して建塔されていく地域と平安後期だけの単発で終えている地域に大別される。

前者の鎌倉期以降も継続して建塔される遺跡は、大村市内では郡七山

写真9　東光寺跡（大村市）

十坊に含まれる東光寺跡（写真9）があり、その近くで滑石製の単体仏が確認されている。また、弥勒寺郷の石堂屋敷は、平安後期に想定される経筒や単体仏からやや空白期間をおいて室町時代から石塔類が建塔されてくる。東彼杵町では、岡遺跡とその周辺で平安後期の宝珠に続いて遅くとも南北朝期には石塔類が建塔されている。波佐見町の東前寺では、平安後期の笠塔婆（塔身）に続いて鎌倉期の宝塔が確認され、継続して室町後期まで建塔されている。西彼杵半島では剣木城跡（西海市）とその周辺で平安後期から鎌倉期以降の石塔群が継続して建塔され、大瀬戸町の東楽寺跡でも平安末まで遡れる五輪塔以降継続して室町後期まで建塔されている。

それに対し、平安後期の遺品のみで終えている遺跡には、明星ガ鼻（西海市）や箕島（大村市）、川棚町小串郷がある。これらの遺跡は、平安後期の一時期、湾内における航路上、重要な位置を占めていた場所だったと思われる。

〔3〕西海石工の本領発揮・中世石塔類

西彼杵半島は長崎県における中世・石塔類の一大文化圏を生んだ地域であり、全国的にみても緑色片岩を石材とした文化圏の中にあって、これほど大量の緑色片岩製塔（五輪塔や宝篋印塔）を生産した地域は他にない。長崎県下の中世石造物は、使用石材と塔形態・様式から、表Aに示したように大きく三グループに分類さ

れる。(13)

表A「石材・塔形式による分類」（①石材産地 ②製作開始時期・製作年代 ③分布）

第一グループ	第二グループ	第三グループ
①西彼杵半島産の緑色片岩を石材としたもの。 ②滑石製石鍋の彫出技術が仏教関係石造物の製作に関係した可能性が高い。平安後期から滑石製経筒や単体仏の製作、さらに仏塔として承元三年（一二〇九）銘宝塔（壱岐鉢塚）や川棚永仁五年（一二九七）銘五輪塔などが知られ、基本的には室町後期まで継続して製作される。 ③島原半島・北高来郡・松浦市今福地区を除いた県本土部（旧大村藩領域を含む）さらに対馬・壱岐を除いた平戸・五島などの島々。佐賀県鹿島市や嬉野市、西有田でも一時期建塔。	①安山岩を石材としたもの。採石場は、主に多良山系など佐賀県側。また、雲仙山系のデイサイトも一部で石材として使用。 ②紀年銘はないが、現在のところ最古の仏塔と思われるものは、西有家（島原）の茸山宝篋印塔で、形態より一三〇〇年代前後（鎌倉後期）と思われる。南北朝時代のものとしては、県内では遠嶽石塔群（諫早市小長井町）や南有馬町古薗石塔群などがある。 ③県内本土部は、島原半島・北高来郡（多良山の金泉寺を含む）・松浦市今福。島では壱岐島・福島など。なお、第一グループの緑色片岩製塔文化圏内にあっても、十六世紀後半以降になると、緑色片岩製塔の製作困難を受けて建塔されてくる。	①花崗岩と凝灰岩を石材としたもの。花崗岩は関西方面（兵庫県御影）、凝灰岩は福井県高浜町日引で採石・製作したもので海路搬入されたと考えられる。 ②県内、主に対馬・五島・平戸などの島々で確認されるもので、花崗岩製の一部（平戸・大渡長者五輪双塔）は鎌倉後半、他のほとんど（約三五〇基分）を占める日引石塔は一三〇〇年代後半から一四〇〇年代が中心。 ③対馬・五島（とくに若松町日島）・平戸など、福島などを除く県内の島々。本土部では松浦市今福・調川、佐世保市江上（小島寺）西海町（唐人墓）、野母崎観世音寺など。

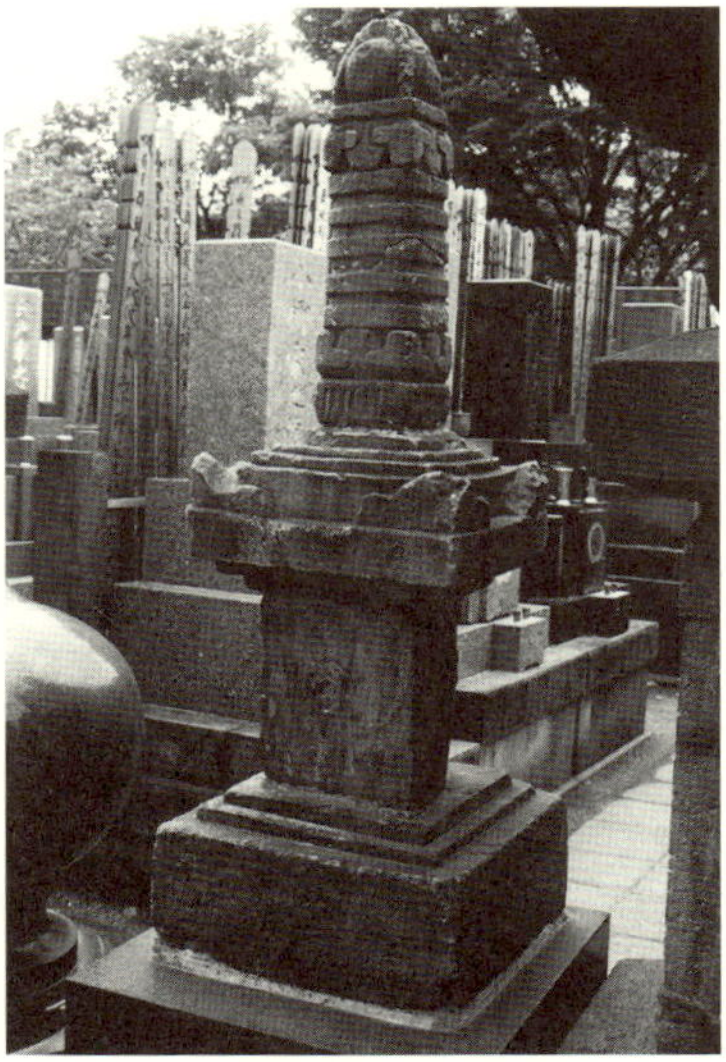
写真10　永享七年(1435)銘自性院宝篋印塔

この表Aから、西彼杵半島産の緑色片岩製塔（第一グループ）は県本土部のほとんどの地域を占めていたことが理解される。具体的には、島原半島と北高地区、松浦市今福それに対馬・壱岐を除いた平戸島や五島列島などがその範囲に入り、長崎県を代表する中世・石塔であることは言うまでもない。

この緑色片岩製塔は、最初から地方独自の形態をもっている。宝篋印塔にいたっては、笠の背高は極端に低く、その中で階段（下端二段、上端四段が一般的）を造り出している。当然、各階差は低くなっているが、佐世保市内（主に相浦谷沿い）にあっては、各階段とのバランスを無視したような軒幅を大きくとる独特の宝篋印塔（中里町東漸寺盛公宝篋印塔など）も確認される。これらは、もともとから石材に適した岩層が薄く大きなブロック状の石材を採石できないという、当地の石材供給の問題が関係している思われる。

東京都江東区亀戸自性院にある永享七年（一四三五）銘緑色片岩製宝篋印塔（写真10）は、かつてはそのレプリカが江戸東京博物館の秩父石コーナーに展示され秩父石産の宝篋印塔として紹介されていたが、実際は長崎県の西彼杵半島産緑色片岩製塔である。先述した西彼杵半島産宝篋印塔の特徴がそのまま出ており、明らかに当地の西海地域で製作されたものであることは間違いない。しかも、墓塔の性格から二次的移動があまり考えられないために、この宝篋印塔を通して一四〇〇年代前半ころ、当地と関東をダイレクトに結ぶ活動（海上交流）があったことが示唆されている。この点については「『海夫』銘五輪塔に見る海民の盛衰」の項で触れるが、中世における広範囲に及ぶ海上交流を物語る遺品として貴重である。

ところで、西彼杵半島産の宝篋印塔に見られる地域色は、中世石塔を代表するもう一つの五輪塔にあっても同じ傾向が認められる。例えば永仁五年（一二九七）銘の川棚五輪塔（**写真11**）は最初から地輪上端を二段にし、その上部に銘文を刻むという独特の形態をしている。その他、五輪塔地輪の上端に反花を造り出すなど装飾豊かな五輪塔（写真2の大村・「中庵」五輪塔など）もあり、凝灰岩製の肥後・菊池地方の五輪塔とほぼ同じ彫出内容をもっている。

この緑色片岩製塔は、主に鎌倉後期から登場するが、一四〇〇年代前半から半ばころを境にして、石塔を造立できる階層の拡大現象がみられ、それにともなって石塔数も大幅に増加してくる。鎌倉期から南北朝期にあっては、現在の各市町村単位で一〜二ヵ所、基数もわずかしか確認されないが、室町後期になればなるほど、その基数と建塔地は前代とは比較にならないほど増えてくる。もちろん、その建塔数の拡大によって、石材は悪質なものが目立ってくるし、また形態も小型化・形式化の現象があらわれてくる。このような石塔数の増加は、各地区における在地構造の変化過程を示しているものと考えられる。

写真11　永仁五年（1297）銘川棚五輪塔

ところで、西彼杵半島における石塔製作は、ほぼ一五七〇年代をもって停止している。その製作停止の理由としていくつか挙げられるが、その第一は石材不足によるものであろう。実際、一五〇〇年代の緑色片岩塔の石質は悪く、また形態はより小型でいびつなものとなっている。これは明らかに石材不足を示しており、需要に対応できない状態がそのような悪質なものまでも石材に使用するという現象を引き起こしたと考えられる。その

写真 12　平原「INRI」キリシタン碑（西海市）

写真 13-1「BASTiAN（バスチャン）」墓碑（大村市）

写真 13-2「BASTiAN（バスチャン）」墓碑拓本

ために、早くて一五〇〇年代前半以降、主に一五〇〇年代半ばから後半にかけて、安山岩製の佐賀型塔が大量に緑色片岩製塔文化圏に建塔されるようになったものと考えられる。

次に考えられるのが、大村純忠によるキリシタン対策である。純忠による天正二年（一五七四）の強制的なキリシタン政策は、領民の改宗さらには神社仏閣などの宗教施設や墓石等の破壊にまで及んでいることから、これまで仏塔製作に従事してきた西彼杵半島の石工集団に決定的なダメージを与え製作停止をもたらしたものと考えられる。そのために天正銘の入った緑色片岩製塔は一基も確認されないし、また逆に非キリシタン地域にあっては佐賀型の安山岩製塔に天正期銘の石塔（平戸・鶴田氏宝篋印塔など）が確認されるなど、それまでの緑色片岩製塔に替わって佐賀型塔が建塔されてくるようになる。

このように、純忠・キリシタン時代を境にして西彼杵半島では仏塔の製作を停止しているが、ただそれまでの伝統的な石工技術はすべて消滅したわけでなく、一部で継承されたと考えられる。それを示す遺品が西彼町平原や現在大村市立史料館に保管展示されているキリシタン関係遺品である。このキリシタン関係遺品はともに西彼杵半島緑色片岩（結晶片岩）製であり、とくに平原の「INRI」キリシタン碑（写真12）や大村市の「BASTiAN（バスチャン）」墓碑（写真13―1・2）の彫出は高度であり、明らかに専門石工によるものである。このことは、かつて西彼杵半島で仏塔製作に従事していた専門石工が改宗後にキリシタン関係の遺品製作に関わっていた可能性を示唆している。

なにはともあれ、西海地域を含む西彼杵半島は、平安後期まで遡れる石鍋や経筒などの滑石製品製作の伝統を継承しながら、鎌倉時代後期ころからは本格的に五輪塔などの石塔製作を開始した。その伝統は一五〇〇年代後半ころまで継続され、ほぼ長崎県全域における中世・石塔類の一大文化圏を生んだ。しかもその影響は、キリシタン関係遺品の製作にまで及んでいた可能性がある。そういう意味で、西彼杵半島産の石造遺品は、西肥前の歴史をそのまま反映しているといっても過言ではなく、歴史の具体的な証言者ということができるであろう。

写真14　刎木城跡石塔群（西彼町八木原）

四　「海夫」銘五輪塔に見る海民の盛衰

平成八年、長崎県西彼町八木原で、大量の中世石塔（写真14）が出土した。志田三郎を祀る祠堂の建て替え工事の際、その基壇部分から出てきたもので、五輪塔や宝篋印塔など計三七基分、しかもどういう訳か、出土したほとんどは各石塔の基礎（地輪）部分だけであった。このことから、これらの石塔は、かつて祠堂を作る際に基礎部分だけを基壇として転用し、他の部材は他所に遺棄したのではないかと考えられる。江戸期編纂の大村藩の総合調査書『大村郷村記』八木原村の項によると「此處に刎木の城主志田三郎儀憲の墓と云傳へ古墓あり、壱間方位の塚あり、温石の石塔数々あり[14]」と記されているので、この石塔群は八木原氏に関係する墓塔群の可能性が高いように思われる。この祠堂のすぐ北側の山頂が刎木城跡であるがここからは多数の輸入銭が出土しているし、また近くの墓所からは鎌倉時代後期の緑色片岩製の宝塔塔身も確認されるなど、西彼杵半島の内海の中では早くから有力層の存在が確認される地域である。

三七基分の製作年代は、寛正四年（一四六三）と応仁三年（一四六九）の年号銘を刻んだ二点を含め、形態や石質から見て、その大部分は一四〇〇年代前半から一五〇〇年代にかけてのもので、一族に関係する石塔を作る際に基礎部分だけを基壇として転用し、他の部材は他所に遺棄したのではないかと考えられる。ただ一点だけ確認できる滑石製の宝珠は宝塔（または笠塔婆）の一番上にのるもので、平安末から鎌倉初期（一二〇〇年前後）ころの製作と考えられ、経塚上に建塔されていた可能性が高い。

ところで、ここでは一〇点ほど銘を刻んだものが確認されるが、その中の一点（五輪塔地輪）に「海夫／道浦」（写真15－1・2）とある。「海夫」の文字は、地輪前面中央に陰刻された「道浦」の右側一字上に刻まれていることから、「海夫」は明らかに法名「道浦」の呼称（職業）と考えられる。製作年代は、形態や石質などから多分に十五世紀前半から半ば頃と思われる。

「海夫」の初見は平安末期の『小右記』に出てくるが、その生業の内容を記したものは『権記』（藤原行成の日記）にある。

「海夫」とは、平安後期以降、主に西北九州で船を生活の舞台として漁労・運搬を生業とした海民をさし、『肥前国風土記』などに出てくる白水郎（あま）の流れをくむ人々といわれている。多くは二～三艘の船で構成された一族集団で、時にはそれらが集まって一〇艘以上の船団（党）をなして活動した。家船《えぶね》は、この海夫の後裔とも考えられ、また倭寇を支えた海民であったろうことも考えられている[15]。

海夫は、さまざまな分野で活動していた。中でも廻船による広域に及ぶ交流活動は注目すべきものである。例えば、西彼杵半島産の「石鍋」は、主に平安～鎌倉時代にかけて製作され、遠くは青森県まで運ばれている。実は、この運搬を担ったのが、半島の浦々に根拠をおく海夫その廻船による可能性が高く、そのため多額の財貨が、この地にもたらされたものと思われる。

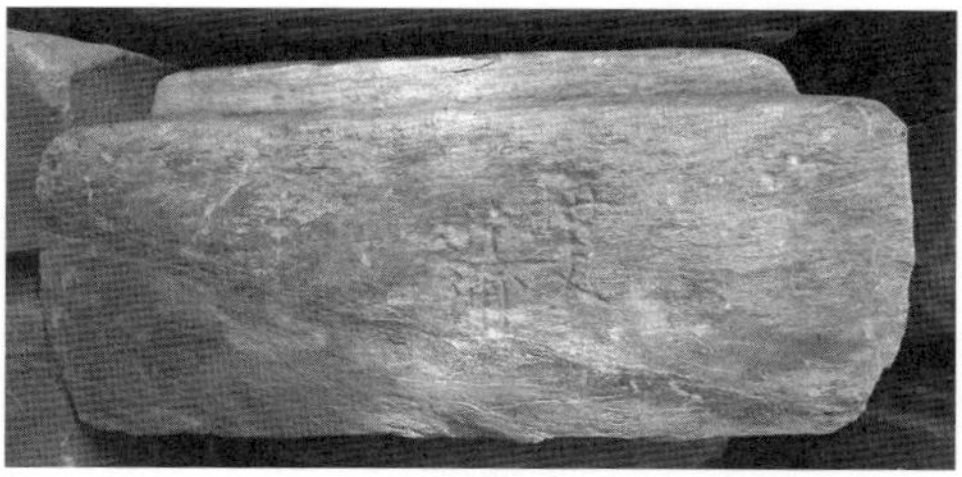
写真 15-1　「海夫」銘地輪

写真 15-2　「海夫」銘地輪拓本

ところで十五世紀後半の朝鮮の書『海東諸国記』や十六世紀の中国の書『籌海図編』には大村湾沿岸を含めた西海の地名が記されているが、これらの地は、当時、大陸と交易があった場所と考えられる。刎木城跡から出てきた輸入銭や龍福寺跡（大村市立福寺町）の薩摩塔、郡川下流域の好武城跡や東彼杵町白井川遺跡などで出土した大量の貿易陶磁器、東彼杵町の虚空蔵菩薩渡来仏（元代?）などは、その交流を物語る貴重な遺物と思われるが、このような広域に及ぶ交流の主体である中国商人を基底で支えたのが、在地側では海夫集団であったように思われる。

「海夫」銘の入った石塔は、いろいろなことを語ってくれる。まず十五世紀前半〜半ば頃に、海夫を名乗る「道浦」という人物は、五輪塔を建塔できるほどの有力勢力に成長していたことが考えられる。かつては譲与・売買の対象にもなった海夫の中から、たとえ一部であれ、十五世紀にはある程度の力をもった有力層が出現していたことを示唆している。また、先述したように、これまで石鍋の広域に及ぶ運搬に海夫が関わっていたことが想定されていたが、今回確認された「海夫」銘石塔で、よりその信憑性が増してきたと捉えられる。事実、同遺跡の背後にあたる西彼町平山郷などでは石鍋の採掘遺跡が点々と確認されている。

また十五世紀前半ころを境にして、対馬・五島・平戸などの離島部と本土部で石塔の建塔状況が変化している。十五世紀前半までは離島部を中心に建塔されていたが、その後は全くといって言いほど姿を消し、その後は本土部で集中的に建塔されてくる。このような中世石塔の表れ方が一体何を示しているのか、にわかに結論を出すことはできないが、ただ海上を舞台にした活動の主体が、何らかの原因で島々から本土部（西彼半島・平戸島南部を含む）へ移動したものとも考えられる。「海夫」銘の石塔は、まさにこの変化を象徴的に示した石塔と考えられる。

ところで、江戸幕藩体制の確立は、海上を舞台に活動した海民たちのエネルギーを奪い去ったと言っても過言ではない。「海夫」をはじめ海上で活躍した人々にとって、規制のない自由な環境ひいてはそこにある多様な価値観こそが、彼らの開放的なエネルギーを生み出す源泉であった。彼らの広範囲に及ぶ活動は、その開放的な環境があったればこそ成り立つものであるし、またそのために彼らのもつ文化は、あらゆる文化をも受け入れるマージナル的な多様性に特徴があった。

しかし、彼らの夢は、江戸幕府の成立とともに、しだいに崩れていった。幕藩体制がもつ国家としての一枚岩的な価値観で地方の末端までもが組織化されてしまい、彼らの開放的なエネルギーは組織の中で押しつぶされていった。現在の長崎県を構成する江戸期の対馬藩・五島藩・平戸藩・大村藩などの成立は、いわば小国家の成立であり、一枚岩的な国家の論理を忠実に末端まで浸透させる役目を担ったものであった。ここに海民達のエネルギッシュな活動を支えた自由な環境はなくなり、彼らの広域にわたる活動の時代は終焉を迎えることになる。

西彼町八木原で出土した三七基分の石塔群は、中世という自由で開放的な環境を維持できた最後の時代の遺物であり、そこに刻まれた「海夫」という文字に、わずかではあるが輝きと憧れを感じとるのは私一人ではあるまい。

五　西海地域の海上ネットワーク・東シナ海交流と日本海交流

中世石塔は、画一化されてくる近世以降の石塔類と異なり、石材、形態、彫出内容等から石造文化圏の設定が可能である。この点は、地域単位での非常に個別的な中世社会の様相が、石造物を通して反映されているといっても過言ではないのだが、先述したように島嶼部を含めた長崎県全域は大きく三グループの文化圏に分類される。なかでも島原半島や北高来・松浦市北部など一部の地域を除く県本土部のすべては西彼杵半島産の緑色片岩製文化圏に属している。とくに、大村湾を取り囲む旧大村藩域は緑色片岩製文化圏の典型で、平安末から鎌倉初期の滑石製経筒・単体仏・笠塔婆に始まり、鎌倉後期以降は本格的に緑色片岩製の石塔類が室町後期まで継続して建塔されてくる。

ところが、このような独自の石造文化圏をもった大村湾域に、石材や形態、彫出内容が全く異なる石塔が突如として建塔されてくる。本稿では、このような他の石造文化圏からの石塔を異質石塔として区別するが、その建塔状況は基本的に単発で継続性のない一時的な現象である。とくに旧大村藩域や有明海の主に佐賀県側（安山岩製文化圏）で見られる異質石塔は、製作地が異なる数種類の石塔が時代を異にして建塔されている。しかもその異質石塔自体は各石塔が属する文化圏内で製作され、そこから現在の建塔地である西肥前の地に運ばれたものと考えられ、石工自体が直接当地に出向いて製作した可能性は極めて低い。つまり、ここで問題にする西海地域の異質石塔の存在は、遠隔の製作地から主に海上ルートで搬入されたことを示唆しており、中世における海運のあり方を知る上で貴重な資料を提供している。(16)

〔1〕薩摩塔――東シナ海交流の証し

大村湾岸で最初に登場する異質石塔は、龍福寺跡の薩摩塔（写真16）である。龍福寺跡（大村市立福寺町）は中世大村を代表する古刹・郡七山十坊の一ケ寺跡で、創建は「紫雲山延命寺縁起」記載の宗論（久寿二年〔一一五五年〕）に名を連ねる寺跡であることから十二世紀ころまでは遡れそうである。(17)この寺域内と思われる場所に薩摩塔の残欠（軸部）が確認され、本来は六角基調の重層式薩摩塔であったと思われる。この塔形は、薩摩塔の中で最大で最古に位置づけられる志々伎神社・沖津宮薩摩塔（写真17）と同形式であることなどから、多分に沖津宮塔とほぼ同時期の十二～十三世紀ころの製作と考えられる。

ところで、大木公彦氏らによる素材論の研究によれば、薩摩塔の石材は中国浙江省寧波産の梅園石であることが指摘され、実際に龍福寺塔の分析でも沖津宮薩摩塔などと同じ結果が得られている。(18)また分布に着目すると、現在までに長崎県の平戸島をはじめ、鹿児島県、福岡県、佐賀県などで総計四一基の建塔事例が確認され、九州の西側部分に集中するという極度の偏在性が認められる。

この分布状況からは総体として東シナ海を意識した物流の痕跡が窺われるが、大村湾を起点にした局地的な範囲で梅園石製や中国貿易陶磁器の分布を追っていくと、より具体的な海上ルートが浮上してくる。

まず、大村湾内では郡川河口の好武城跡やその外縁に広がる寿古遺跡で十二～十三世紀頃の貿易陶磁器が大量に出土しており、九条家領彼杵本荘における惣政所代所の可能性が指摘されている(19)。また、東彼杵町の白井川遺跡や岡遺跡などでは十一世紀後半から十二世紀後半をピークにした中国貿易陶磁器が多量に出土しており、とくに後者の白井川遺跡では「倜」墨書銘白磁碗が出土している。この「倜」は「綱」に通じ、楼楷田遺跡（松浦市）出土の白磁碗墨書銘「綱司」と同じく中国（宋）海商のリーダーや船団の船頭・資本家をさす「綱首」と解釈され、彼ら中国海商のリーダーらが実際に大村湾内（白井川遺跡）に渡来し居住していた可能性を高くしている(20)。

写真16　龍福寺跡薩摩塔（軸部残欠）

写真17　平戸市・志々伎沖津宮薩摩塔

ただ、現段階で大村湾内で薩摩塔が確認されているのは龍福寺跡だけである。とくにこの薩摩塔建塔には、環東シナ海世界で活動する中国海商が深く関わった奉納塔の性格が濃く、その信仰には仏教信仰を軸に土着の信仰が大きく影響しているのではとの指摘がなされている(21)。

この点から想定すれば、十二～十三世紀ころの大村湾内で最大の環東シナ

写真18　相輪付き笠（針尾・小鯛城跡周辺）

海交易センター的な集積地が郡川河口周辺にあり、その宗教上の霊地的地所が龍福寺にあたっていたために薩摩塔が当寺にのみ奉献されたのではないかと考えられる。この点は、現在発掘中の竹松遺跡での出土遺物の分析からも裏付けられてくるものと思われる。

次に、同じ寧波産梅園石製の相輪付き笠（写真18）が外洋と大村湾を繋ぐ針尾瀬戸の小鯛城跡近くで確認され、その擦部の彫出内容等から十二～十三世紀代の遺品と思われる。この点は、小鯛城跡から出土した中国貿易陶磁器との関連が窺われるが、小鯛城跡出土の貿易陶磁器は十二世紀を初源に十三～十四世紀に遺物量が増え始め、十五世紀後半～十六世紀後半の約一〇〇年間にもっとも多くなるという。[22] とくに十二～十四世紀の貿易陶磁器は中国産が中心であり、おそらくこの時期に相輪付き笠も運ばれ建塔されたものと考えられる。つまり、西海地域の持つもう一つの性格として、大村湾と外洋を繋ぐ結節点としての役割が注目される。

この湾口からさらに東シナ海西方に延びた海上ルート上には、平戸島南端の小島に志々伎《しじき》神社四ノ宮の沖津宮塔（笠以上を欠損。現総高約一五一センチ、推定総高約三メートル）がある。この塔は、現段階で最古で最大の薩摩塔である。

式内社である志々伎神社は四社の総称であり、資料の初見は『日本三代実録』貞観二年（八六〇年）の条[23]であるが、この大型薩摩塔が立つ沖津宮には同じ梅園石の石造宋風狛犬（写真19）があるばかりか、中宮（二ノ宮）近くでも二基の薩摩塔（写真20）が建塔されており、志々伎神社関係で計四基の梅園石製遺品が認められる。[24] さらに、その前方の宮之浦湾からは同じ梅園石の碇石が発見されており、現在は平戸市役所前に保管されている。ここに薩摩塔、宋風狛犬、碇石の三点セットが揃《そろ》い、中国船による搬入と奉納塔の関係が読み取れる。[25]

このことは、中国・寧波またその周辺から出た中国船が、おそらく今から述べる小値賀島を経由して宮之浦湾に入り、宮ノ浦湾の沖津宮と中宮（当時の鎮座地は現在の位置より上方にあった）近くに薩摩塔を建塔したものと思われる。当然その寄港地は中国商人と深い関わりがある場所と考えられるわけで、ここに中国船の寄港地とその近くの霊山という関係が薩摩塔建塔要因の一つとして浮上してくる。

この沖津宮からさらに海上の西方延長線上に小値賀島がある。小値賀島で確認される中世の石塔類は、東シナ海や日本海を舞台にした海上交流の豊かな歴史をそのまま反映しているといっても過言ではない。石塔の建塔時期には時代的な偏りが認められるものの、それがまた小値賀島のもつ海のネットワークの盛衰を物

写真 19　宋風獅子（宮之浦）

写真 20　志々伎山中宮薩摩塔

写真21　宋風獅子（地ノ神島神社）

語っており、対馬や平戸島また五島列島（とくに新上五島町の日島や玉之浦の大宝寺、島山島など）での様相を凝縮したような建塔状況を示している。その特異性は、小値賀島が中国大陸と日本列島間の交流に適した地理的位置と環境に依るものと思われる。とくに小値賀島のもつ地理的環境が、全域低平な島であるにもかかわらず、「ダキ」と呼ばれる円形陥没状の海蝕地形を発達させており、それが海上ネットワークの拠点（港）としての機能を準備していたものと考えられる。

　小値賀島は、大宝二年（七〇二）に第七次遣唐使船団がこの海域を通過して以降、渡唐の際の主要航路となったといわれるが、宇野御厨荘の荘官清原氏は承元二年（一二〇八）の譲状案で小値賀嶋（中世期、宇久島から若松島までの広域名）は「先祖十五代相伝の地」と記している[26]。この清原氏と小値賀諸島の領有権を巡って争ったのが松浦氏の始祖・峯氏であり、この両者の動向は、小値賀島が持つ東シナ海交易上の門戸としての役割を考える上で留意すべき事項と考えられる。

　ところで、前方郷に鎮座する地ノ神島神社には、十二〜十三世紀代と考えられる石造の宋風狛犬（写真21）一体が収蔵されている。石材は薩摩塔と同じ中国浙江省寧波産の梅園石であり、その毬を取る像容からして、本来は「子持ち」像容獅子と一対をなしていたものと思われる。角張った顔と三角形状をなす鋭利な爪、像と一体で台座が作られ、その両側には波状の沈線が施されている。県内では、平戸市田平町の海神社や志々仗神社沖津宮などで確認される。

また、小値賀島における同じ梅園石遺品としては碇石が挙げられる。小値賀島東部に位置する前方湾は元寇の島・鷹島同様に県下を代表する海底遺跡の宝庫であり、平成十六年度から継続的に調査が実施されている。この調査で、十二〜十三世紀代の中国陶磁器が多数発見されたが、それと同時に碇石十一本が新たに発見され、該知の六本と合わせ計十七本の碇石が小値賀島海域で確認された。そのうち約半数以上が中国タイプの碇石と考えられ、前方湾が持つ東シナ海交易上の門戸としての性格を裏付けている。(27)

昨年（二〇一四年）、小値賀島の北部に位置する宇久島（佐世保市）で薩摩塔が発見された（写真22、23）。発見者は片岡安雄氏（福岡県在住）で、同年九月、片岡氏や宇久史談会長の瀬尾泰平氏、兼平徹成氏（毘沙門寺住職）の案内で、井形進氏（九州歴史資料館）、江上智恵氏（福岡県久山町教委）、平田賢明氏（小値賀町教委）、林田豊氏（山城研究者）らと共同調査を実施した。

発見地は宇久島最良の港である平港近くの毘沙門寺境内で、二点の残部（方形台座と六角柱状の軸部）が確認された。石材はともに梅園石と考えられ、本来は方形基調の薩摩塔（台座　最大横幅、47.0cm）と六角基調の薩摩塔（軸部　最大高、26.0cm）が二基建塔されていたと思われる。

薩摩塔の建塔地は海岸部の霊地か霊山山頂部にほぼ大別されるが、今回発見された毘沙門寺は平港の海岸部に位置し、文治五年（一一九二）平家盛の念持仏であった毘沙門天王を安置した場所との伝承が残り、家盛来島当時、すでに小庵があったといわれている。その後、宇久家（後の五島氏）の祈願寺として島民の信仰を集め今日に至っているが、今回薩摩塔が発見されたことにより、十二世紀代から当寺が重要な祈願所であった可能性が高まった。この点は、瀬尾泰平氏が言われるように、毘沙門寺周辺で十二世紀代からの中国

写真22　毘沙門寺薩摩塔（台座）拓本

写真23　毘沙門寺薩摩塔。住職兼平徹成氏（左）と宇久史談会長瀬尾泰平氏

の貿易陶磁器が多く発見されることと関係していると思われる。

毘沙門寺の二基の薩摩塔には際立った特徴が見られる。とくに台座の装飾は豊かで、蓮弁（反花）の下方に格狭間《こうざま》のような装飾紋を刻み、その精巧な造りは高く評価される。また、六角基調の軸部には四天王像と思われる四体の尊像が半肉彫りされているが、四体が連続して各面に造り出され、残り二面を素面にしている点は珍しい。通常は一尊のみが独立して彫られ、両サイドを素面にして残り三面に三尊像を彫っている。

これまで、五島列島内で、同じ梅園石で製作された宋風狛犬や碇石は小値賀町で確認されていたが、薩摩塔が確認されたのは毘沙門寺塔が初めてである、薩摩塔は、当時の中国船が航行する上で重要な寄港地やその付近の霊山などに建てられている。この点から考えると、今回の毘沙門寺塔の発見により、当時（十二〜十四世紀）の宇久島のもつ東シナ海を舞台にした航海上の重要性が浮上してきたことは間違いなく、毘沙門寺のもつ霊地としての役割がほぼ裏付けられた。薩摩塔など梅園石製遺品が示す平港と毘沙門寺、前方湾と地ノ神島神社、さらには大村湾と龍福寺跡や小鯛城跡周辺、宮之浦湾と志々伎神社（とくに沖津宮）などとの関係は、おそらく日中間を結ぶ航路上の重要な寄港地と安全祈願の霊地の関係を示唆しているものと思われる。

以上、大村湾内の龍福寺跡薩摩塔を起点にして十二～十三世紀代の主に梅園石製遺物の流れを追ってきた。ここから見える中国側からの航路としては、東シナ海交易の最初の門戸（センター）として小値賀島前方湾が挙げられ、そこから今回薩摩塔が発見された宇久島まで北上して平戸島南端の宮之浦湾に入り、そこを分岐点として、博多方面へ伸びる幹線ルートと鹿児島方面（万之瀬川流域など）へ南下するルートがあり、さらにそこから分かれた支線的性格の航路として大村湾内へ入るルートがあったと思われる。

大村湾内に向かう支線としての海上ルートでは、まず平戸島南端の宮之浦湾（沖津宮）に入り、そこからさらに東方の針尾瀬戸（小鯛城跡周辺）を抜けて大村湾内に進み、彼杵川河口（白井川・岡遺跡）や大村・郡川河口に至ったものと思われる。その際、無事目的地に着いた感謝と帰航時の航海安全等を祈願するために奉納したのが、針尾瀬戸の梅園石製や龍福寺跡に残る薩摩塔ではないかと考えられる。

なにはともあれ、針尾瀬戸で確認され寧波産梅園石製の相輪付き笠の残欠は、十二世紀から十三世紀ころにおける当地と中国大陸との交流を裏付けており、東シナ海を舞台にした海上ネットワークの一端が示唆されていることは間違いない。製作数が極端に少ない特殊塔であるだけに今後の調査に期待したい。

〔2〕中世の海道日本海・瀬戸内ルート

西海市面高に、通称「唐人墓」と呼ばれる五輪塔がある。現状は、石材が異なる二点の地輪と二点の水輪、それに火輪、風空輪各一点ずつが一塔として積まれており、後代の寄せ集めであることは言うまでもない。

図Ⅰ　中央形式塔分布図（長崎県）

ただ、石材と形態及び彫出内容から分類すると、花崗岩製は完形塔として一基に組み直され、他の地輪と水輪は安山岩製五輪塔の残欠として区別される。製作時期もそれぞれに異なり、完形の花崗岩製塔は十四世紀後半から十五世紀代、安山岩製塔は十六世紀後半から十七世紀前半ころの製作と考えられる。(28)

ところで、安山岩製の五輪塔は現・佐賀県側で製作されたもので、同時期、大量に長崎県側に搬入される佐賀型塔の流れを汲んだものである。ただ問題なのは花崗岩製の五輪塔で、その製作地は明らかに中央（主に兵庫県御影産）で製作され搬入されたものと考えられる。(29)

中央形式塔は、大きく花崗岩製塔と日引石塔に分類され、主に十四世紀後半から十五世紀代にかけて、北は青森県十三湊から南は鹿児島県坊津まで大量に運ばれ建塔されている。(30) その中で最大の搬入地といえば県下の対馬・五島列島（とくに新上五島町日島）・平戸島であり、現在までに総計で約四五〇基分以上が確認されている。その中央形式塔のうち、花崗岩製塔は約一〇〇基分ほどであるが、全体の約八割を占める約三五〇基分が日引石塔である。

日引石塔とは、若狭湾に面した福井県高浜町日引地区で製作された石塔をいう。石材は凝灰岩で、地元では「日引石」の名称で知られる。また現地の高浜町や青葉山を境に位置する西部の舞鶴市（京都府）などでは、主に南北朝以降の日引石塔が確認されている。[31] 製作地が日本海側の福井県高浜町であれば、当然、対馬・五島・平戸島など九州西海岸部への搬入ルートは日本海ルートであろうと思われる。それに対し、日引石塔とほぼ同時期に搬入される花崗岩製塔は主に瀬戸内ルートであろうと想定されるが、製作地・関西から一端太平洋に抜けて搬入されたのかもしれない。

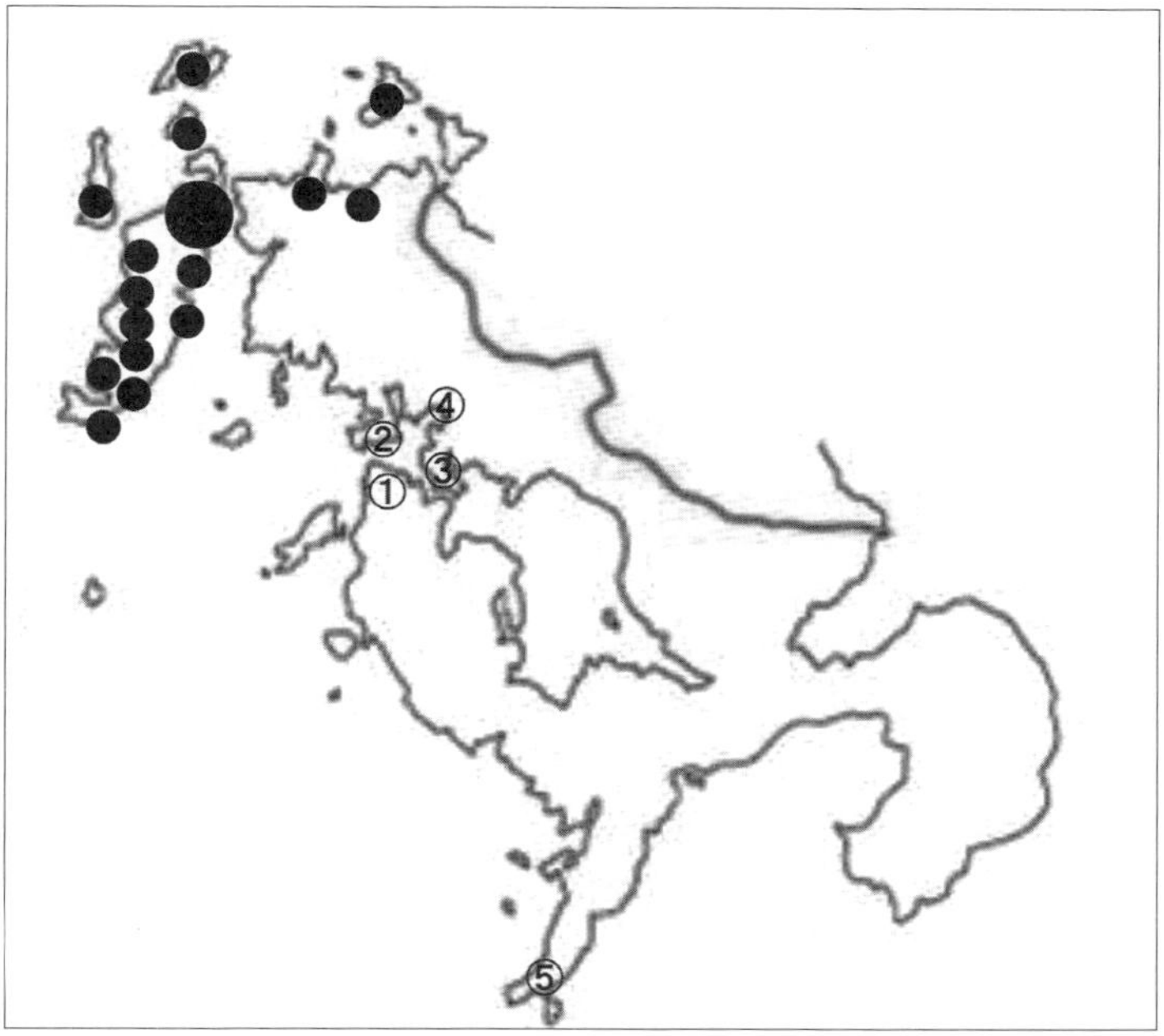

図Ⅱ　中央形式塔分布図（平戸島を含む長崎県本土部）①唐人墓 ②俵ケ浦 ③小島寺 ④須佐神社 ⑤脇岬・観音寺（16 世紀代日引石塔）

日引石塔は、鎌倉期以降関西などで一般に使用される花崗岩と比べた場合、その石質は良質とは言い難く、風化に弱く、また剥離がおこりやすい。事実、長崎県下で確認される日引石塔は、そのほとんどで風化・剥離現象が見られる。この点からも日引石塔の製作費は、御影石などの花崗岩製塔に比べ安価であったろうことが想定される。その点からみれば、面高・唐人墓の花崗岩製五輪塔は、中央形式塔が建塔できた者の中でもある程度有力な人物に関わる墓塔であったと考えられるが、肝心の中国には五輪塔は存在しない。であれば、面高・唐人墓の被葬者は当時の中国貿易に関わった日本人関係者か、または後代に中国人のために日本人が建塔したものかもしれない。いずれにせよ、十四世紀後半から十五世紀代にかけて中央との関係を示す資料として貴重である。

ところで、この中央形式塔は大村湾内では確認されないが、北部の佐世保湾内では確認される。佐世保湾内の湾口にあたる俵ケ浦で日引石塔（水輪のみの残欠）、高梨町須佐神社で花崗岩製塔（火輪のみの残欠）、また大村湾と佐世保湾を結ぶ早岐瀬戸周辺の指方町小島寺で花崗岩製塔（風空輪の残欠）が確認される。唐人墓五輪塔は俵ケ浦のほぼ対岸にあたり、これら中央形式塔の建塔地をたどると搬入ルートが見えてくる。

図Ⅰ「中央形式塔分布図（長崎県）」及び図Ⅱ「中央形式塔分布図（平戸島を含む長崎県本土部）」は、県下全域及び平戸島や佐世保湾、伊万里湾で確認される中央形式塔の分布を示したものである。(32) この分布図から考えると、瀬戸内（花崗岩製塔）、また日本海沿い（日引石塔）に関西（福井県高浜町を含む）から伸びてくる中央形式塔の流れがまず平戸島に入り、その延長線上に西海町面高の唐人墓と俵ケ浦塔があり、そこから針尾島の大村湾沿いから早岐瀬戸（小島寺）に向かうルートと、湾口から佐世保湾奥に向かうルートが想定される。とくに小島寺塔と須佐神社塔さらに唐人墓塔は同じ花崗岩製で大きさ・形態ともに同系統のものであるだけに、この三地点は同一の勢力で結ばれていた可能性も否定できない。

この中央形式塔の分布でつながる線は十四世紀後半から十五世紀代にかけての海上ルートで、最終的には中央へとつながる交易ルートを示唆しているものと思われる。ただ、そのルートが個別的にダイレクトに中央に繋がるのかどうかはわからないが、現段階では、中央形式塔が大量に搬入されている平戸島を軸にして、そこから分岐した海上ルートとして佐世保湾内に伸びるルートがあったものと思われる。

ただ、どういう経路であれ、西海市面高の唐人墓や俵ケ浦塔など佐世保湾内またその周辺で確認される中央形式塔の分布から考えると、中央との関係を持った海民勢力が、湾口の面高（唐人墓）や俵ケ浦、さらには針尾地区（小島寺）と市内中心部の高梨町須佐神社に存在したことは間違いないものと思われる。

ところで、長崎県内における鎌倉から南北朝・室町前期ころまでの造立階層といえば、地域における有力名主層か有力中世寺院の高僧クラスである。実際、長崎県本土部の南北朝後半から室町前期ころにかけての石塔は、基本的に在地石塔（西彼杵半島産緑色片岩製塔と佐賀型安山岩製塔）で、現在の各市・町という行政区域単位で多くて数基分程度の建塔状況であり、本土部全域で約五〇基分程度となる。ただ、この本土部における五〇基分という基数は決して少ないというのではなく、当地の中世社会のあり方からみて妥当な基数だと思われる。それよりもむしろ、同時期における対馬・五島・平戸島など国境をまたぐ島々に、約四五〇基分という大量の中央形式塔が建塔されていること自体が異常な現象と捉えるべきである。このことは、同じ中央形式塔を建塔できる勢力が、一時期、県内の島々を中心に数多く出現したことを意味しており、しかもその出現を支えた一時的な経済的活況、それも東シナ海から主に日本海側沿いにかけての広範囲にわたる海民の活況があったことは間違いないものと思われる。このことから、日本海から東シナ海沿いにかけての日引石塔など中央形式塔の建塔地は、中世における一時期、海民ネットワークに属した海上交易で急激に潤《うるお》った勢力の拠点的位置づけが可能と考えられるのである。この点は、同じ十四世紀後半から十五世紀代に現地製作の在地石塔を建塔できた階層とは、その性格において基本的に異質な勢力であったと思われる。しかも、石塔それ自体がもつ性格が建塔に関わった人々の生活文化により密着したものであることから、日引石塔など中央形式塔の建塔地は、建塔に関わった勢力・個人（海民勢力）の、その地における生活空間の中の極めて精神的に崇高な場所に建塔されたものと思われる。

また、対馬・五島・平戸島などに大量建塔された中央形式塔（主に日引石塔）は、一部の島を除いて長崎県内のほぼすべての島々（面高を含む）に建塔されており、しかも主に南北朝後半から室町前期の一時期のみに建塔されている。このことを考えると、遠路、若狭湾に面した福井県高浜町内で製作された日引石塔などを運び建塔した背景には、南北朝後半から室町前期という限定された一時期に、各島々に共通する重大な歴史的要因があったものと考えられる。また、本土部にあって石塔の造立階層が有力名主層など極めて一部の勢力者・個人に限定された当時にあって、約四五〇基分もの大量建塔がなされた各島々には、石塔を造立するだけの共通の経済的活況があったことは先述した通りである。

以上のことを満たす歴史的事項として浮上してくるのが、いわゆる十四世紀後半～十五世紀代の倭寇の活動である。この点は、渡来仏その中の倭寇の請来物の可能性が高い主に朝鮮系渡来仏の分布と、中央形式塔の分布がほぼ一致することからも想定される。また倭寇の足跡は若狭湾（宮津市智恩寺の金鼓）までつながる可能性があり、さらに当地との関係は兵庫県（五島・玉之浦の応安八年〔一三七五〕銘大宝寺梵鐘銘の西林寺）までたどることができる。(33)

以上のことから、中央形式塔その大部分を占める日引石塔の搬入には十四世紀後半～十五世紀代の倭寇の活動が深く関与していた可能性が高く、それだけに倭寇の広範囲に及ぶ海上ネットワークが対馬・五島・平戸島などの浦々にまで伸びていたことが想定されるのである。(34)

また、日本海海域の海上ルートは、ここで問題にしている十四世紀後半から十五世紀代にかけては決して貧弱なものではなく、むしろ現在の太平洋岸に比べ活発なルートであった。平清盛による大輪田泊（現・神戸港）の修理・築造が、それまで「奥」であった瀬戸内海を、日本海側にとってかわって「表」にしようとした試みであったといわれるように、実はかつての「表」は日本海側であった。(35)この点をふまえれば、中央形式塔が搬入された十四世紀後半ころの日本海ルートは、それまでの伝統的な海上ルートにのった経路であったことが理解される。

このように、日引石塔など中央形式塔のもつ最大の特徴は、主に南北朝後半から室町前期ころの一定期間内に、日本海から東シナ海沿いに日本列島の南北に向かってほぼ同時期に大量に運ばれ建塔された点にある。しかも、その時代は、東アジア全域にあっては元帝国の崩壊にともなう激動の時期であり、日本列島にあっても新たな国家秩序作りのための混乱と再編の時期にあたっていた。海の民の活動は、そのような既存の秩序崩壊にともなう混乱の時期にこそ活発化し、そこに日引石塔など中央形式塔の海運による大量搬入と建塔の真因があったように思われる。面高唐人墓の中央形式塔（花崗岩製）は、まさにそのような時代を象徴する証しであり、西海の豊かな海上ネットワーク、その一端を物語っていると思われる。

註

（1）一般に砂岩を素材にした石塔は室町後期から主に江戸期以降に製作されるが、佐賀県多久市の皇石塔群その中の大型五輪塔三基は鎌倉時代後半から南北朝にかけて製作されており、九州圏でも最古の砂岩製石塔の可能性が高い。当石塔群が何故に脆い砂岩を石材に選択したのか、石工のあり方を含め今後の課題である。

（2）全国で緑色片岩（結晶片岩）を石材とする地域は、西彼杵半島、秩父地方（埼玉県）、紀伊川沿い、吉野川沿い、請川地区（山口県宇部市）などがある。ただし滑石製品（石鍋など）を加えると、福岡県糟屋郡や大牟田市、飯塚市などでもその製作が認められる。

（3）中世の石塔は、江戸期以降の立石墓塔と比較した場合、基本的に小さい。ただ、鎌倉・南北朝期のものは中世石塔としては大型である。この大型・中型・小型という表現は中世の各石造文化圏ごとに異なるが、長崎県の緑色片岩製塔その中の五輪塔の地輪を例にとってみると、領主（大村氏）クラスで横幅が五〇センチ内外、名主クラスが四〇センチ内外、それ以下のクラス（役士層）が三〇センチ内外の横幅が一般的な傾向となっている。この西彼杵半島産の緑色片岩製は、もともとから大型の石材が採れないという岩質上の問題があり、大きな石材が採れる凝灰岩製塔や安山岩製塔に比べ全体に小さい。

（4）『豊田武著作集 第五巻 宗教制度史』（吉川弘文館、昭和五七年）一一六頁。
（5）川勝政太郎「中世における石塔造立階級の研究」（『大手前女子大学論集』第四号、二〇〇三年）八七頁参照。
（6）全国のキリシタン墓碑の様相とその個別的分析等については『日本キリシタン墓碑総覧』（編修・大石一久　企画・南島原市教育委員会、二〇一二年）を参照。
（7）「大宰府観世音寺資材帳」では「石鍋一個と二頭交換」と記されている。
（8）福岡県糟屋地区の滑石製品については『糟屋地区文化財担当者会共同研究事業Ⅰ 糟屋の石糟屋地区出土滑石製品の基礎資料』（一九九八年、糟屋地区文化財担当者会編）、山口県宇部市請川地区の石鍋製作については『山口県埋蔵文化財調査報告第一〇四集 下請川南遺跡』（宇部市土地開発公社・山口県教育委員会、一九八七年）参照。また和歌山県下の石鍋関係については河内一浩「和歌山県下における石鍋について」『中近世土器の基礎研究Ⅶ』（日本中世土器研究会、一九九一年）参照。
（9）中野幡能「英彦山と九州の修験道」、波佐場義隆「背振山修験の歴史と宗教活動」（『山岳宗教史研究叢書』名著出版、一九八二年）など参照。
（10）大村・郡川周辺における熊野修験の影響については、拙著「郡川周辺における中世寺院の性格について―とくに石造美術から見た天台密教系山岳仏教（修験）の影響について」（『大村史談』第34号、一九八九年）参照。
（11）三輪嘉六「里帰りした壱岐の至宝～石造弥勒如来坐像について～」（壱岐国博物館特別講座資料、二〇一〇年）、山口麻太郎『壹岐國史』（一九八二年）安藤孝一「壱岐出土石造弥勒如来坐像」（『考古学ジャーナル』135号、一九七七年）など参照。
（12）『三島山経塚報告』（佐世保市文化科学館文化財報告Ⅰ、一九七一年）参照。
（13）拙稿「中世石塔類における長崎県の主な特徴について」（『大村史談』第42号、一九九二年）、同「中世・石造物にみられる石造文化圏の問題について」（『松浦党研究』第22号、一九九九年）など参照。
（14）藤野保編著『大村郷村記（第5巻）』（国書刊行会、昭和五七年）一六四頁参照。
（15）網野善彦『海と列島の中世』（日本エディタースクール出版部、一九九二年）、『「日本」とは何か』（講談社、二〇〇〇年）など参照。
（16）拙著「中世・石造物にみられる石造文化圏の問題について」（『松浦党研究』第22号、一九九九年）、同「石造文化と異質石塔」（石造物研究会第四回研究会資料『海をこえての交流―石造物から中世社会を探る』二〇〇三年）など参照。

(17) 拙稿「弥勒寺郷線刻石仏の造立年代について」(『大村史談』23号、昭和五七年)、拙稿「郡川周辺における中世諸寺院の宗旨について―とくに石造美術から見た天台密教系山岳仏教(修験)の影響について」(『大村史談』第34号、平成元年)など参照。
(18) 大木公彦・古澤明・高津孝・橋口亘「薩摩塔研究―中国産石材による中国系石造物という視点から」(『鹿大史学』第57号、二〇一〇年)、大木公彦・古澤明・高津孝・橋口亘「薩摩塔石材と中国寧波産の梅園石とその岩石学的分析による対比」(the Reports of faculty of Science, KAGOSHIMA University, No.42,2009) 参照。
(19) 満井録郎「中世彼杵庄の一考察」(『大村史談』第7号、昭和四七年)、『大村市文化財調査報告第28集 黒丸遺跡ほか発掘調査概報』Vol. 5 (大村市教育委員会、平成一七年)、『大村市文化財調査報告第15集 寿古遺跡』(大村市教育委員会、平成二年) など参照。
(20) 『東彼杵町誌 水と緑と道 (上巻)』(東彼杵町教育委員会、平成十一年)、安楽勉編『岡遺跡』(東彼杵町教育委員会、昭和六三年)、安楽勉編『白井川遺跡』(東彼杵町教育委員会、平成元年) など参照。
(21) 井形進『異形の石塔をさぐる―薩摩塔の時空』(花乱社選書 二〇一二年)、『首羅山遺跡発掘調査報告書』(久山町教育委員会、二〇一二年)、『平戸市史 (民俗編)』(平戸市史編さん委員会、一九九八年)、『首羅山遺跡発掘調査概要報告』(久山町教育委員会、二〇一〇年)、高津孝・橋口亘・大木公彦「薩摩塔研究―中国産石材による中国系石造物という視点から」(『鹿大史学』57号、二〇一〇年) など参照。
(22) 『針尾城跡 平成一六年度佐世保市埋蔵文化財発掘調査報告書』(佐世保市教育委員会、二〇〇五年) 参照。
(23) 志々伎神社については、久田松和則「古代の志々伎神社」(『平戸市史 自然・考古編』一九九五年) 参照。
(24) 拙稿「中世の石造美術」(『平戸市史 民俗編』一九九八年) など参照。
(25) 井形前掲書『異形の石塔をさぐる―薩摩塔の時空』、前掲書『首羅山遺跡発掘調査報告書』、前掲書『首羅山遺跡発掘調査概要報告』参照。
(26) 『小値賀町文化財調査報告書 第23集 小値賀諸島の文化的景観保存調査報告書』(小値賀町教育委員会、二〇一二年)、『史料纂集 青方文書』(続群書類従完成会、昭和五十一年) など参照。
(27) 前掲書『小値賀町文化財調査報告書 第23集 小値賀諸島の文化的景観保存調査報告書』など参照。
(28) 拙稿「石塔類からみた中世・西海町の様相―とくに唐人墓から見た海上交易について」(『西海史談』第11号 二〇〇一

年）参照。

(29) 中央形式塔（日引石塔、花崗岩製塔）については、拙稿「日引石塔に関する一考察―とくに長崎県下の分布状況から見た大量搬入の背景について」（石造物研究会会誌『日引』創刊号、二〇〇一年）、拙稿「平戸の中世・石造美術」（『平戸市史自然考古編』平戸市史編委員会、一九九五年）、拙稿「日島の中世・石造美術」（『日島曲古墓群発掘調査報告書』若松町教育委員会、一九九六年）、拙稿「対馬の中世・石造美術（その一、その二）」（『対馬の自然と文化』一九八九年、一九九〇年）など参照。

(30) 鹿児島県種子島の西之表市御坊墓地で三基の花崗岩製五輪塔が確認される。この御坊墓地の三基が日本列島の一番南端に建塔された中央形式塔であるが、その搬入ルートは、日本海ルートで大量に運ばれ各地に建塔されている中央形式塔とは異なり、太平洋ルートで搬入された可能性が高い。そこで、本文では、日本海から東シナ海ルートで搬入されたと考えられる鹿児島県坊津の一乗院跡を南限とする（吉井敏幸「種子島の寺院について（前編・後編）」〔『元興寺文化財研究』№49・50、一九九四年〕参照）。

(31)『高浜町誌』（高浜町、一九八五年）には「日引石」として「青葉山若丹の国境より産する日引石は安山岩質凝灰岩及び石英粗面岩質の複成凝灰岩で黒色緻密で建築用材に供せられて日引石の名があり（以下略）」（一七頁）とある。また『舞鶴市史・各説編』（舞鶴市史編委員会、一九七五年）では、日引石で製作された医王寺宝篋印塔（応安七年銘一三七五）などが紹介され（四三四頁）、また石灯籠の項目で「この素材には、隣接する若狭内浦湾の日引（高浜町）に産出する彫刻に適した緻密な良質の凝灰岩（淡青緑色）が多く用いられ、次いでもと田辺領であった由良（宮津市）の花崗岩が使われている」（四三〇頁）と記している。

(32) 図Ⅰ、図Ⅱで示した分布図で、脇岬観音寺（長崎市）に日引石塔の宝篋印塔基礎が一点確認されるが、反花の彫出や格狭間の形状などから十六世紀代に製作されたものと思われる。そのため、ここで問題にしている十四世紀後半から十五世紀代にはその範囲からは除外されることを附言しておく。

(33) 日引石塔などの中央形式塔と渡来仏との関係については、前掲拙稿「日引石塔に関する一考察―とくに長崎県下の分布状況から見た大量搬入の背景について」、前掲拙稿「平戸の中世・石造美術」、前掲拙稿「日島の中世・石造美術」、前掲拙稿「対馬の中世・石造美術（その一、その二）」など参照。

(34) 中央形式塔の大部分を占める日引石塔の搬入には十四～十五世紀の倭寇の活動が深く関与していた可能性が高いとした

のは長崎県内の島々における建塔の背景について述べたものであり、北は青森県十三湊から南は鹿児島県坊津まで日本海から東シナ海沿いに運ばれたすべての日引石塔に倭寇が関与していたとは捉えていない。ただ、少なくとも当時共通して日引石塔が搬入され建塔された地域には活発な海上活動があったであろうことは容易に想定されることである。

（35）高橋公明「中世西日本海海域と対外交流」（『海と列島文化第2巻 日本海と出雲世界』小学館、一九九一年）参照。

滑石製石鍋の生産・流通
——中世西海地域の特産品——

松尾　秀昭

長い間に亘って使われた石製の煮炊調理具の一つであり、韓国料理の「石焼ビビンバ」を想像される方も多いだろう。現在では、石製の鍋を使用する文化は、日本においてほとんど途絶えており、実際にどのような用途があったかは不明な点が多い。

しかしながら、近年、北部九州で毎日のように発掘されている遺跡では、それこそ日常的に石鍋が出土している。この石鍋は、福岡県・山口県で製作地（生産遺跡）が確認されているが、何といっても製作地の数や規模は長崎県が群を抜いており、その中でも大半が西彼杵半島に所在している。そのため、九州はもとより西日本で出土する石鍋の大半は、西彼杵半島で生産されたものと考えられており、そうであるならば、「石鍋は古代・中世における長崎県

一　西彼杵半島と石鍋

長崎県中央にある槍の先のような形をした半島、これが今回の舞台となる西彼杵半島である（図1）。西彼杵半島は今でこそ北の佐世保市と西海橋でつながり、道路交通網の整備が進んだことにより人の往来が活発になっているが、それ以前は「陸の孤島」とも表現されることもあった。しかし、そのことがかえって何千年と続く西彼杵半島に埋没していた歴史を壊すことなく、比較的良好な状態で現在まで継承することにつながることとなった。

今回、テーマとする滑石《かっせき》製石鍋（以下、石鍋とする）とは、主に古代～戦国時代（十～十六世紀）の

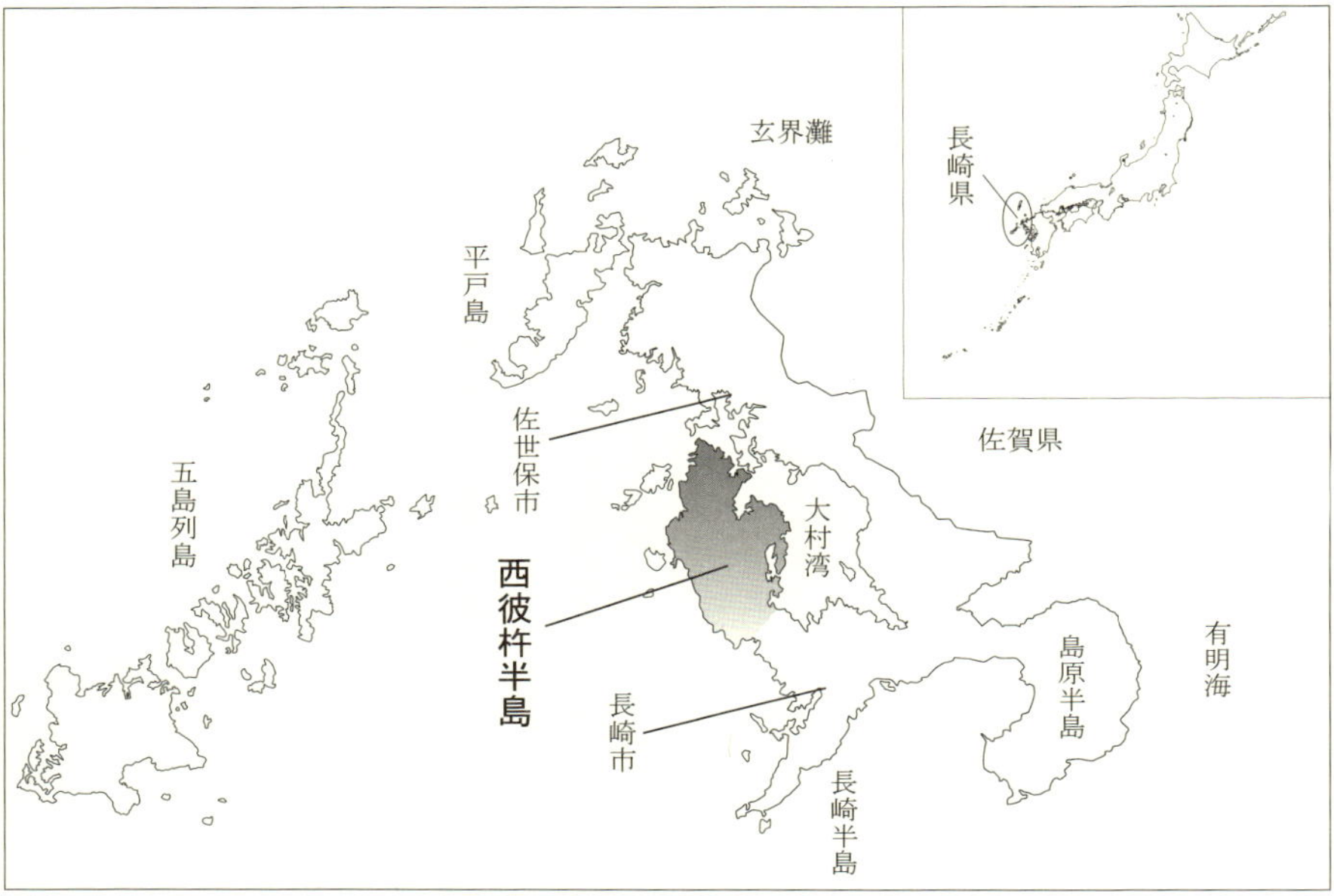

第１図　長崎県西彼杵半島位置図

の特産品」であったと言えるだろう。

二　鍋の素材となった石＝滑石

鍋の素材となった「滑石」という鉱物は、軟質で容易に加工できる特質がある。西彼杵半島に住む方々にとっては「鍋石」とも呼称され、地元では日常生活で目にする普通の石である。

「滑石」が歴史に登場する時代は古く、約八〇〇〇年前の縄文時代にまで遡る。縄文時代早期頃に製作された装飾品のなかに滑石製の勾玉《まがたま》がみられ、その他にも加工の容易さから様々な形の製品に利用されている。縄文時代前期（約六〇〇〇年前）には、煮炊具として使用された土器の粘土に粉末状の滑石が含まれている。これは偶発的な混入ではなく、意図的に混ぜ合わせられたものである。土器に粉末状滑石を混入させることは土器自体の強度が増すことに加え、熱伝導率が高いことから調理時間の短縮と保温性に富むという、それまでの土器の弱点を補う効果があった。この技術は、滑石を豊富にもつ長崎県西彼杵半島周辺のみに見られる現象ではなく、北部九州圏域までの広がりをもっており、滑石を通じた「ヒトとモノの移動＝交流」を読み取ることができる。

さらに、滑石がもつ保温性の特質を最大限に活用したものとして、中世以降に登場する「温石《おんじゃく》」がある。温石とは方形もしくは長方形の板状に成形され、一端に孔《あな》が開けられているものもある。用途としては、その名のとおり「温まる石」のことを指し、身に付けておくことで体温が温石に伝わり、現代のカイロと同様な効果があったとされる。

下本山岩陰（佐世保市）出土土器

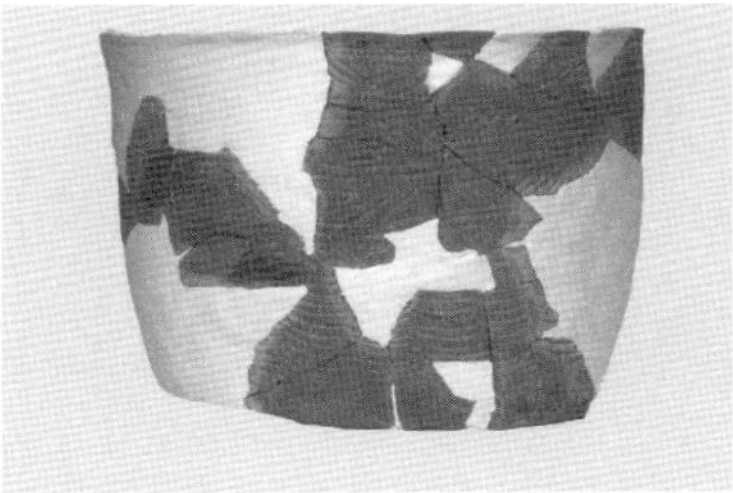

門前遺跡（佐世保市）出土土器

写真１　滑石粉末混入土器
（佐世保市教育委員会所蔵）

生活道具の他には、石鍋と類似した方法により製作された宗教的意味合いが強い経筒《きょうづつ》[1]や、滑石ではないものの製作技術に共通性がみられる緑色片岩《りょくしょくへんがん》製の五輪塔《ごりんとう》や宝篋印塔《ほうきょういんとう》[2]等の石造物もある。

写真２　温石（広島県立歴史博物館所蔵）

滑石の利用は、遺跡から出土する遺物のみに使用の痕跡を残すものではなく、近年まで様々な形で利用されている。例えば、江戸時代には滑石の粉末を目薬として使用したり、明治時代以降はベビーパウダー・光沢紙・瓦化粧材など多岐に亘っている。

三　石鍋の形と時代

石鍋は全般的に今の鍋や釜と同じ位の大きさのものと大差はないが、時代とともに形状と大きさも変

写真３　五輪塔
（佐世保市指定文化財）

写真４　宝篋印塔
（佐世保市指定文化財）

遷している。時代によって石鍋の大きさに傾向や規格性が認められるものの、生産地では消費地（集落遺跡）等で出土する大きさの石鍋をはるかに超える、人力では持つことが困難な大きさのものが稀に見られたり、反対に「御猪口《おちょこ》」程の大きさで使用目的が判然としない小型のものまである。実に石鍋がバリエーションに富んでいることがわかるだろう。

大きさの他に消費地と生産地では、石鍋の状態も異なる消費地で出土する石鍋の表面には、ノミ（鉄製工具）で整形した無数の痕跡があり、一段ずつ丁寧に仕上げられた調整痕が整然と並んでいる。また、煮炊具として火にかけられたため、外面の大部分にススや炭化物が付着したものが多く出土する。生産地では当然ながら、製作段階で何らかの失敗により廃棄されたものであるためにススの付着は全く見られない。

写真５　三島山経塚出土品（佐世保市指定文化財）

一方、消費地では内面の調整痕はというと、生産地でみられるものは製作途中であったために粗削りのものが多く、一部の製作工程上で最終段階に近いものは、より緻密なノミ痕が認められる。発

写真６　縦耳型石鍋
（平戸市教育委員会所蔵）

写真７　鍔付型石鍋
（広島県立歴史博物館所蔵）

掘調査では、一定期間に使用し廃棄されたものが出土することから、内面にあったノミ痕は使用擦過により磨滅しているものが多い。さらに、その使用期間が長いものは、石鍋の底部が極めて薄くなっているものもあり、稀に剥落して孔があいているものさえ見受けられる。

　これまでの発掘調査の蓄積と石鍋生産地遺跡の調査の結果、滑石製石鍋は大きく二つの形に分類することができる。一つは、石鍋の縁（口縁部）付近に長方形または方形の突起（縦耳）を削り出したもので、「縦耳型石鍋《たてみみがたいしなべ》」と呼ばれる。もう一つは、石鍋の縁（口縁部）の直下に周回する突起（鍔）を削り出したもので、羽釜のような形状を呈し「鍔付型石鍋《つばつきがたいしなべ》」と呼ばれる。

　滑石製石鍋は現在までの研究においては、十世紀末頃から製作されたとされ、十六世紀までの長い期間にわたり製作・使用され続けている。この二つの縦耳型石鍋と鍔付型石鍋については、縦耳型石鍋が古い時期、それに後続して鍔付型石鍋へと変化し、その変化の時期は十二世紀後半頃と考えられている。縦耳型石鍋から鍔付型石鍋へと変化する要因については後章で考察するが、形状が劇的に変化していることから何らかの強い要因があったはずである。この現象については、生活様式の変化や鉄製鍋の普及にその要因が想定されている。

　ここまで石鍋の形状と使用時期について概観してきたが、その用途は「鍋」というよりも「釜」に近いと思われるかもしれない。このことについては、その使用方法等の知見からの論考がある。

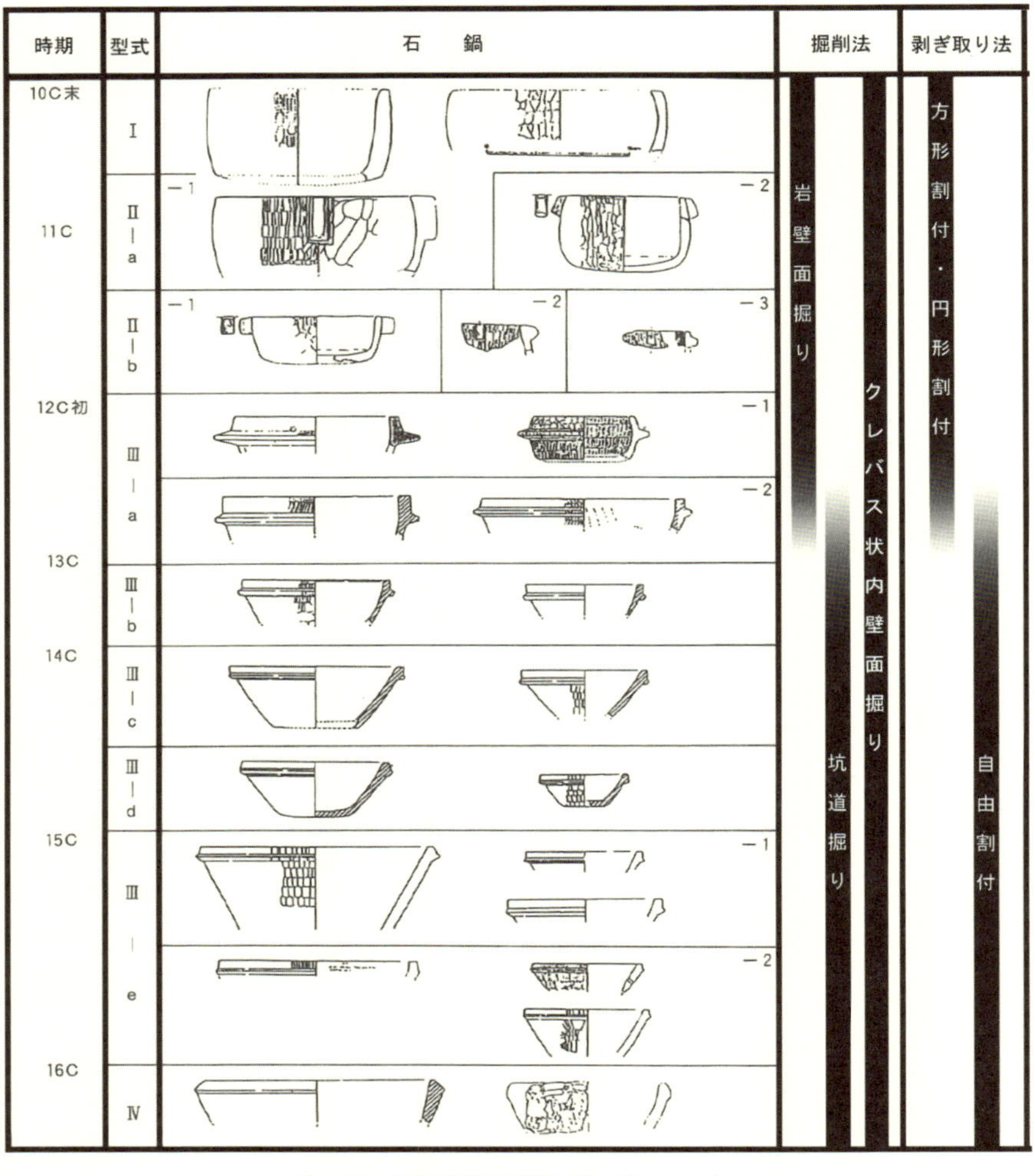

第２図　滑石製石鍋編年図（東 2008）

その研究は古く、大正十一年に喜田貞吉氏が「鍋と釜」と題し、大正期の「鍋・釜」及び「竈《かまど》・爐《いろり》」の関係について触れている。その中で、喜田氏は「釜と鍋との使用の区別は、爐と竈との設備の相違と相併ふものの如し。竈の設備のある所にても焜爐《こんろ》、七厘《しちりん》などを併用し、随って鍋をも使用すれど、大體《だいたい》に於て飯は釜によるを本體《ほんたい》とし、爐の設備の所にては、釜を使用せんには不便甚しければ依然鍋を用ふるなり。」と報告し、飯焚きの際に竈では釜、爐では鍋を使用することと整理している。

さらに、喜田氏は「九州北部の石釜の破片の折々土中より発見せらるるも此の系統（辛国＝唐国）に属するものか。」と記載しており、石釜＝石鍋が外来文化の影響で成立した可能性を示している。

長崎県内の、中世の集落遺跡はほとんど調査されていないため詳細が分からないが、限られた成果を概観すると、焼土遺構と報告される、いわゆる爐が主体であったと思われる。しかし、北部九州（特に福岡県周辺）や関西方面では、この時期の住居には既に竈が普及している。このことは、石製の鍋が西彼杵半島で製作開始され、その後周辺地から遠隔地にまで周知された石鍋としての存在が確立された結果、消費地側からの需要に呼応して、釜の形状をした鍔付型石鍋が製作され始め、その転機が十二世紀後半にあたるのではないかと考えられる。

四　石鍋の使用について

滑石という軟質で保温性に富む性質を利用して製作された石鍋（一次利用）は、消費地で破損等により使用できなくなった以降、別の用途のために加工された（二次利用）ことが、多く確認できる。

1　一次利用

滑石製石鍋の使用方法については、遺跡の発掘調査で出土する石鍋を観察したとしても、得ることが出来る情報量には限界がある。そのため、文献史料等と相互に研究をすすめる必要があり、滑石製と思われる石鍋の使用例について、まず文献史料は左記の三資料が挙げられる。

①類聚雑要抄《るいじゅうざつようしょう》巻第四（十三世紀）

甘葛煎方

器用石鍋亦銅物　是等ニ入テ　固炭ヲオコシテ灰ニ埋テ口小ヲ開テ　火ヲユルマシテ　アツカラス　寒カラス品同程ニテ　夜日七日許煎之　其間アハノ立ヲ随出テ取スツル也　鍋蓋ニハ綿ヲ敦ラカニ張之　出気ヲ出テ塵ヲイレシ料也　金輪用之

②厨事類記《ちょうじるいき》（十三世紀後半）

署預粥ハ　ヨキイモヲ皮ムキテ　ウスクヘギ切天　ミセンヲワカシテイモヲイルベシ　イタクニルベカラズ　又ヨキ甘葛煎ニテニルトキハアマヅラ一合ニハ水二合バカリイレテニル也石ナベニテニル　チヒサキ銀ノ尺子ニテモリテマイラス云々　或説云　銀ノ提ニ入テ銀ノ匙ヲグシテマイラスベシト云々

③武家調味故実《ぶけちょうみこじつ》（一五三五年 天文四）

一しぎつぼの事

つけなすびの中をくりて　しのぎの身をつくりて可入　身をば大略のこすべからず可入なり　かきのはを　ふたにしてからぐる事あり　わらのすべにてからぐる也　いしなべに酒を入て煎べし　くはしくは別本に有之　折びつにみみがはらけにいためほじほ置て可獻（後略）

以上の史料の主題や記述から、甘葛《あまかずら》や暑預粥《いもがゆ》、鴫つぼの調理の際に石鍋が使用されていることがわかる。石鍋の製作を開始した十世紀代の文献史料は確認できていないが、十三世紀には調理用の煮炊具として「石鍋」が一つの地位を確立していると言える。

次に、鍋の使用方法について絵画資料を紹介する（第3図―第5図参照）。

これらの三点の絵画に描かれている鍋は、必ずしも滑石製石鍋とは断定することは出来ず、鉄製のものかもしれない。しかし、鍔付型石鍋が全国的に使用されている十四世紀～十六世紀の鍋の使用例としては貴重な資料といえる。描かれている鍋はいずれも鍔付型、もしくはそれに近い形状をしているように観察でき、直火するものと五徳《ごとく》に設置して使用する例に分かれる。

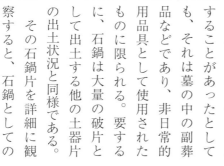

文献と絵画資料において共通的にみられることは、十三～十六世紀における石鍋または鍋の使用は名前の通り「鍋」（煮炊具）として使用されている。それに伴い、鍋の外面は黒くススが付着していることが絵画資料からも明らかである。このことは、消費地の遺跡から出土する滑石製石鍋片のほぼ全てにススが付着していることと符号する。

第3図　松崎天神絵巻
（宮内庁三の丸尚蔵館所蔵）

第4図　春日権現験記絵
（宮内庁三の丸尚蔵館所蔵）

２　二次利用

石鍋は、遺跡の発掘調査において完全な形で出土することはほとんど無い。稀に完全な形で出土することがあったとしても、それは墓の中の副葬品などであり、非日常的用品具として使用されたものに限られる。要するに、石鍋は大量の破片として出土する他の土器片の出土状況と同様である。

第5図　酒飯論絵巻
（九州国立博物館所蔵）

その石鍋片を詳細に観察すると、石鍋としての加工以外の加工が施されているものが多く見受けられる。これは、石鍋を長年使用したり、或いは何かしらのアクシデントにより破損したために、その破片を石鍋以外の用途として再利用するために新たな加工が施された痕跡である。この新たな加工が施された「二次加工品」は、多種多様であり、用途が判然としないものも多い。ここでは、二次加工品として使用された二例について紹介したい。

①バレン状石製品

写真8に示すように、版画で使用する「バレン」に形状が類似するために「バレン状石製品」と呼称され、その他に「スタンプ状石製品」「鏡形石製品」と呼ばれることもある。

バレン状石製品は、長い間、用途不明とされてきたが、近年の出土例の増加により、用途と製作方法について解明されつつある。

バレン状石製品は、現在までのところ縦耳型石鍋の耳（把手部）を再加工し、このような形状へ仕上げており、突き出た突起部分の根元付近に孔を穿つものや、その孔の中に棒状の鉄製品が残るものも見られる。この特異な石製品はどのように使用されたのか。その解決の糸口としては、宮崎県宮崎市高岡町の八児《やちご》遺跡や長崎県平戸市田平町里城跡の出土状況が好例である。前述したように石鍋は極めて軟質な石材であるために、長年の使用擦過により、石鍋の底は体部よりも摩耗が著しく、欠損する確率が高い。底の欠損は、鍋としての使用目的を達成できない重大なものである。その問題解決ために底の欠損部を定形に整形し、その形状に合致する様にバレン状石製品の突起部分を調整し挿入する、いわゆる「補修」を行うためにバレン状石製品は使用されている。バレン状石製品は、場合により内・外側のどちらかから挿入されており、その補修具を固定するために棒状鉄製品が使用されている。このことは長崎県佐世保市門前遺跡から大量に出土したバレン状石製品から推察されている。

②短冊状石製品

出土事例としては少ないが、特異な使用事例である。**第8図**は、長崎県佐世保市大刀洗《たちあらい》遺跡で出土し

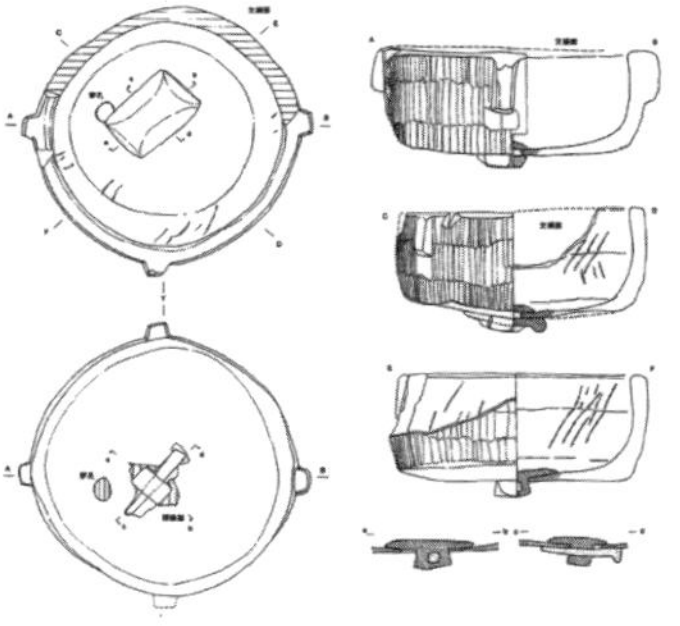

第７図　八児遺跡出土状況
（宮崎県 1995）

写真８　バレン状石製品
（平戸市教育委員会所蔵）

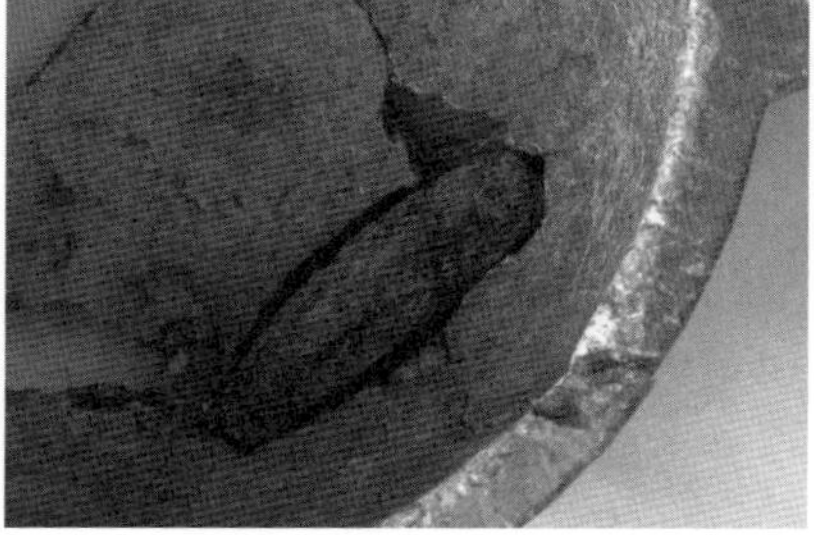

写真９　里城跡出土状況
（平戸市教育委員会所蔵）

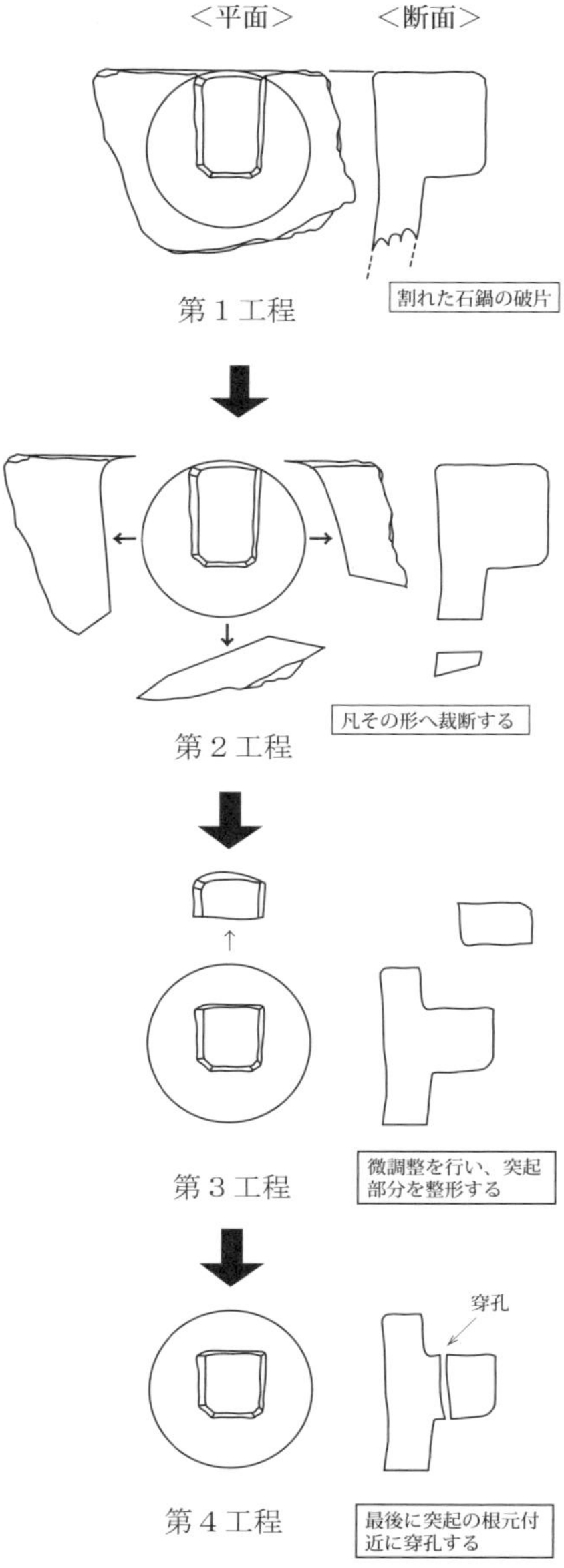

第６図　バレン状石製品製作模式図
（松尾 2007 に加筆）

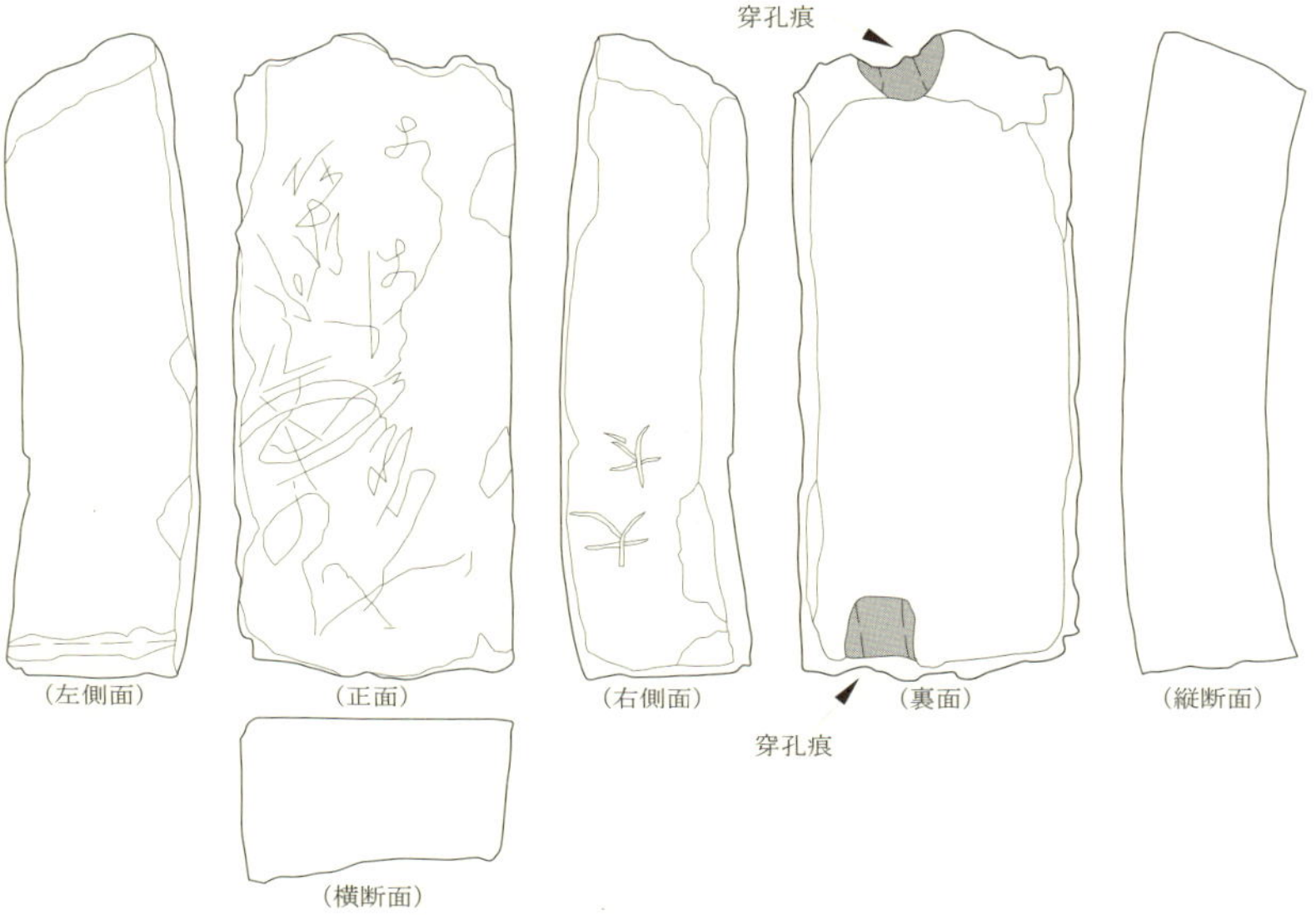

第８図　大刀洗遺跡出土遺物（佐世保市 2013 に加筆）

た短冊状石製品であり、正面に文字が刻まれている。大きさは長さ約八・五センチ、幅三・五センチ、厚さ約二・三センチ程のもので、これは本来は石鍋の口縁部分の破片である。形状や成形からみえる用途の仮説として、一度は石錘として使用するために短冊状に整形し、両端に穿孔を施している。その後、石錘として使用不可となり、何かの意図をもち文字が線刻されている。文字は正面に「折々、折々に恋し」と刻まれ、その他の文字は判読できない。また、側面には天地が逆転し「大大」とも刻まれている。

その他、滑石製品には石錘、ペン立状石製品、スプーン型石製品等の多くの種類の製品が報告されている。しかし、そのほとんどが用途不明のもので占められる。

五　石鍋製作所跡

現在、長崎県遺跡地図において石鍋製作所跡の数は七六箇所が記載されているが、長崎石鍋記録会[3]の調査報告を踏まえると一〇〇箇所は確実に超えており、今後の調査の成果によっては、二～三倍に増加する可能性が高い。

西彼杵半島で石鍋製作所跡として最も著名なものは、国史跡のホゲット石鍋製作遺跡である。これは一九七〇年（昭和四五）に滑石採掘坑道が発見され、長崎県立美術館の下川達彌氏のもとへ木製具類が持ち込まれたことに端を発する。下川氏は、木製具類の観察から石鍋製作に関係する資料と判断し、その後数回の分布調査、一九七九年（昭和五四）には試掘調査と詳細な分布調査を行っている。

写真10　ホゲット第６工房跡

石鍋製作所跡は、大きく三つの形態がこれまでに確認されており、一つ目は滑石の露頭岩を素材として採掘されたもの、二つ目は岩塊中の滑石部分を探って採掘され、結果としてクレバス状を呈するもの、三つ目に炭鉱の坑道ような形状を呈するものに分けられる。これらの石鍋を採掘した滑石壁面には、石鍋の製作途中の瘤状を呈するものや石鍋が取り外された窪みが数多く残されている。また、その一つ一つには、石鍋製作に使用した鉄製の工具痕（ノミ痕）が確認され、約三～六センチ幅のものが多く使用されている。

報告では広大な遺跡範囲内に十一地点の工房跡が発見され、その後の石鍋研究の発展に大きく影響を与えた成果が得られている。

このホゲット石鍋製作遺跡の詳細調査は、西海市西彼町に所在する下茅場遺跡の発掘調査が行われたのみであり、残る大部分の製作所跡の発掘調査は実施されていない。近年、長崎石鍋記録会は、石鍋製作所跡の踏査及び研究報告を行っており、また開発により滅失しつつある未周知の石鍋製作所跡の記録保存も実施している。

第１工房跡

第３工房跡

第４工房跡

第７工房跡

第９工房跡

第10工房跡

第11工房跡

写真 11　ホゲット石鍋製作遺跡

駄馬石鍋製作所跡

目一つ坊石鍋製作所跡

西彼町八木原の石鍋製作所跡

白野石鍋製作所跡

鶴掛第２石鍋製作所跡

写真12　その他の石鍋製作所遺跡

第９図　石鍋製作所遺跡位置図

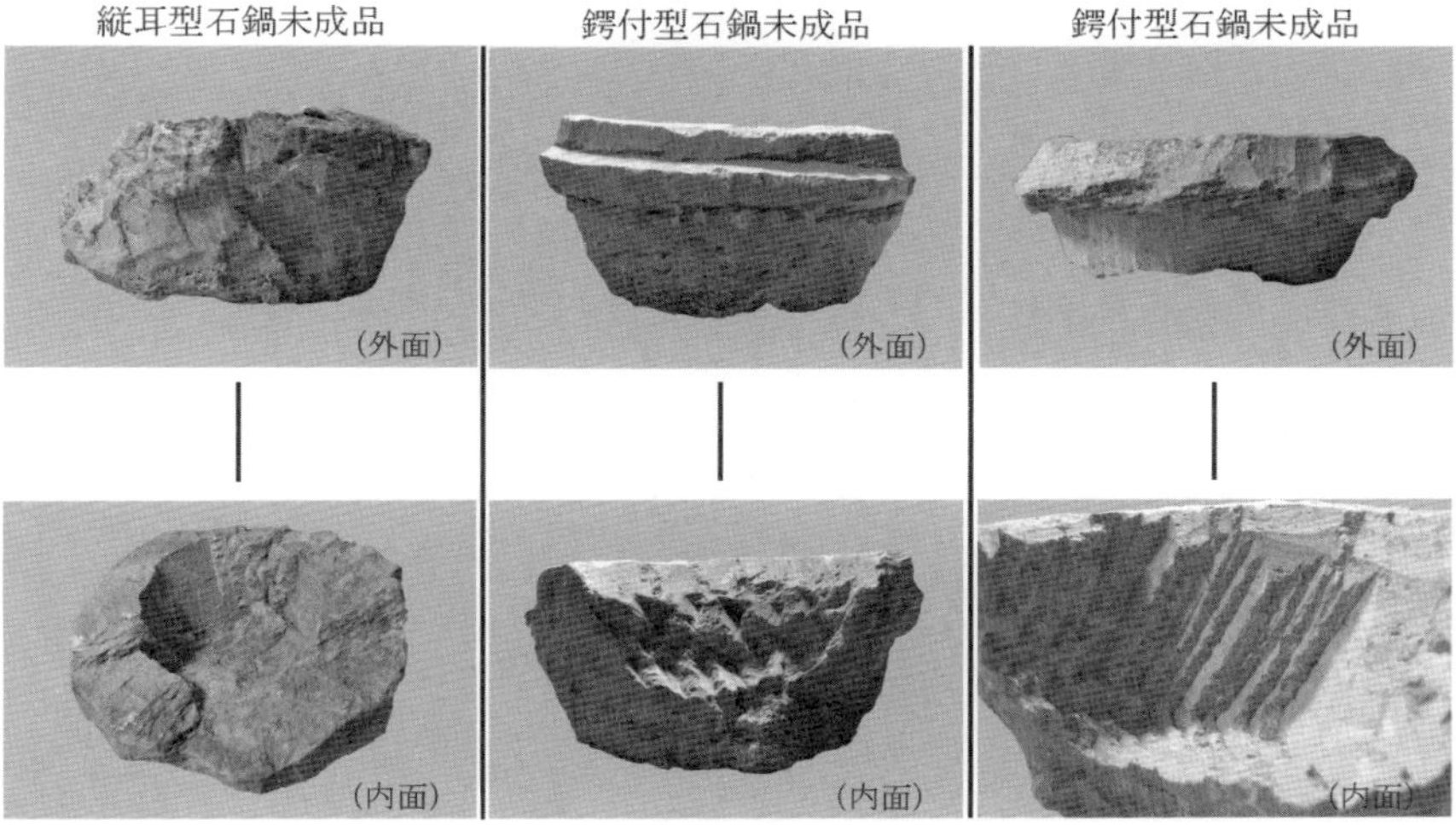

写真13　石鍋未成品表土採集資料（白野石鍋製作所跡）

六　石鍋の流通

石鍋の流通については、近年多くの研究者が論じている。石鍋が出土する遺跡として南は沖縄県、北は青森県までの広範囲に確認されており、鍔付型石鍋が製作され始めた十二世紀後半頃から爆発的に流通量と分布範囲が拡大する傾向にある。特に出土量が多い地域としては、西彼杵半島に近い佐世保市周辺や福岡県・広島県・京都府・神奈川県などが挙げられ、古代・中世の流通交易拠点や政権中枢部に分布の偏りが見受けられる。

　長崎県内に限定して観察を行った場合、その出土遺跡は海岸線に近い遺跡から多く出土する傾向がある。長崎県という地理的要因と石鍋の重量を考慮すると、当然、船における搬出が想定される。内陸部の遺跡から出土が認められる場合は、船による輸送が比較的容易な河川沿いに広がりを見せている。その石鍋の分布と重複するように中世山城や居館跡があることから、石鍋の流通に在地の領主が介入した

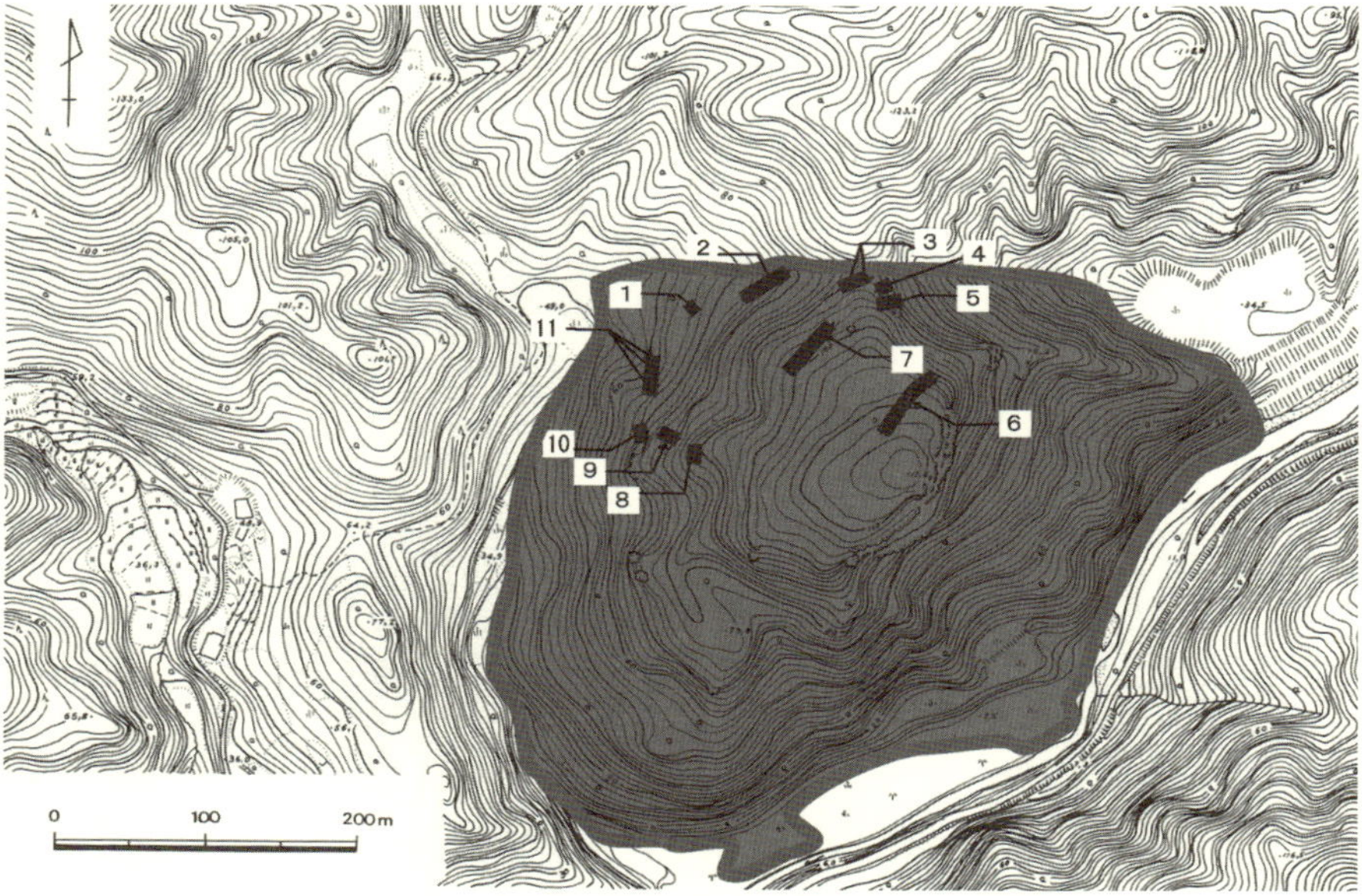

第10図　ホゲット石鍋製作遺跡（大瀬戸町1980に加筆）

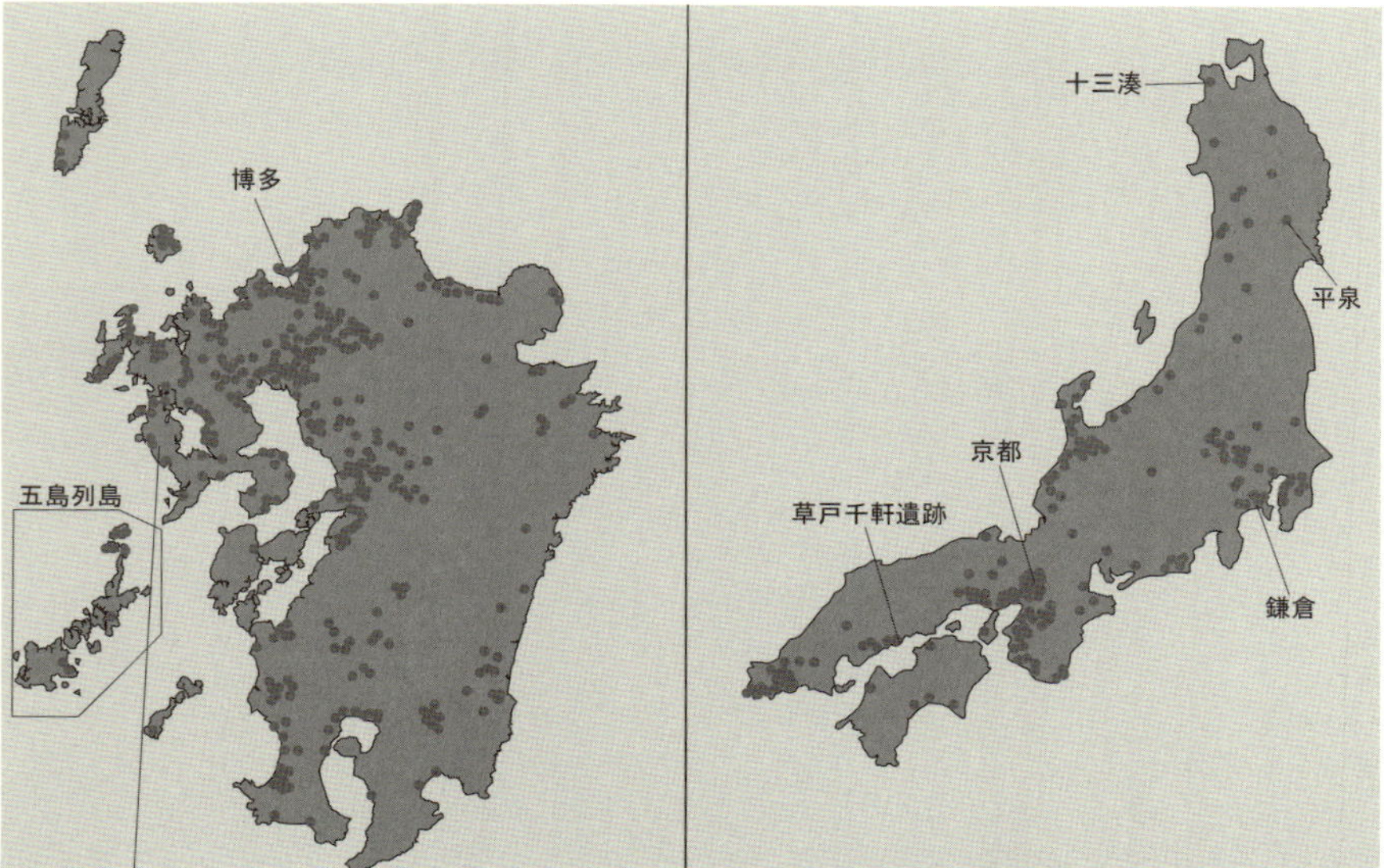

第11図　九州・本州における石鍋出土遺跡（新里2002・石塚2005）

可能性も想定できる。

西彼杵半島一帯において、石鍋の製作や流通を掌握した在地領主はわかっておらず、その組織形態などもほとんど解明には至っていない。しかしながら、石鍋の海運に関与していた可能性を示唆する資料として、西海市西彼町にある「海夫道浦」銘五輪塔がある。この墓石は形態から十五世紀前半から半ば頃と考えられ、石鍋製作の末期に該当する。この「海夫道浦」のうち、「海夫《かいふ》」は主に船上生活を行いながら漁労や水運を担った人々を指すものである。船上生活に使用する船は「家船《えぶね》」と呼ばれ、大正期までは西彼杵半島の海岸線には見ることができた。

写真14　海夫道浦銘五輪塔
（西海市指定文化財）

古代から中世の海夫は、時には一〇隻以上の大船団となって活動することもあり、このような海民共同体を介した活発な交易により石鍋は運ばれたと想像できる。

七　滑石製石鍋の価値と意義

「滑石製石鍋は古代・中世の長崎県の特産品」であることは、これまでの全国的な分布や各遺跡における出土量から明らかである。さらに、滑石製石鍋の価値を示す資料についてもう一つ紹介する。

東大寺文書（天承元年六月筑後国船越荘未進勘文）
注進　船越御庄去ゝ年并去年未進事
合
褌一領 直六拾疋　石堝一口 但阿加那へ斗納 直十疋
（中略）
又去年未進、六郎丸辨、
褌一領 直四十疋　牛一頭 直四十疋
（後略）

この史料は、筑後国船越荘の未進物を書き上げたもので、石鍋の物価的価値を示す記載が見える。すなわち、「石堝一口」が「直十疋」、「牛一頭」が「直四十疋」とあることから、単純に換算すると、「石鍋四個と牛一頭」が同価値ということとなるが、素直に石鍋自体の直接的物価的価値とはならない。前章で石鍋の流通は広範囲に亘っており、海送を主体としながらも、一部陸送により石鍋が流通したことは間違いなく、そこには間接交易に伴う中間手数料が付加されていることを想定しなければならない。しかしながら、それらの中間手数料を考慮したとしても、他の生活道具類の中でも高価な物であったことは間違いないだろう。

また、滑石製石鍋の物価的価値のほかに、古代・中世期の流通体制を考察する上で重要な標識遺物であり、日本海域をグローバルに往来した輸送船のルート復元に必要不可欠な資料と考えられる。さらに、石鍋そのものの詳細な製作工程についても研究の余地が残されており、製作工程の復元を行うことで、製作集団の組織体制や地域的分業の有無または識別、地域別の製作時期など、古代・中世期の西彼杵半島全体の歴史・社会構造を解明する手がかりとなり得る可能性が高く、今後の課題である。

（謝辞）

本稿を執筆にあたり、東貴之氏にご協力をいただきました。末筆ながら記して厚く感謝申し上げます。

註

（1）十一世紀に全国で流布した仏教の末法思想に基づき、地中に写経した経典を納めるために製作された容器をさす。西北九州では、滑石で製作されたものが多く出土している。

（2）経筒同様、末法思想に関係がある。五輪塔は五大物質とされる地・水・火・風・空の五大思想とインドの五輪図形が結びついて石塔化されたもの。宝篋印塔は、「宝篋印心呪経」という経典を納めた供養塔をさす。源流は中国に求められ、日本では一三世紀前半頃から石塔化されている。

（3）長崎石鍋記録会は二〇〇七年に有志により結成された。古代末期から中世にかけて滑石製石鍋の生産地の現地踏査、各製作所跡の性格と存在意味，そして製作技術の解明を目的として活動している。

引用・参考文献

喜田貞吉　一九一五「鍋と釜」『考古學雑誌』第六巻　第三號　考古學會

大瀬戸町教育委員会　一九八〇『大瀬戸町石鍋製作所遺跡』大瀬戸町文化財調査報告書第1集

下川達彌　一九七四「滑石製石鍋考」長崎県立美術館研究紀要第2号

宮崎県教育委員会　一九九五『学頭遺跡・八児遺跡』県道高岡・郡司分線道路改良事業に伴う発掘調査報告書

新里亮人　二〇〇二「滑石製石鍋の基礎的研究」『先史琉球の生業と交易』熊本大学文学部

東　貴之　二〇〇三「滑石製石鍋製作所跡について」『西海考古』第5号　西海考古同人会

石塚宇紀　二〇〇五「石鍋の研究―生業・流通・用途について―」『駒澤考古』第30号

長崎県教育委員会　二〇〇六『門前遺跡』長崎県文化財調査報告書第190集

松尾秀昭　二〇〇七「石鍋の補修具とは」『西海考古』第7号　西海考古同人会

東　貴之　二〇〇八「滑石製石鍋製作所跡について②」『調査報告Ⅰ』長崎石鍋記録会

針尾城跡の遺構と遺物

――海の領主の本拠地――

川内野　篤

一　はじめに

針尾城跡は、佐世保市南部にある針尾島南端付近の小鯛《こだい》に位置している。城跡の存在は古くから知られており、大正年間に執筆された『崎針尾村郷土誌』にも小鯛にある二重の空堀をもつ城跡の記述が見られる(1)。眼前には針尾瀬戸の急流が望め、その立地から、宣教師ルイス・フロイスが著書『日本史』において「この殿は大村の海水が極めて激しい潮流となって入ってくるある海峡に城を構えていた(2)」と記述した在地領主針尾氏の居城と推測された。先の『崎針尾村郷土誌』においても、針尾三郎左衛門の城とされており、地元ではかなり古い時代から針尾氏の城と認識されていた。学術的な調査としては、昭和五六年（一九八一）に初めて分布調査と簡易的な縄張り調査が行われ、二重の空堀と土塁が良好な状態で残っていることが確認された(3)。

佐世保地方の戦国史は相浦谷における宗家松浦氏と平戸松浦氏の争いを中心に語られることが多く、崎針尾一帯や西彼杵半島の一部を領し横瀬浦事件に名を残す針尾氏は特異な存在と言える。佐世保市教育委員会では、謎の多い針尾氏の実態や、城の構造を解明することを主な目的に、平成十六年（二〇〇五）に発掘調査を行った(4)。

二　地理・歴史的環境

針尾城跡は針尾島と西彼杵《にしそのぎ》半島を隔てる針尾瀬戸に面する丘陵先端部にある。針尾瀬戸は、大村湾と外海との干満の差により渦巻く潮流が発生することから日本三大急潮の一つに数えられており、古くから観光名所となっている。

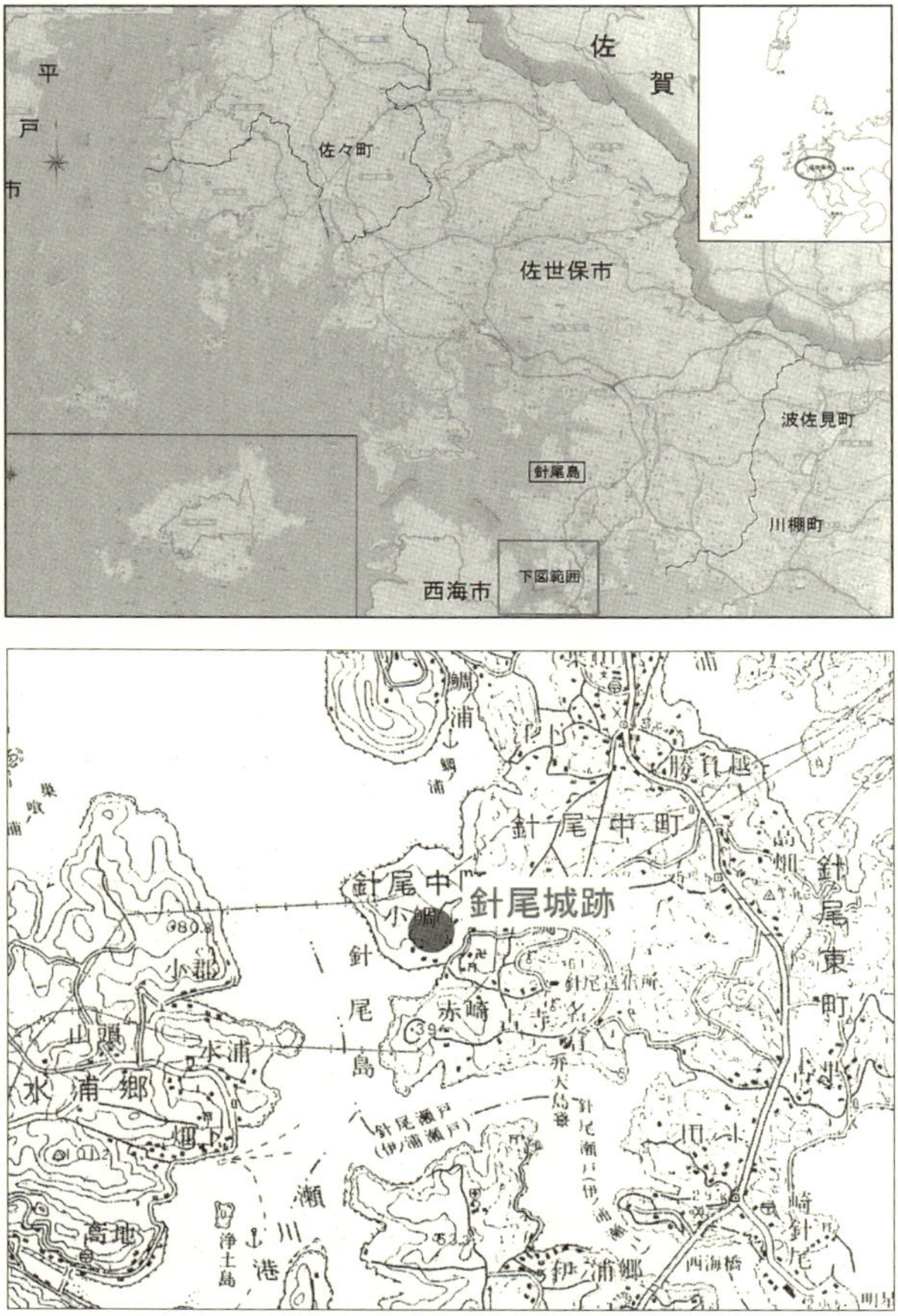

図１　針尾城跡の位置と周辺図

針尾城のある小鯛は、西海橋の北西に位置し、西海橋が完成するまで対岸の小郡《おぐり》との間で定期船が運航されるなど、針尾島と西彼杵半島を結ぶ海上交通の要衝として賑わいを見せていた。さらに瀬戸を通る船にとって潮待ちの港としても重要な役割を果たしていたようで、寛政元年（一七八九）には画家の司馬江漢が生月に向かう途中に潮待ちのために小鯛に立ち寄り、風景画を残している（図２）。

小鯛を含む針尾島南部の地質は新生代第三紀の堆積岩の上位を火成岩（北松浦玄武岩）が覆っている。この一帯は九州でも屈指の強度を持つ岩盤として、大正十一年（一九二二）には旧海軍によって巨大な長波通信施設である佐世保無線電信所（針尾送信所）が建設された(5)。地表を覆う土層の大部分は玄武岩が風化した赤土であり、場所によっては火山性噴出物の一種である黒曜石が産出する。特に送信所周辺は黒曜石原産地として知られている。

地味は痩せていて、地形は比較的なだらかだが、大きな川はなく、沖積地が全く発達していない。そのため水田には不向きで、わずかな棚田が見られる程度である。かつてはほとんどの農家が麦作を行なっていたが、戦後になるとミカン栽培が盛んになり、一大産地として知られるようになった。

三　針尾氏について

針尾氏の出自については不明な点が多いが、針尾城跡から出土した十二、三世紀の貿易陶磁器や、西海橋近くの明星ヶ鼻から発見された文治五年（一一八九）の銘を持つ滑石製経筒（写真1）のことを考えると、経塚が造営された十二世紀末には、すでに針尾氏が存在していた可能性が高い。

針尾氏の名前が、最初に記録として現れるのは十四世紀のことである。正慶二年（一三三三）の『正慶乱離志裏文書』に針尾兵衛太郎入道覚實の名前が見え、正平十七、十八年（一三六二、六三）及び応安五年（一三七二）の彼杵一揆連判状には針尾勘解由太夫藤原家盛の名前が見える。[4]

針尾氏が本拠地とした小鯛を含む崎針尾一帯は、前述のとおり水田に不向きな土地柄である。通常中世の在地領主は土地、特に水田を経済基盤とする場合が多いが、ここでは土地を経済基盤とすることは難しい。そのため針尾氏は、針尾瀬戸に面しているという立地を活かし、瀬戸の物流と人の移動による利益を得ていた可能性が高い。交通の要地である小鯛に本拠地を置いた理由もそのた

図2　司馬江漢の描いた小鯛
早稲田大学図書館蔵『書画西遊譚』

めと考えられる。

針尾氏は十五世紀後半から十六世紀の針尾半左衛門、針尾伊賀守の代に全盛期を迎えた。この頃には針尾島全土を勢力下に置き、さらには西彼杵半島の一部も領有していた。そして、針尾伊賀守は、永禄五年（一五六二）に大村純忠が開いたポルトガルとの貿易港、横瀬浦の奉行も務めている。

当時の大村純忠と針尾伊賀守の関係について、ルイス・フロイスは『日本史』において「大村の家臣で針尾（原文はFaxibó:Farivoの誤記か）という殿[2]」と伝え、針尾氏（児玉氏）系図も「永禄年中、依大村候純忠公之招而臣従焉[6]」と記しており、主従関係にあったことがわかる。さらに同系図には伊賀守が、大村氏の首席家老だった朝長伊勢守純安とともに横瀬浦における南蛮貿易を監督する立場にあったことも記されている。ただし、同系図によると針尾氏が大村純忠に従属するようになるのは永禄年間と記しており、タイミングとしては横瀬浦開港の直前であろう。純忠にとって、横瀬浦において貿易を行うためには針尾瀬戸の通行権がどうしても必要であった。そのためには針尾瀬戸を押さえている針尾伊賀守を

写真１　明星ヶ鼻経筒

写真２　横瀬浦

写真３　ルイス・フロイス（1532-1597）
撮影：西海市横瀬浦公園

臣下に加える必要があり、その見返りとして横瀬浦の奉行という条件を提示したのだろう。つまり針尾伊賀守は、横瀬浦開港のキーマンだったと考えられる。その一方で、純忠は針尾伊賀守に対する警戒も怠っておらず、自らの信任厚い朝長伊勢守純安を横瀬浦のもう一人の奉行としたことは、針尾伊賀守を監視する意味もあったことだろう。

しかしこのような措置にも関わらず、針尾伊賀守は永禄六年（一五六三）七月に大村純忠の反対勢力である武雄の領主、後藤貴明が計画した大村攻めに呼応して、横瀬浦にいた外国人宣教師たちを襲うという、いわゆる「横瀬浦事件」を起こした。結果的に後藤貴明の企ては失敗し、針尾伊賀守が狙った外国人宣教師たちも難を逃れた。しかし大村純忠が使者として派遣したドン・ルイス・シンスケ（朝長新助、『日本史』によると朝長伊勢守純安の弟）は殺害され、混乱のなか横瀬浦は炎上し一夜にして灰燼に帰してしまった。この時狙われた宣教師たちの中にはルイス・フロイスも含まれており、この事件は『日本史』にも記され、ヨーロッパに伝えられた。このなかで針尾伊賀守は大村純忠の反撃により追放され、発狂し悲惨な最期を遂げたとされる。しかしそのような史実はなく、その後も翌月の彼杵松岳城攻め、永禄七年（一五六四）の皆瀬山合戦、永禄九年（一五六七）の鳥越・伊理宇合戦（野岳の陣）など、後藤貴明の大村攻めに参加している。このうち鳥越・伊理宇合戦ではあわや討ち取られる寸前まで追い詰められたという。この間、皆瀬山合戦では嫡男掃部介を失っている。そして元亀三年（一五七二）に大村氏との戦い（時期的に後藤貴明の三城城攻め、いわゆる「三城七騎籠り」か）に敗れて自刃したとされている。(6・7)

伊賀守没後の天正元年（一五七三）に平戸松浦氏との戦いに敗れ、伊賀守の次男三郎左衛門は戦死し、三男九左衛門は針尾城を捨て西彼杵半島に拠点を移すことになった。針尾氏は後に児玉氏と名を変え、再び大村氏に仕えて江戸時代を迎えた。

四　現況地形・縄張り

針尾城跡は小鯛浦に南面する標高一二五メートル

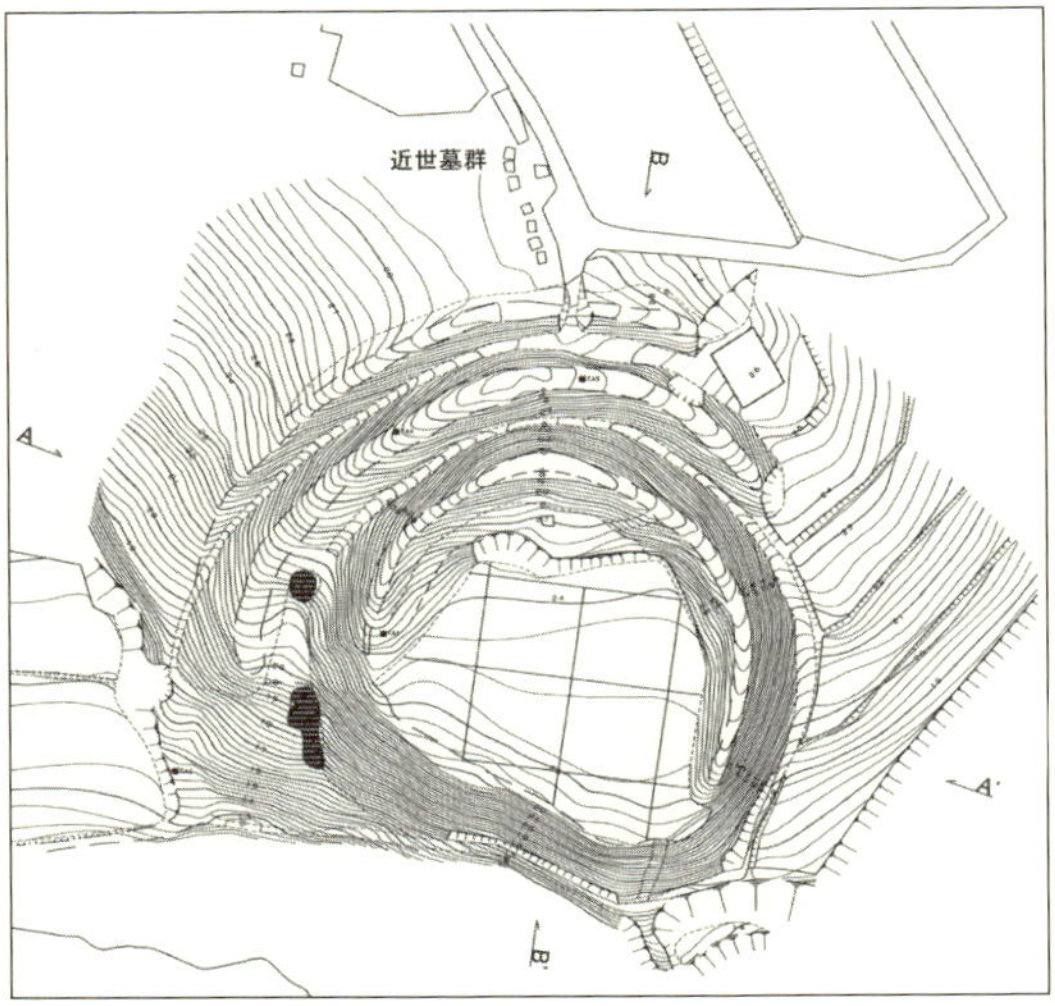

図３　針尾城跡地形測量図

写真４　針尾城跡空掘

の丘陵先端部に位置している。海に面する南側は急斜面となっており丘陵先端部は比高差一五メートルの切り立った崖となる。地質は風化玄武岩の岩盤があり、その上を岩盤風化土である粘質の赤褐色土が覆っている。表層は黒色を呈する腐植土であり、岩盤までの深さは一五～二五センチほどと堆積層は薄い。

城域は東西約八〇メートル、南北約六〇メートルの範囲に広がり、東西約三〇メートル、南北約二五メートルの平場（主郭）を中心にその周囲をほぼ同心円状に二重の空堀と土塁が廻る極めて特異な縄張りとなっている（図３）。

海側には人工的な防御施設はなく、比高差一五メートルの崖を天然の城壁としている。城の構造としては単郭であり、「館城」に分類されるものであろう。主郭東側ではミカン園の造成のために土塁と空堀の一部が消滅しているものの、空堀は現在なお二メートル以上の深さを保っており、遺構の保存状態は極めて良好である（写真４）。

針尾城跡の大きな特徴の一つとして、その円形の縄張りが挙げられる。元来、長崎県北部地域では、円形縄張りの主郭を持つ城館跡は珍しい存在ではな

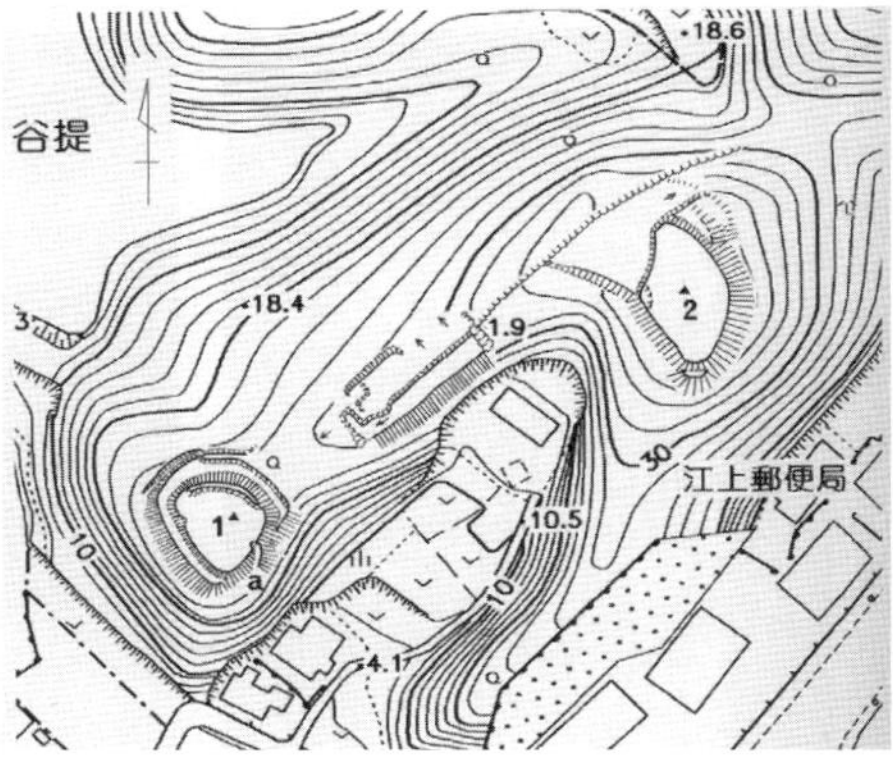

図４　大智庵城跡（上）、大刀洗城跡（下）縄張図
文献 10、11 より転載

い。このような縄張りは「松浦型プラン」とも呼ばれ、地形に合わせて素直に削平すること、円形に近い郭になること、基本的に単郭であること、出入口が平入りか或いは明瞭でないこと、といった特徴があるとされている。[8・9] 佐世保市内の城館跡では、大智庵城[10]や大刀洗城[11]がその例といえるだろう。針尾城の縄張りも円形の単郭であり、出入口も今一つ明瞭ではないなど、いわゆる「松浦型プラン」と共通する点が多い。しかし「松浦型プラン」に分類される城館のほとんどは、大智庵城や大刀洗城のように山頂部を平坦に造成した結果、円形或いはそれに類する縄張りとなったものである（図４）。ところが、針尾城はなだらかな丘陵の先端付近の斜面地にあるにもかかわらず、円形の縄張りとなっている。図３の地形測量図からもわかるように明らかに地形に逆らった築城であり、この点が「松浦型プラン」と決定的に異なっているといえる。

　地形的な制約を除いて、このような円形の縄張りとするには、設計当初より円形に造ることを意識していなければ不可能であろう。恐らく主郭の中心付近から縄を延ばし、同心円状に縄張りを展開していったものと考えられる。このような縄張りを持つ城館跡は全国的にも珍しく、北海道に分布するアイヌ民族の城館跡である「チャシ」との共通性も指摘されている。[12] さらにチャシは、旧来より中央ロシアの城館「ゴロ

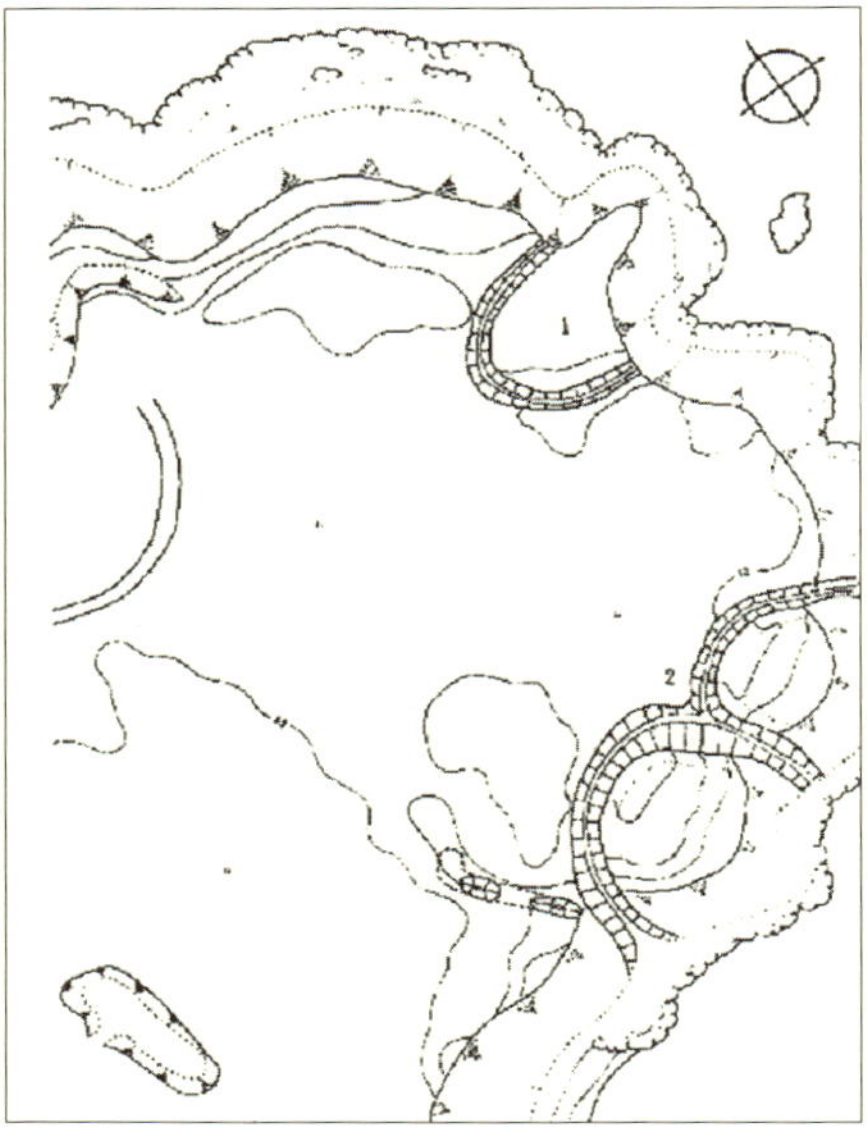

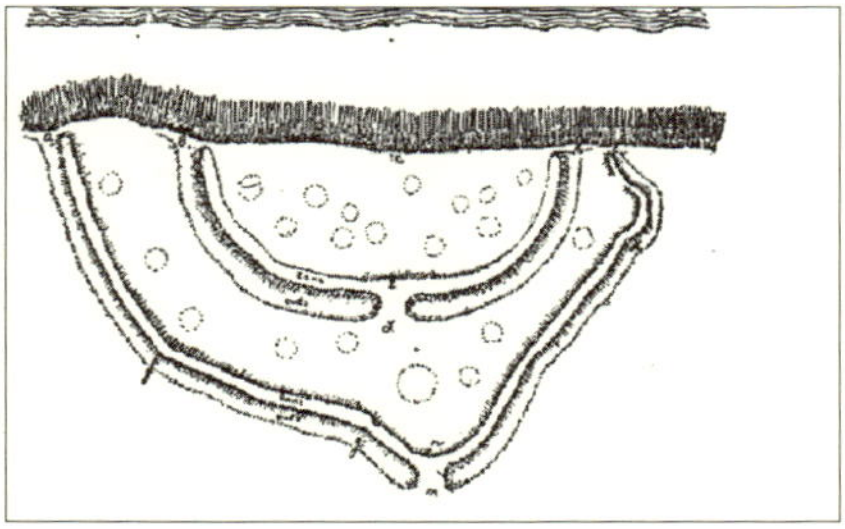

図５　チャシ（上）とゴロディシチェ（下）
文献12より転載

ディシチェ」との共通性が指摘されており、針尾城に見られるような円形縄張りの城館は、アジア方面に起源を求めることが出来る可能性もあり、今後、更なる研究が期待される。

一方、針尾城を城郭としてみた場合、なだらかな丘陵先端の斜面地に築かれていることから地形的な防御効果は薄い。人工的な防御施設としては二重に築かれた土塁と空堀の他にはなく、手薄な感は否めない。さらに貯水施設等も確認されておらず、長期というより数日単位の籠城も困難であろう。つまり針尾城は城郭としては非常に貧弱な防御力しか備えていないことになる。しかし針尾氏は針尾城を拠点として三〇〇年に渡って戦国の世を生き抜くことに成功している。この秘密はいったいどこにあったのか。ここで重要になってくるのは、針尾氏が西彼杵半島に持っていた領地と、針尾瀬戸という二つの要素である。

針尾瀬戸は日に二度干満の差により激しい潮流をなす。この潮流を越えるには動力船が不可欠であり、近世以前の船で渡るためには潮流の緩やかな時間帯を選ぶ必要があった。実際に小鯛の港は潮待ちの港となっていたことからも明らかである。これは海から接近できる時間帯が非常に限られているということを意味する。尤も針尾氏は瀬戸を挟んだ西彼杵半

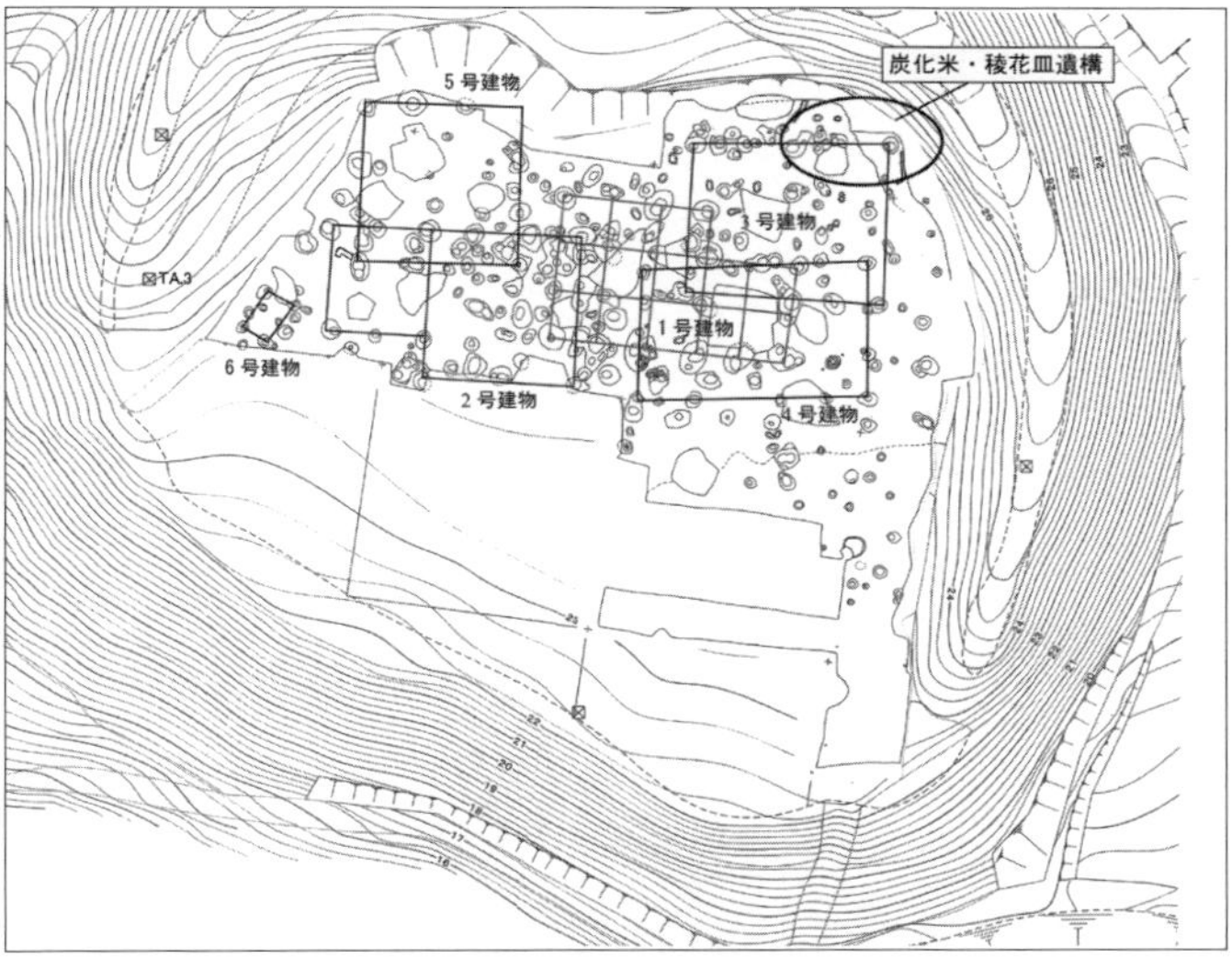

図６　針尾城跡遺構図

島の一部を支配下においていたことから、針尾瀬戸を完全に掌握していたと考えられる。したがって海からの接近は事実上不可能だったことだろう。

逆に陸側から攻められた場合は、針尾瀬戸の潮流が緩やかになるまでの数時間から十数時間を持ちこたえれば、西彼杵半島にある自領への脱出が可能であった。つまり針尾氏の生存戦略は、居城である針尾城が攻撃を受けた場合、これを守り抜くのではなく速やかに海へ脱出し、西彼杵半島の自領へと撤退。そのうえで再起を図る、というものだったのだろう。そのため居城たる針尾城には、海へ脱出するまでの時間を稼ぐだけの防御力があれば十分だったのである。

このように針尾城は、城単体で見た場合は貧弱な防御力しか持たないように見えるが、針尾氏の勢力範囲と、針尾瀬戸の存在を併せて考えると極めて合理的な構えであり、海を舞台として活躍した針尾氏にふさわしい「海の城」といえるだろう。

五　遺構

1　建物跡

主郭北側を中心に、岩盤に掘り込んだ無数の柱穴が検出された。一方、主郭部南側からは柱穴はほとんど検出されていない。大半が造成面であるため柱

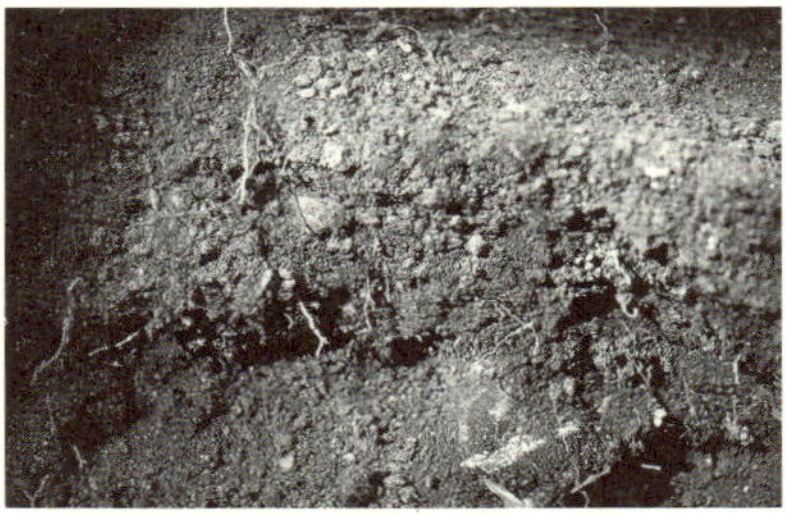
写真５　炭化米検出状態

写真６　稜花皿埋納遺構検出状態

穴の残りが悪いということも考えられるが、玉砂利状の小礫が集中的に分布する箇所があり、建物が存在しない前庭のような空間だった可能性もある（図5）。この場所からは針尾瀬戸を望むことができる。逆に言えば、瀬戸を通る船からも見えるということであり、この場所に幟などを立て並べることで瀬戸を通る船に対して示威を行っていたのかもしれない。

　建物は数回の建て替えが行われたようで、建物の数や時代別の構造把握は困難であるが、六棟の建物跡が確認できた。このうち、最も確実なものであり、針尾城の廃絶期の建物と考えられるものが一号建物である。一号建物は、桁行三間、梁間三間の正方形の建物に、桁行二間、梁間二間の建物が付属する形態をとっており、柱穴には根固めの礫が残っているものもあった。建物の裏手には故意に割られた碗や皿、茶臼など大量の遺物が集中して廃棄されていた。これらの遺物はいずれも一六世紀のものであることから、天正元年（一五七三）に平戸松浦氏に敗れた針尾氏が針尾島から撤退した際に、針尾氏あるいは平戸松浦氏の手によって城内にある什器の整理が行われたものと考えられる。これと同じような現象は天正十四年（一五八六）に落城した井手平城跡の発掘調査でも観察されている[13]。

2　祭祀遺構

　主郭部北東隅より、二面の祭祀的遺構が検出された。一つは柱穴上より炭化米が層状をなして多量に検出されたものである。炭化米層は焼土と灰に乗る形で検出され、灰や焼土には炭化した小枝や竹等が含まれることから、竹や雑木を焼き、その上に大量の米を乗せ、最終的に小礫を交えた石材を被せて埋められた経過が観察できた。炭化米の総量は一・七kgにも及んだ。また、柱穴の脇からはほぼ完形の朝鮮灰釉碗も出土している。この炭化米遺構は主郭中心部から見ると北東、つまり「鬼門」の位置にあたる。そのため、この場所で鬼門を封じるための護摩焚きなどを行い、その過程で米を燃やすといったことを行っていたと考えられる（写真5）。

もう一つの遺構は、炭化米遺構のやや南東側から検出されている。小柱穴直上から完形の青磁稜花皿五枚が重ねられた状態で出土したもので、出土状況からひも状のもので縛って埋納したものと考えられる。あまり品質の高いものではなく、恐らく地鎮祭などで埋納されたものではないだろうか（写真6）。なお、針尾城跡から検出された柱穴からは土師器の坏が出土する例が多く見られた。これらの土師器は建物を構築する際に埋納された鎮壇具の一種と考えられ、同様の例は宗家松浦氏の居城だった武辺城でも確認されている(14)。

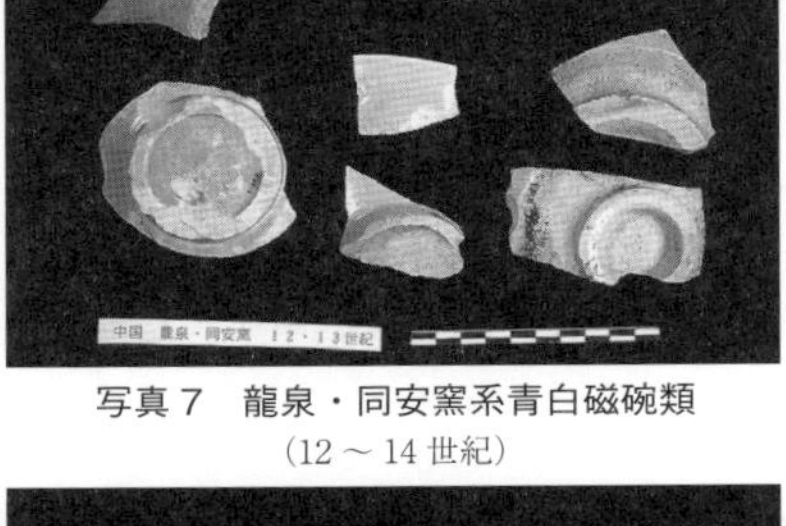

写真7　龍泉・同安窯系青白磁碗類
（12～14世紀）

写真9　景徳鎮窯系染付碁笥底皿
（16世紀前～中期）

写真8　景徳鎮窯系染付唐草文皿
（16世紀前～中期）

写真10　景徳鎮窯系染付小花崩文碗
（16世紀）

3　焼土面

明確な遺構は伴わなかったが、主郭東端では焼土面を検出した。周辺からは鍛冶の際に発生する鉄滓や鉄素材とみられる鉄片、青銅製品や坩堝も出土した。このうち坩堝（写真24）は直径約三センチ地の砂岩製で、内部には金属が沈着していた。発掘当時この金属は目視観察により鉛と判断し、火縄銃の弾丸製造に用いていたと考えていた。しかし詳細な成分分析を行ったところ金属は青銅であることが判明した[11]。焼土面付近からは複数の青銅製品が出土していることから、この坩堝はそれらの作成に用いられたものだろう。

六　遺物

主郭部からは、合計で四、一五三点の遺物が出土している。これらの遺物は貿易陶磁器、国産陶器、土器、石器、青銅製品、鉄製品等に分類できる。

1　貿易陶磁器類

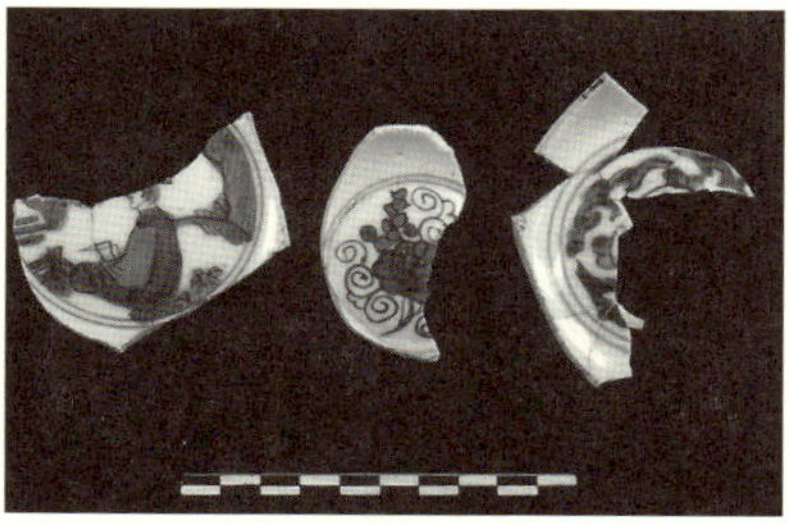
写真 11　景徳鎮窯系饅頭心碗
（16 世紀後半）

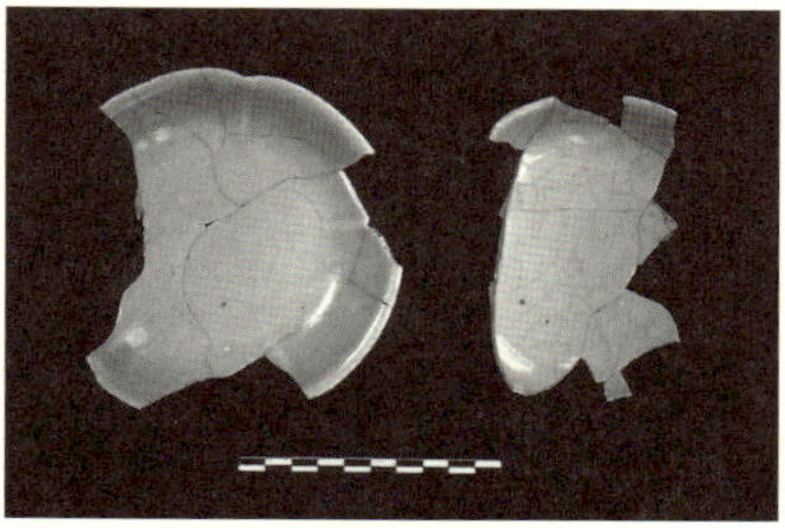
写真 12　景徳鎮窯系青磁輪花皿
（16 世紀後半）

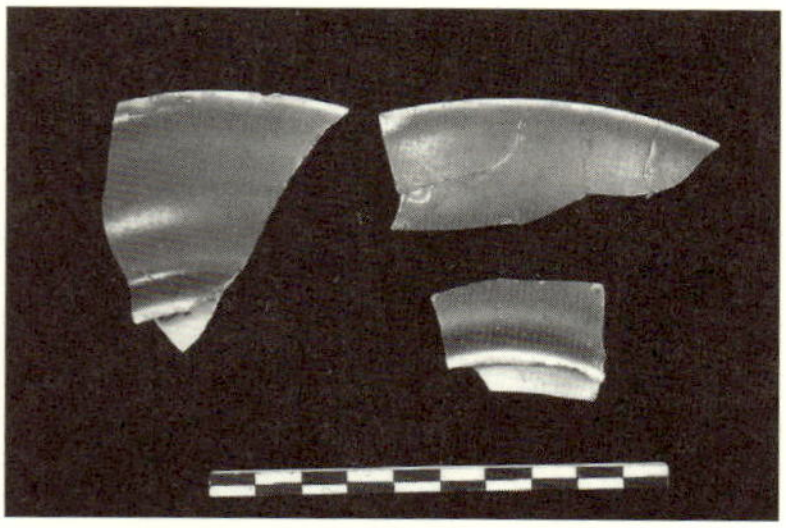
写真 13　景徳鎮窯系瑠璃釉坏
（16 世紀後半）

写真 14　景徳鎮窯系赤絵金彩坏
（16 世紀後半）

出土遺物のうち特筆に値するものが、全出土遺物の三七%にあたる一、五六一点が出土した貿易陶磁器である。十二世紀のものを最古とし、十六世紀後半のものまで出土する(4)。

十二世紀から十三世紀の遺物（写真7）は点数が二九点と少なく、これらをもって針尾城の築城時期を示すものとは考え難い。しかし、明星ヶ鼻から出土した経筒と併せて考えると、針尾氏の出現時期を示唆するものとして重要な意味を持つ。

遺物量が増え始めるのは十三世紀以降になってからである。十三世紀から十四世紀にかけての遺物は六一点出土しており、中国龍泉窯系の青磁が大半を占める。中国磁器の主体が白磁から青磁に移るのは十三世紀前後とされているが、針尾城における十三世紀遺物の出土傾向もそのことを反映しているといえるだろう。

針尾城からの出土遺物は、十四世紀から十五世紀ごろまでは徐々に増加する傾向にあるが、十五世紀後半ごろから急激に増え、十六世紀にピークを迎える。それまでは貿易陶磁器のほぼすべてが中国産の

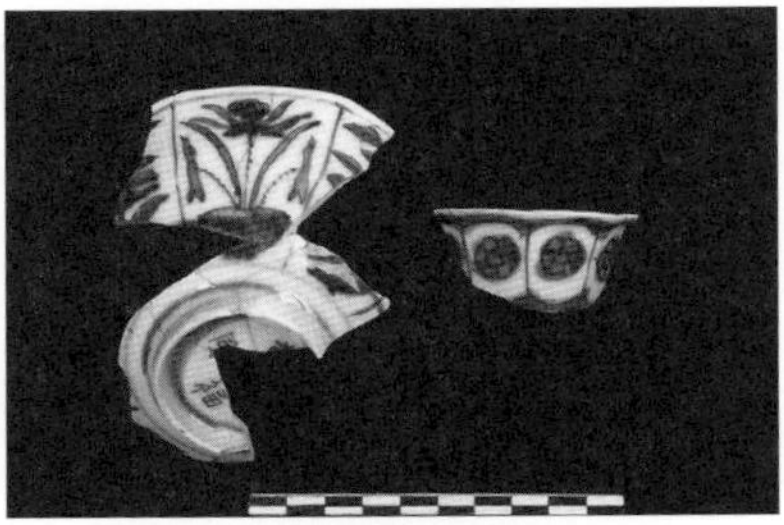
写真 15　景徳鎮窯系染付八角小鉢
（16 世紀後半）

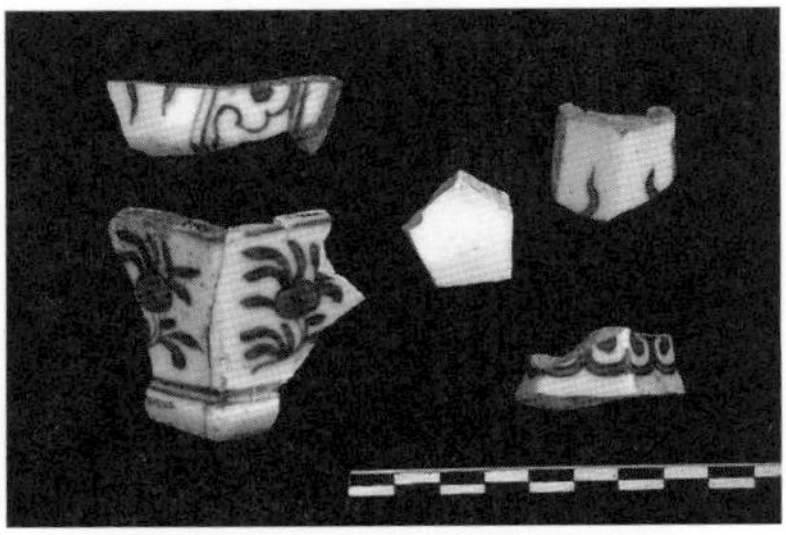
写真 16　景徳鎮窯系染付八角面取瓶
（16 世紀後半）

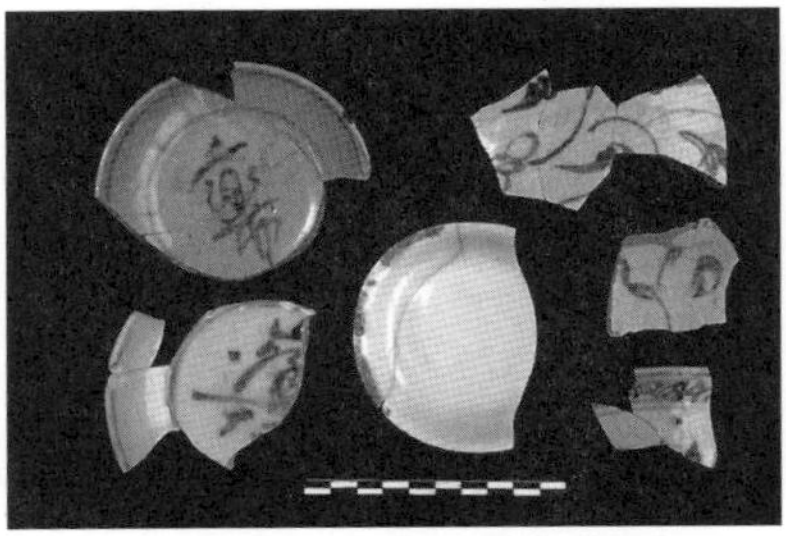
写真 17　漳州窯系白磁・染付碗皿類
（16 世紀）

写真 18　朝鮮灰釉碗
（15 ～ 16 世紀）

ものであったが、この時期になると朝鮮や東南アジア産の陶磁器もかなりの割合で入るようになり、遺物の種類も豊富になる。

特に十六世紀の遺物量は一、〇八七点と圧倒的に多く、貿易陶磁器の約七〇％を占めている。これは針尾氏と針尾城の全盛期が十六世紀であることを物語っている。針尾半左衛門―針尾伊賀守―針尾三郎左衛門の時代である。

十六世紀の貿易陶磁器の主体となるものは、当時最も高品質の磁器を生産していた景徳鎮窯系の染付碗・皿類である。特に多いものが、唐草文を持ち口縁部、内面見込、高台に界線を施すものである（**写真8**）。また十六世紀に標準的な資料である碁笥底《ごけぞこ》皿（**写真9**）や小花崩文碗等も出土している（**写真10**）。そのほかにも景徳鎮窯系の暗花文皿、白磁皿、白磁ヒビ焼皿、十六世紀後半に標準的な資料である見込部分が盛り上がったいわゆる饅頭心碗をはじめとする、精緻な文様を有する染付碗類も出土している（**写真11**）。

十六世紀後半になると、これら景徳鎮窯系磁器

写真 19　タイ褐釉薬四耳壺
（15 ～ 16 世紀）

写真 21　華南三彩香炉（左）・鳥形水注（右）
（15 ～ 16 世紀）

写真 20　茶臼上臼（安山岩製）

写真 22　国産瓦質釜鍋類

類の中でも特に品質の良いもの、あるいは特殊なものが含まれるようになる。写真12の青磁輪花皿、写真13の瑠璃釉坏、写真14の赤絵金彩坏、写真15の染付八角小鉢、写真16の八角面取瓶などである。写真12のような輪花皿や稜花皿のように花をかたどった碗や皿類は当時の日本人が好んだ様式との記録もあり、同時期に明国との貿易を盛んに行っていた大内氏の館跡からも類似品が出土している。また写真16の八角面取瓶は非常に特殊なものであり、同種の瓶はトルコのトプカプ宮殿美術館、イタリアのファエンツァ国際陶芸博物館、インドネシアのジャカルタ国立博物館、イギリスのデヴィッド財団コレクションに確認されているが、このうちトプカプ宮殿美術館の所蔵品が最も共通点が多い。これらの高級品、特殊品は十六世紀後半に集中しており、これらの品々をもたらしたのがポルトガルとの南蛮貿易であった可能性を示唆している。

中国産の貿易陶磁器としては、景徳鎮窯系のほかにも福建省の漳州窯系の磁器類も多く出土している。

写真 25　鉄滓（右は製鉄滓か）

写真 23　青銅製品（左は灯明具か）

写真 26　鉄製品（中央 4 点が船釘）

写真 24　坩堝（砂岩製）

景徳鎮窯系の磁器類と対照的に、作りの粗いものや発色が良くないもの、歪みや窯傷のあるものなど、製品としてのランクはかなり落ちるものが多い。これらの中には相当に使い込まれた痕跡を残すものもあり、日用の生活雑器として使用していたものと考えられる（**写真17**）。

中国産以外の貿易陶磁器としては、朝鮮産の灰釉碗、陶器皿、刷毛目碗、叩き成形の壺、甕類や、タイ産の褐釉小壺、褐釉四耳壺、焼締壺類がある。このうち朝鮮灰釉碗（**写真18**）は完品に復元できたもので、主郭北東隅の炭化米遺構に下位にあった柱穴脇から据えられたような状態で出土した。出土状態から意図的に置かれた可能性が高く、祭祀的な意味を持つものと考えられる。また器高四二センチを測るタイ産の褐釉四耳壺（**写真19**）や焼締壺類は、タイから火薬の原料になる硝石を輸入し、保管する容器として使用された可能性が指摘されており、鉄砲が普及す十六世紀後半から一七世紀にかけて出土するようになるものである。これは針尾氏が当時最新兵器であった鉄砲を装備していたことを示唆する重

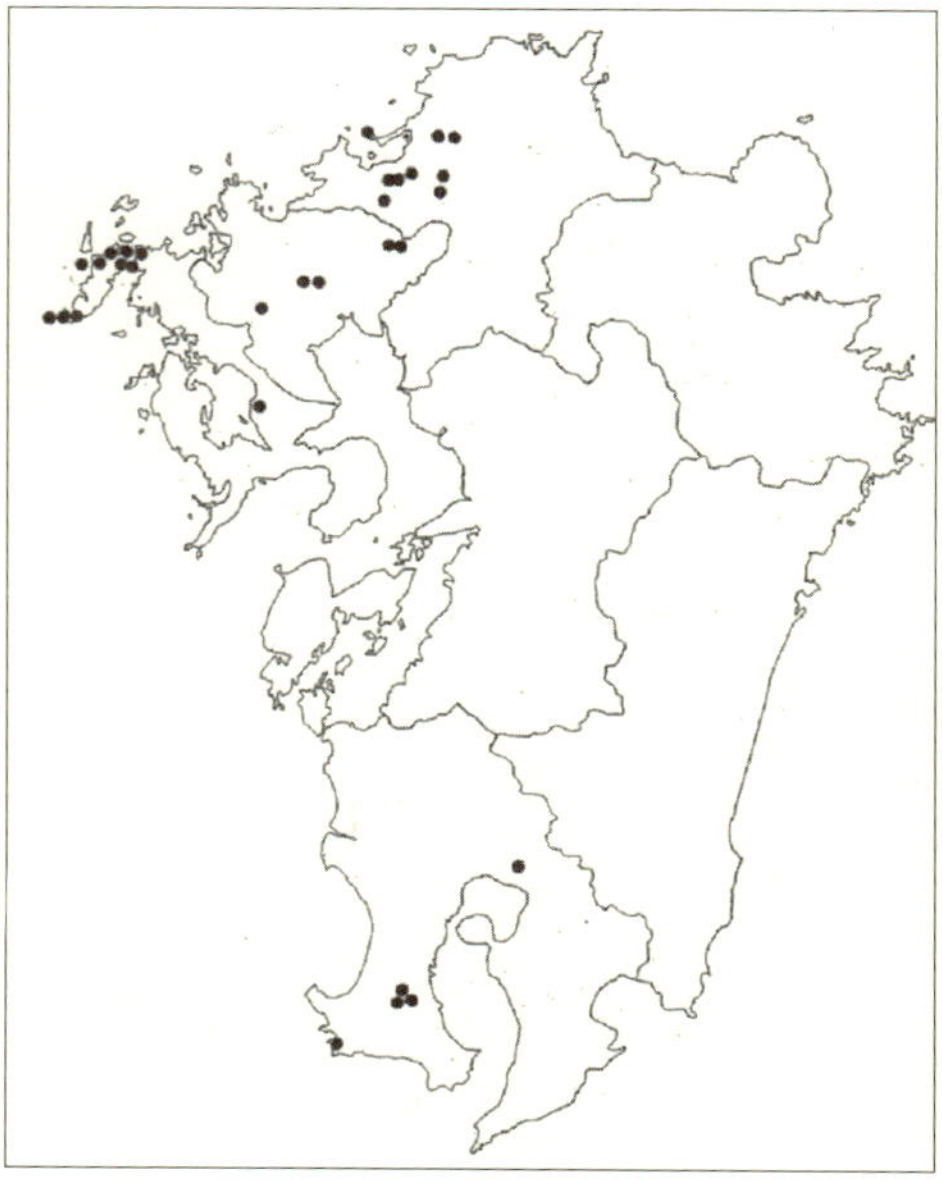

図７　薩摩塔分布図
文献16より転載

写真27　針尾城跡周辺墓地薩摩塔残欠

写真28　福龍寺薩摩塔残欠
大石一久氏提供

要な遺物である。

また、茶臼（写真20）や天目碗、茶筅によってついたと考えられる傷をもつ青磁碗など、茶の湯に関する遺物や、華南三彩香炉や三彩鳥型水注（写真21）のような奢侈品も出土しており、針尾氏の生活の一端を窺うことができる。このうち茶臼については、抹茶を挽くためのものであろうが、火薬の材料を挽く用途にも使用していた可能性もある。

2　国産陶器類

一方国産陶器類としては、備前焼の壺甕類、防府長門系の瓦質擂鉢や足鍋、瓦質羽釜や瓦質火鉢、土師器坏などがある（写真22）。これらのうち、遺構の項でも述べたように、土師器坏のほとんどは建物の柱穴から出土していることから、鎮壇具として埋納されたものと考えられる。そのほかには灯明皿として使用された痕跡の残るものも出土している。その一方で、食器として使用する碗や皿類は全く出土していない。これらのことからも、貿易陶磁器を日用の生活雑器として使用していたことが窺える。日常生活に貿易陶磁器を用いるということは、当時の地方領主たちにとって一種のステータスとなっていたようで、佐世保市内でこれまでに発掘調査されている戦国期の城館跡においても同様の傾向が見られる。(13)

3　その他の遺物

陶磁器以外の遺物としては、青銅製品や鉄製品、石製品類が出土している。青銅製品には灯明具と考えられるものや飾り金具と考えられるもの、そして銭貨が出土している（写真23）。これに関連するものとして、砂岩製の坩堝がある。遺構の項でも述べたとおり、坩堝内には青銅が沈着していたことから、城内での青銅製品製作に用いたものであろう（写真24）。

鉄製品には戦国期の城館らしく刀子や鉄鏃等の武器類のほか、鉄瓶や鉄鍋、鍛冶に用いる鉄素材とみられる鉄片とともに鍛冶によって生じる鉄滓も出土している（写真25）。なお、鉄滓は主郭東側の焼土面付近から多く出土した。これら鉄製品の中でも特筆すべき遺物として船釘がある（写真23）。

船釘は名前の通り木造船の部材の接合に用いる和釘であり、断面が扁平になる特徴がある。前述のとおり、針尾氏の存在や針尾城の防御は針尾瀬戸が要となっており、針尾瀬戸とともに生きた針尾氏を象徴する遺物といえるだろう。

4　城跡周辺の遺物

針尾城跡の北側にある墓地には都合五基分の石塔残欠が確認されている。このうち緑色片岩製の石塔が四基分あり、古いものでは十三世紀前半頃の製作と考えられるものがあった[10]。墓碑銘等は確認されていないものの、墓地の位置関係から針尾氏に関連する石塔群と考えてよいだろう。

残り一基分は非常に特殊なものである。笠の一部と相輪三輪が残るのみであるが、平戸島の志々岐山や福岡県の首羅山遺跡等で確認されているいわゆる「薩摩塔」に酷似するものである[15]（写真27）。薩摩塔は、中国浙江省寧波付近に産出する梅園石で製作された可能性が指摘されており、福岡県や長崎県など九州西側を中心に四一基確認されている[16]。いずれも中国大陸との交易によってもたらされたものと考えられており、長崎県では平戸島を中心に十四基確認されている。このうち一基は大村湾奥の福龍寺跡（大村市）にある（写真28）。福龍寺跡の薩摩塔は、海路で搬入されたことは疑う余地はない。そうであれば、当然針尾瀬戸を通過したはずであり、その過程で中国商人が建塔したか、または針尾氏がこの石塔の存在を知り、入手したとも考えられる。

七　調査成果の総括

針尾城跡の発掘調査では大量の貿易陶磁器が出土した。戦国時代の針尾島において、これほど大量の貿易陶磁器を取得しえた人物は針尾氏以外には考えられず、針尾城が針尾瀬戸を押さえ、横瀬浦の奉行も務めた針尾氏の居城であることは、もはや疑う余地はないだろう。これは、ルイス・フロイスの『日本史』の記述を考古学的に裏付けるものである。

そして、最新兵器である鉄砲で武装し、茶の湯を嗜み、高価な貿易陶磁器を日常生活において使っていたという針尾氏の実態を具体的に把握することができた。

戦国期の山城（居館）、特に在地領主の居城において、これほどまとまった出土品が得られた例は少なく、城の廃絶時期もはっきりしていることから、針尾城跡における出土品は戦国期の山城、在地領主の研究を進めるうえで重要な資料といえる。また、明らかとなった特異な円形縄張りは、前述のとおり大陸の影響も指摘されており、戦国時代における物流、文化交流を考える上で重要な遺跡といえるだろう。

八　おわりに

針尾瀬戸という交通の要地を押さえていた針尾氏の下には様々な交易品や情報が集まり、それらは針尾氏が激動の戦国時代を生き抜く原動力となっていたことは間違いない。そして、針尾氏は交易がもたらす情報や、経済的な利点をよく理解していた。それゆえに大村純忠の勧誘に乗って臣下に加わり、交易による利益をより独占的に確保することを目論み、今度は後藤貴明の誘いに乗った。そして平戸松浦氏と敵対して針尾城を捨てて西彼杵半島に退去せざるを得なくなってしまったが、最終的にはかつて裏切った大村氏の臣下となって江戸時代を迎えた。

このように、針尾氏の動きは一見節操のないようにも思える。しかし、針尾氏はその時々で、どの勢力に与することが最も自らの利益となるのかを常に分析しながら行動していたのである。そして決して大きくはない在地領主でありながら時には戦国大名をも翻弄し、転んでもただでは起きないような強かさを発揮し、最終的には戦国時代を生き抜くことに成功している。その点では多くの在地領主が滅ぼされていった弱肉強食の戦国時代において、針尾氏は充分に勝利者だったといえるだろう。針尾瀬戸に面するという地の利を最大限に活かし、いかにして利益を確保するか、またいかにして家を存続させるのかを生存戦略として掲げ、そのためには裏切りも、拠点を放棄することも辞さないという針尾氏の行動は、ある意味で一本筋の通ったものだったということができる。

針尾城跡の遺構と、その出土遺物は、戦国時代を駆け抜けた針尾氏の生き様を雄弁に物語っているのである。

註

(1) 佐世保市立図書館蔵『佐世保郷土史第拾弐巻（旧東彼杵郡崎針尾村）』大正年間 昭和三一年写
(2) 松田毅一・川崎桃太訳 ルイス・フロイス『日本史九西九州編Ⅰ』一九七九年
(3) 佐世保市教育委員会『中世山城分布調査報告書』一九八一年
(4) 佐世保市教育委員会『針尾城跡』二〇〇五年
(5) 佐世保市教育委員会『旧日本海軍針尾送信所学術調査報告書』二〇一一年
(6) 池田和博「針尾島戦国史」『松浦党研究　第四号』松浦党研究連合会　一九八二年
(7) 山鹿敏紀「戦国武将針尾伊賀守の系譜と針尾島」『松浦党研究　第四号』松浦党研究連合会　一九八二年
(8) 木島孝之「九州における織豊期城郭」『中世城郭研究第六号』一九九二年
(9) 木島孝之『城郭の縄張り構造と大名権力』九州大学出版局、二〇〇一年
(10) 佐世保市『佐世保市史　通史編　上巻』二〇〇四年
(11) 佐世保市教育委員会『大刀洗遺跡』二〇一三年
(12) 宮武正登「日本城郭の「異端児」たち」『国立歴史民俗博物館 国際シンポジウム 2011　アジアの都市―インド・中国・日本―要旨集』二〇一一年
(13) 佐世保市教育委員会『井手平城跡発掘調査報告書』二〇〇〇年
(14) 佐世保市教育委員会『武辺城跡発掘調査報告書（第二次）』一九九七年
(15) 大石一久『石が語る中世の世界』一九九九年
(16) 井形進『薩摩塔の時空』二〇一二年。その後、三基が発見され、現段階で総計は四一基である。

徳島の結晶片岩製板碑について
——西海地域の石造物との比較——

西本　沙織

はじめに

四国三郎とも呼ばれる徳島の吉野川は、その流域面積のほとんどが変成岩である結晶片岩を産出する三波川帯を通っている。この結晶片岩は、徳島県の特産品であり、このうち緑色を呈する塩基性片岩は「阿波の青石」として知られている。一方、西海市が位置する西彼杵半島も長崎変成岩類に由来する結晶片岩の産地である。長崎変成岩帯の出自については三波川帯の連続であるか否か古くから論争があり、未だ定まっていないようである。

同じ変成岩地帯であるこの二つの地域には、非常によく似た積み方を呈する石垣などの構造物がある

一方、中世にはまったく異質の石造物が分布している。徳島では平たく板石状に加工した板碑と呼ばれる石造物が盛行し、西彼杵半島では同じ変成岩を使って宝篋印塔や五輪塔などを製作している

写真１　西海地域の変成岩製石造物

写真２　西彼杵半島（外海地区）の石垣

のである。

今回、やや場違いではあるかもしれないが、遠く離れた四国・徳島県の石材、石造物事情について紹介することで、西海地域の石造物研究の進展に少しでも貢献したい。

一　徳島における青石の歴史

1　徳島県の地質

徳島県の地質は北から大きく和泉帯、三波川帯、秩父帯、四万十帯の順に配列する。三波川帯の南縁部には御荷鉾緑色岩帯が断続的に分布している。徳島県を西から東へ流れる一級河川である吉野川に沿って走っている断層が中央構造線であり、その南側に分布するのが三波川帯である。この周辺に由来した変成岩の一種である結晶片岩（このうち緑色を呈するものは緑色片岩・緑泥片岩とも呼称される）が吉野川流域南岸を中心に産出される。

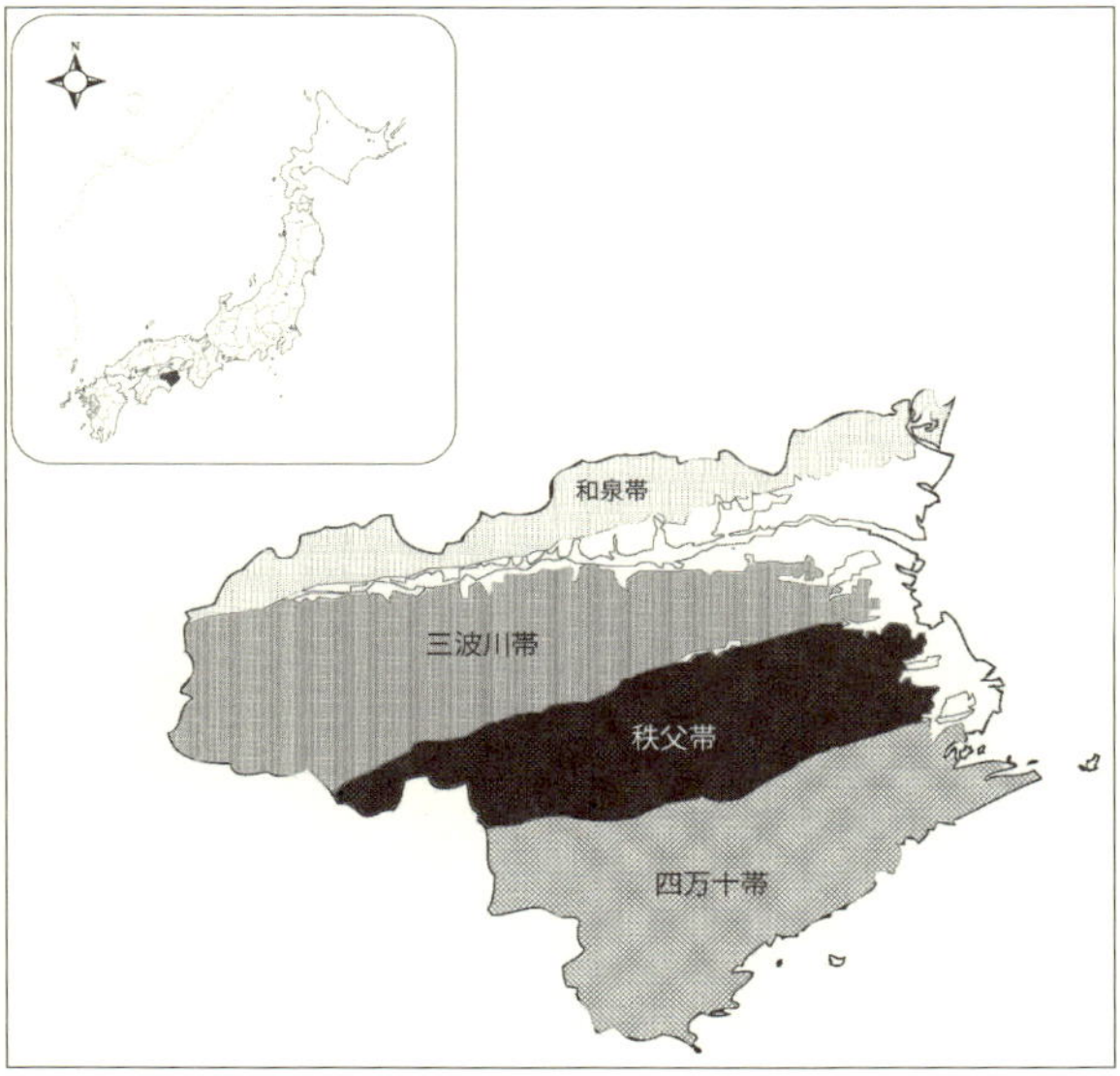

図１ 徳島県の地質図

2　石材利用の歴史的変遷

結晶片岩は片理に沿って板状に割れやすい性質を持ち、徳島では古くからさまざまな土木石材や道具などに利用されてきた。

縄文、弥生時代には結晶片岩製の石器が多く使われた。中でも、弥生時代の結晶片岩製の石斧は四国各県だけでなく近畿地方の遺跡でも出土している。古墳時代になると結晶片岩の割石が古墳の石室や葺石として用いられた。また、阿波式石棺として知られる箱式石棺の部材にも加工されている。大阪府高槻市の闘鶏山古墳の石室などに徳島の結晶片岩が使われるなど、県内にとどまることなく畿内へも石材が搬出されていたことも近年の研究でわかってきた。時代は下り、中世阿波を代表する石造物であり本論でも取り上げる阿波型板碑も、結晶片岩の板石を加工して作られたものである。また、現在のＪＲ徳島駅の北側に位置する国史跡徳島城跡の石垣は結晶片

（上）史跡徳島城跡の石垣
（中）名勝旧徳島城表御殿庭園
（下）名勝阿波国分寺庭園

写真３ 結晶片岩を使用した 庭園と石垣

岩の城郭石垣としては和歌山城と並び非常に珍しいものである。城郭だけでなく、徳島では民家の石垣や河川の護岸、橋などの構造物にも結晶片岩が使用されている。また、結晶片岩は庭石としても著名で、国名勝である旧徳島城表御殿庭園や阿波国分寺庭園にも庭石として使われており、京都や奈良にも運ばれた高級石材である。このように徳島では、結晶片岩が生活になくてはならない身近な石材であった。

二　阿波型板碑について

1　阿波型板碑の概念

まず、板碑とは石材を板状に加工し、梵字などの信仰対象や銘文を刻んだ中世の石造供養塔の一種である。五輪塔や宝篋印塔など複数の部材で構成される同時期の石造物とは違い、一つの板状の石材でつくられているのが特徴である。主に武蔵地方に集中的に分布し、東北や九州、四国（とくに徳島県）にも存在する。

板碑研究のバイブルでもある『板碑概説』において、著者の服部清五郎は「武蔵型・下総型・東北型・阿波型・九州型」という板碑の分類を提唱し、武蔵型以外の板碑は地域型であるとしている（服部一九三三）。また、石田茂作は板碑の基本形について「上部を三角に切り、その下に二条の切り込みをつくり、中部に梵字または仏像を表し、下方に年月日その他を刻したもの」でかつ青石でつくられたものであるとし、関東と徳島におもに分布する「典型板碑」と呼んだ。そして、石材が異なるものやその内容が異質のものは「類型板碑」、板状の自然石に仏像や梵字などを彫ったものを「自然石板碑」とした（石田　一九六九）。坂詰秀一らは武蔵型と阿波型に代表されるものを「整形板碑」、その他の類型や自然石のものを「非整形板碑」とした（坂詰一九八三ほか）。

先学らの研究からも、徳島県内に分布する阿波型板碑は関東の武蔵型板碑と並び典型的な整形板碑と古くから認識されてきた。結晶片岩という石材だけでなく、その意匠も武蔵型板碑と阿波型板碑は共通したものが多いからである。阿波型板碑は吉野川や

(右上) 阿弥陀三尊種子の板碑(石井町)
(右下) 名号板碑(徳島市)
(左上) 市楽の板碑群(石井町)

写真4 阿波型板碑

その支流である鮎喰川流域において田圃の畦や道端、墓地などで普遍的に見られる。武蔵型板碑との決定的な違いには、まず分厚く、彫りが浅いこと、そして意匠や梵字、文言などのバリエーションが武蔵型に比べ乏しく、蓮座や月輪を持つものが少ないことが挙げられる。異形梵字、意匠梵字などもあまり見られない。そして阿波型板碑には武蔵型板碑に見られるような押し削り(裏面の横方向のノミ痕)を持つ個体が非常に少ない。また、関東地方では多く見られる「南無妙法蓮華経」の文字を刻んだ題目板碑も徳島には存在しない、というようなことが挙げられる。

また、岡山真知子は阿波型板碑の信仰の対象となる標識について詳細に分析している。それによると、阿波型板碑には阿弥陀三尊の種子や阿弥陀如来の線刻画像が七割と最も多く、「阿弥陀信仰」の強さを物語っている。阿弥陀如来の標識に次いで多いのが大日如来で、地蔵菩薩、観音菩薩、釈迦如来がこれに続く。板碑の造立目的は追善供養と逆修が最も多く、当初は追善目的のものが多かったが一三八〇年代には逆修のほうが多くなることなどを指摘している（岡山 二〇〇二）。

2　板碑が建てられた時期とその分布

これまで県内では、徳島市や石井町、神山町などが独自に町内の板碑の分布調査を行ってきたほか、近年では岡山真知子ら阿波学会徳島考古学研究グループによる市町村単位の悉皆的な分布調査が進められている。これらの分布調査によれば、阿波型板碑は現在県内で確認されているだけで総数約二三〇〇基を超え、このうち紀年銘があるものは三五〇基余とされている。板碑の分布範囲の中心は現在の鮎喰川（吉野川の支流）流域であり、最も多いのは徳島市国府町周辺～名西郡石井町・神山町である。紀年銘がある板碑は十三世紀に現れ、ゆるやかな増加を示しながら十四世紀に急速に増加し、最も多いのは一三六〇年代である（岡山二〇〇二）。以後は急速に減少し、十五世紀前半には若干増加するが、十七世紀初頭には姿を消す。ただ、紀年銘がない板碑については五輪塔など他の中世石造物と同様に大量生産の結果小型化し、室町時代以降増加したと考えられる。

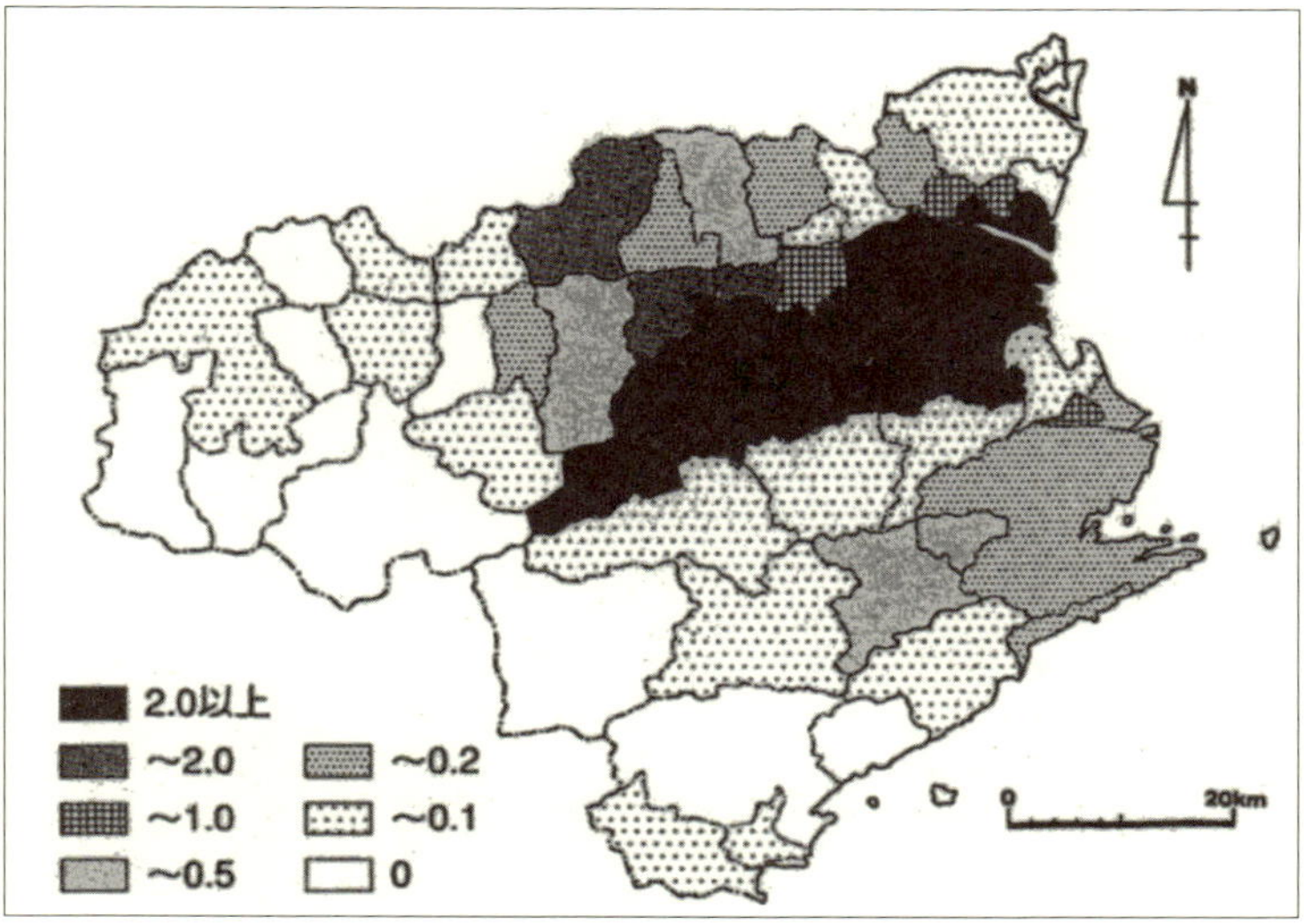

図２ 阿波型板碑の地区別分布密度（基／１㎢）
（岡山 2002 より転載）より転載）

板碑の分布は結晶片岩を産出する鮎喰川や吉野川

流域を中心とするが、県南にも少数存在する。県南では素材となる結晶片岩が産出されないため、砂岩などで板碑をつくっている事例も少数見られるが、中世後期には関西から搬入された小型の花崗岩製石造物が多く分布している。このように徳島では、結晶片岩によって作られた石造物は基本的に板状に加工した阿波型板碑やそれに類するもの以外つくられていない。

また、阿波型板碑は基本的に県外へはほとんど流通しないが、岡山、香川、兵庫、京都、和歌山（高野山）などでは数点確認されている。しかし、その数の少なさから商品として流通していたのではなく特定の人物の移動と共にもたらされたと考えられる。

3　阿波型板碑盛行の背景

鎌倉時代には関東からきた武士である佐々木氏、小笠原氏などが阿波国守護をつとめていた。沖野舜二は関東地方からの守護の赴任がきっかけで、関東との文化・生活の交流が行われ、当時の政治の中心であった徳島市国府町〜名西郡石井町にかけての一帯に板碑文化がもたらされたと指摘する（沖野一九五七）。彼らは故郷の青石とよく似た石を阿波国のいたるところで見かけることに気付き、板碑の文化を広めたのであろうか。その後、極楽往生を願う思想の高まりから、徳島でも急速に板碑の文化が盛行し、南北朝期には石材を産出する吉野川下流域や鮎喰川流域だけでなく、吉野川上流域や県南部にまで広まった。また、石川重平らは平安後期の線刻石仏が県内に点在していることから、これらを先行板碑と呼び、徳島には古くから板碑を受容する文化的基盤があったと指摘する（石川一九八三）。しかし、平安期の阿波の石仏の多くは河原石などの転石を使用しており、整形された板碑とは系譜が異なる。

以上のような歴史的背景に加え、三波川帯に由来する結晶片岩が吉野川流域で多く産出されるという自然環境が一致してはじめて、武蔵型板碑とよく似た板碑が遠く関東から離れた徳島でも定着し、盛行したと考えられる。

また、阿波型板碑が武蔵型板碑ほどには爆発的に流行しなかった理由の一つとして、中世前期には讃

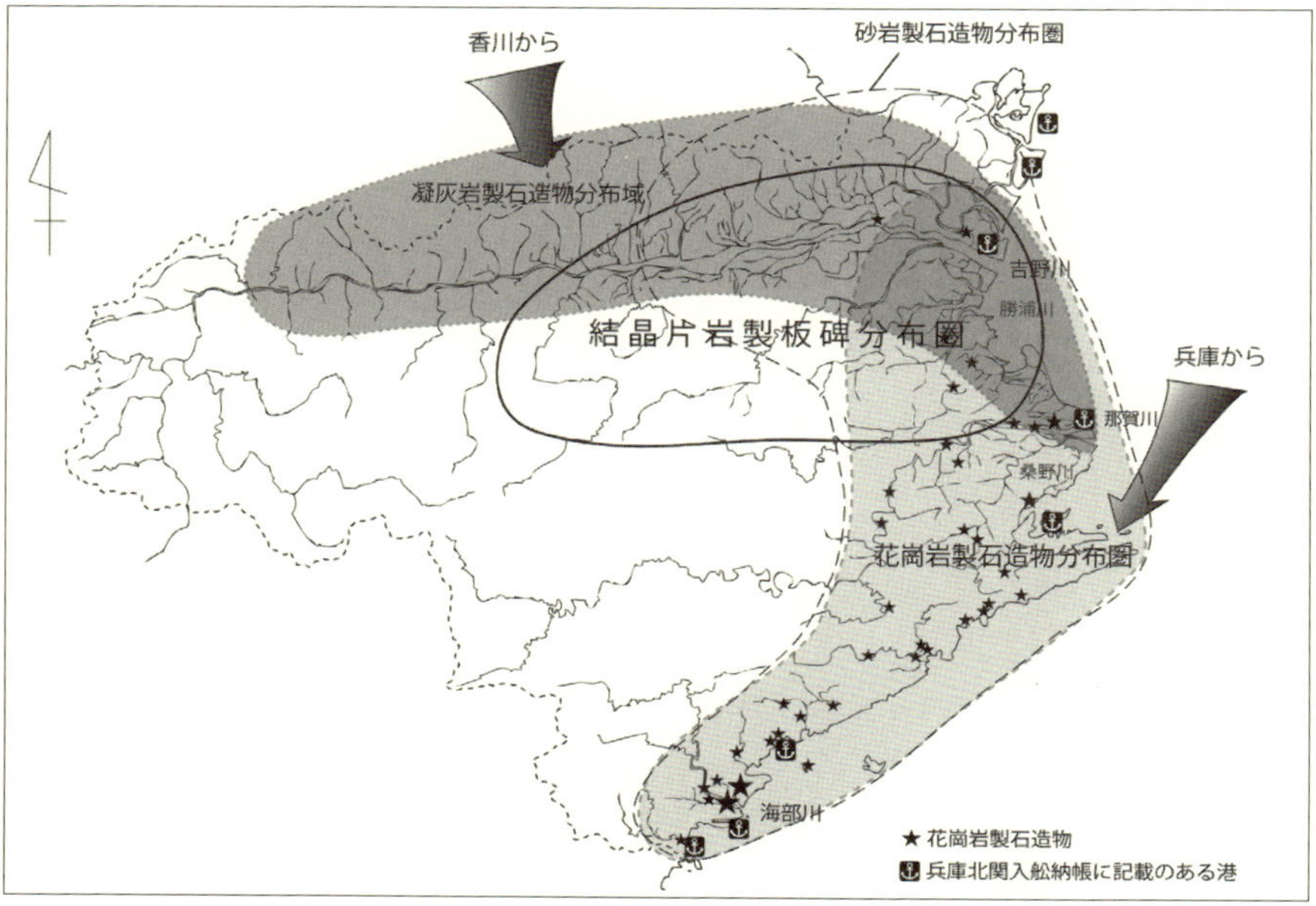

図３ 中世後半期における徳島の石造物造物布イメージ図

岐からの凝灰岩製石造物、中世後期になると関西からの花崗岩、砂岩などでつくられた石造物が多く徳島へ搬入されるようになってきたということが考えられる。

三　まとめにかえて

ここまで徳島における板碑文化とその背景について概観してきたが、板碑中心の徳島の様相は緑色片岩を使って立体的な石造物である宝篋印塔や五輪塔を作る長崎の西彼杵半島の様相とは対照的である。これは、長崎で産出する変成岩には、石垣などに使われるような板状に加工しやすい石材だけでなく、きめが細かく立体的に加工ができるものも多かったことも要因ではないだろうか。また、徳島では、南北朝から戦国時代頃にかけて香川県産の凝灰岩製および六甲産花崗岩（御影石）製の五輪塔、宝篋印塔がもたらされていたため、地元では結晶片岩によって立体的な石造物を作る必要性やそれらを作る県内の石工の技術が向上しなかったことも要因であろう。

類似した変成岩を産出する二つの地域において、このような石造文化の差異が生まれる背景には、石材の微妙な違いだけでなく、当時の流通形態や宗教、石工などというさまざまな要因もあったことがわかる。また、近年西海地域でも他地域から搬入された中世石造物が確認されており、それらの影響を地元石造物が受けているのか否かも注目できる。今後、このような他地域との比較を通じた西海地域の石造文化財の研究のさらなる進展に期待したい。

参考文献

石井町教育委員会　二〇〇四『石井町の板碑』
石川重平　一九八三「徳島県」『板碑の総合研究』2 地域編　坂詰秀一編　柏書房
石田茂作　一九六九『日本仏塔の研究』
岡山真知子　二〇〇二「阿波型板碑の考古学的考察―有紀年銘板碑の分析と地域的考察―」『徳島の考古学と地方文化』小林勝美先生還暦記念論集
岡山真知子　二〇〇九「阿波板碑研究史―近世から近代―」『一山典還暦記念論集　考古学と地域文化』
沖野舜二　一九五七『阿波板碑の研究―序説―』小宮山書店
神山町教育委員会　一九八三『神山の板碑』※一九九〇年に改訂
坂詰秀一　一九八三「板碑の名称とその概念」『板碑の総合研究』1 総論　柏書房
徳島市教育委員会　一九八九『徳島市の石造文化財』
服部清五郎　一九三三『板碑概説』鳳鳴書院

絵図から見た西海地域
——内海と外海の航路比較——

原口　聡

はじめに

西彼杵半島は、内海（大村湾）と外海（五島灘・角力灘）に面している。本地域は、平安時代から鎌倉時代にかけて流通した調理具である滑石製石鍋の生産地として知られている。下川達彌は、全国の発掘事例をもとに西彼杵半島産滑石製石鍋の畿内・鎌倉など消費地への広域的流通を指摘した(1)。網野善彦は、「海の道」による滑石製石鍋の組織的交易の担い手として「海夫」の存在を強調した(2)。滑石製品が南西諸島の遺跡から出土されている事実は、「海の道」による交易ルートと、その担い手の存在を示している(3)。石鍋の流通過程では、加工地としての博多の存在と宋国商人の関与が推測されているものの、生産地と消費地をつなぐ流通ルートの解明が課題となっている。

戦国時代、キリスト教の伝来を契機として、西彼杵半島は、西洋世界との交流の舞台となった。永禄五年（一五六二）、領主大村純忠《すみただ》は半島北端の横瀬浦を貿易とキリスト教布教の拠点として開港した。横瀬浦は大村家臣団の内紛などによって一年程で焼失するものの、その後、元亀二年（一五七一）、長崎がポルトガルとの貿易港として開港された。徳川幕府成立後も、直轄地としてオランダ・中国との貿易の門戸となった長崎は、江戸時代における貿易品と情報の集積地であった。貿易品は、長崎街道による陸路と五島灘・玄界灘の海路によって上方や江戸

写真1　大角力

などの消費地へと流通した。また、長崎には西洋世界との唯一の窓口として幕府役人を始め学者・文人など多様な人々が訪れた。このように、近世における西彼杵半島沿岸の交通は、都市長崎の性格と密接に関係している。

こうした背景を踏まえて、本稿では絵図・地図などの絵画資料、長崎を訪れた人々の旅行記、文久二年（一八六二）に完成した大村藩の総合調査書『郷村記』などを利用して、江戸時代における西彼杵半島沿岸の交通、内海・外海の航路、寄港地の問題を分析したい。

一　絵図から見た西彼杵半島沿岸の航路

大阪城天守閣蔵「瀬戸内海・西海航路図屏風」は、西日本の航路と主要港を描いた六曲一双の屏風である。右隻は紀伊から瀬戸内海、左隻は周防から九州を描き、島名や港間の里数も詳細である。本屏風の作成年代は元和二年（一六一六）から寛永十一年（一六三四）の間と考えられている。[4] 図1は本屏風の肥前国西部である。海上に示された航路は、西彼杵半島北部の沖合で内海へと入るルートと外海を南下するルートに分岐している。内海ルートは針尾《はりお》瀬戸《せと》（伊ノ浦瀬戸）と早岐瀬戸を通り、大村湾を一周す

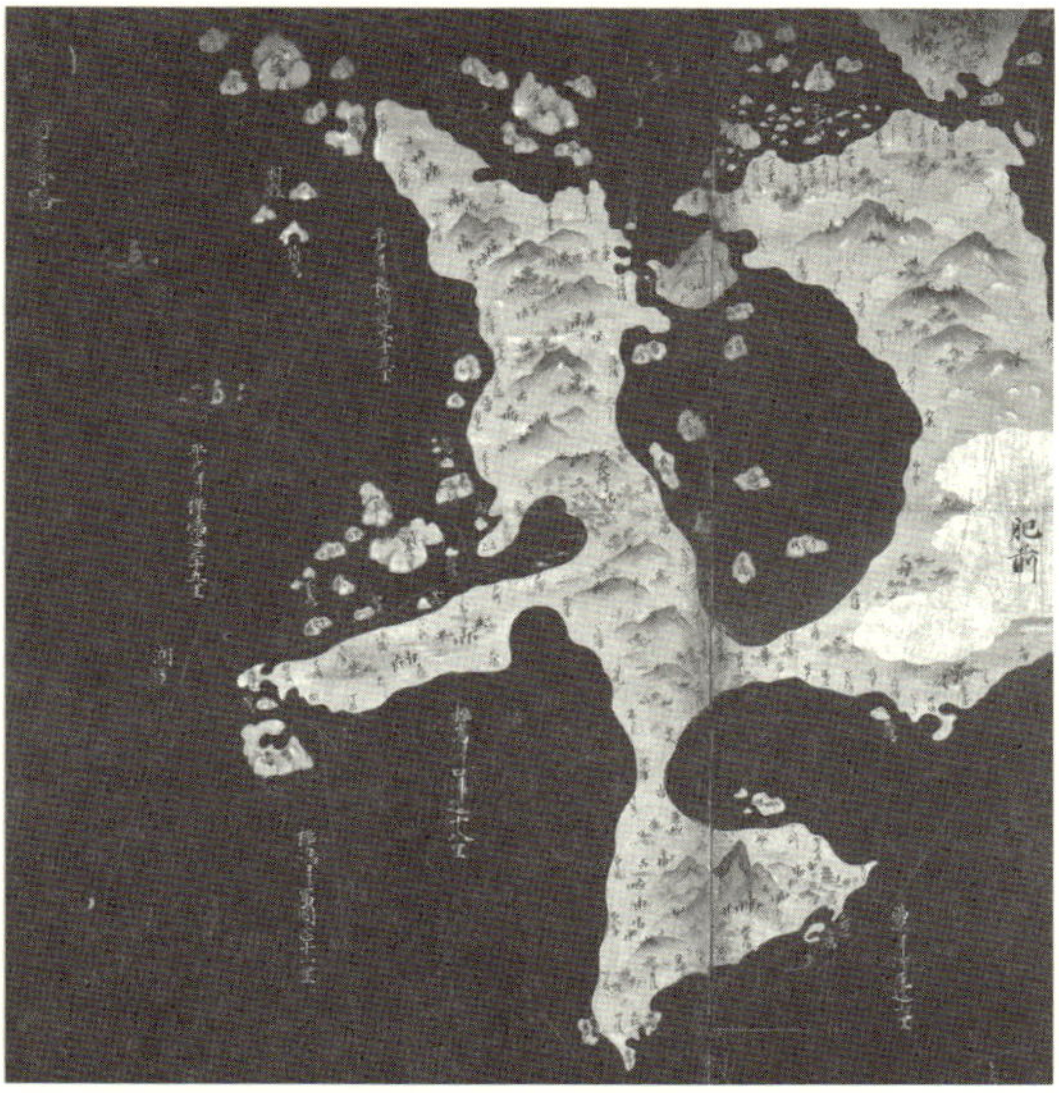
図1　『瀬戸内海・西海航路図屏風』（大阪城天守閣蔵）の肥前国西部

るように描かれている。外海ルートは寺島水道を通り、小瀬戸《こせと》（瀬戸）と焼島《やけしま》（福島）の海峡で長崎と肥後・薩摩へと向かうルートに分岐している。この海峡は、昭和四十年（一九六五）に埋め立てが完成するまで海路の要衝であった(5)。

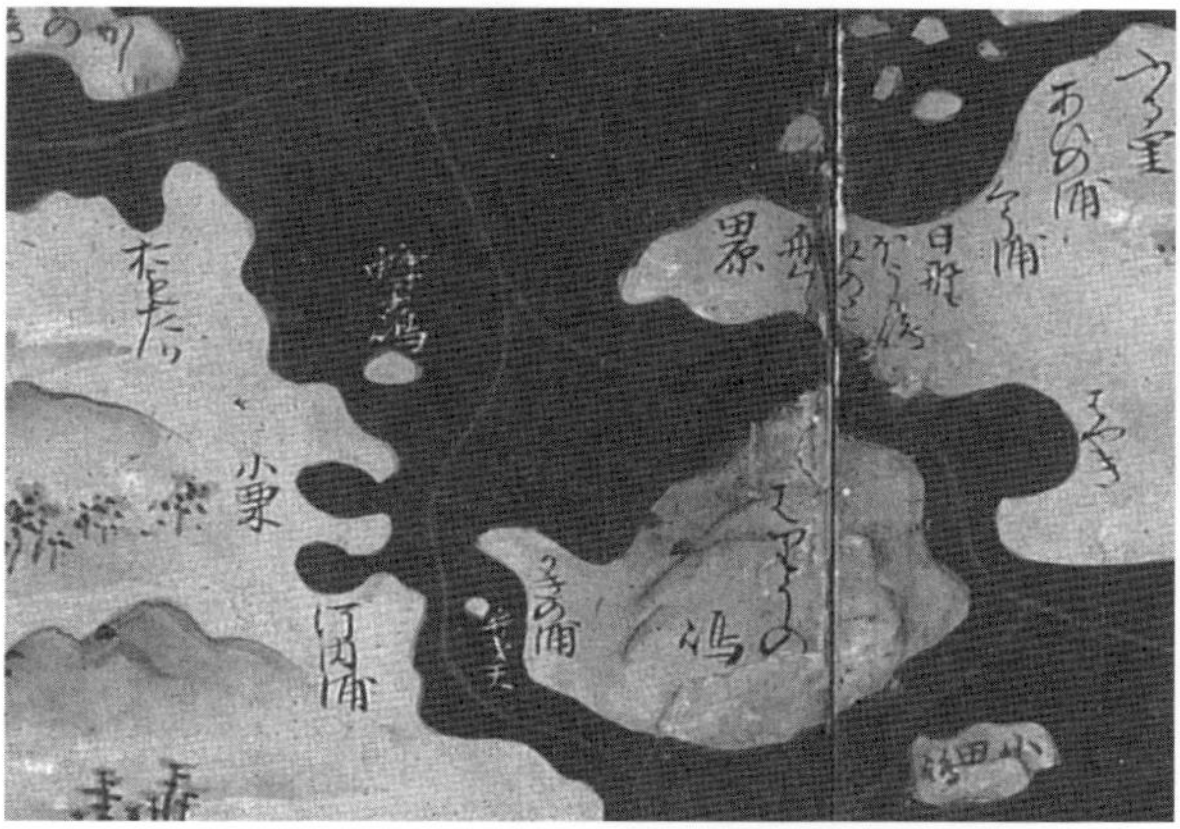

図２ 『瀬戸内海・西海航路図屏風』（大阪城天守閣蔵）の針尾島周辺。「蜂子嶋」と「弁才天」の間に渦が書き込まれている。

図２の「はりうの嶋（針尾島）」の西側には渦が描かれている。これは、針尾瀬戸の渦を表現したものと考えられる。この瀬戸における潮流の最大流速は十一ノットにも及び(6)、イエズス会のポルトガル人宣教師ルイス・フロイスが「大村湾の海水がきわめて激しい潮流となって入って来るある海峡」と記すように、航路の難所として知られていた(7)。次に、外海に目を向けると「箱嶌《はこしま》」という中央に穴の空いた特徴的な島が描かれている（図３）。これは、大角力《おおずもう》と判断できる（**写真１**）。『郷村記』には「高さ五拾間、周廻貳町貳拾五間、恰も筆の生へたるか如し、此立岩に高サ拾間餘、横六間、長さ拾七間程の通り抜の穴あり、七、八反位の漁船は帆柱立なから往返す、

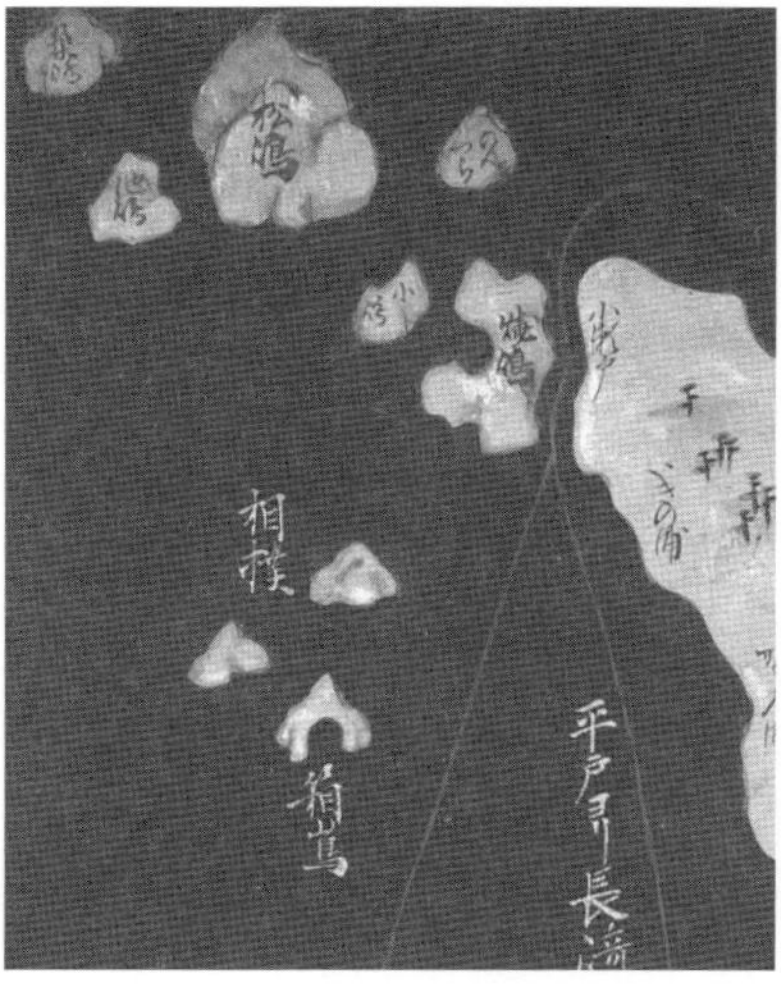

図３ 『瀬戸内海・西海航路図屏風』（大阪城天守閣蔵）の西彼杵半島北西部。「小瀬戸」と「焼嶋」の間で肥後・薩摩と長崎へと向かう航路に分岐している。左下には中央に穴の空いた島（大角力）が見える。

図４　「肥前国慶長国絵図」（松浦史料博物館蔵）、本図は川村博忠編『江戸幕府撰　国絵図集成　附江戸初期日本総図』（柏書房、２０００年）に所収の「龍造寺駿河守分領・寺沢志摩守分領・松浦式部卿法印分領・五島淡路守分領・大村丹後守分領・有馬修理太夫分領・羽柴対馬守分領絵図」に地名・陸路・海路を加筆し、転載した。黒の破線は陸路、実線は海路を示す。

天造自然の妙實に奇なり」と紹介されている(8)。穴の空いた奇岩は、外海航路の目標物として知られていたのであろう。このように、本屏風からは西彼杵半島沿岸の航路の情報を読み取ることができる。

次に「国絵図」に示された航路を見てみたい。

徳川幕府は、慶長・正保・元禄・天保の四回、諸国の生産力と日本全土の地理的掌握を目的に国単位の絵図を作成した。**図４**は松浦史料博物館蔵「肥前国慶長国絵図」である。本図の作成年代は慶長十年（一六〇五）から同十二年（一六〇七）の間と推定されており、図中には国境・道・川筋をはじめ公領と各大名の彩色凡例が示されている(9)。短冊型の地名は、所領別に色分けされ、陸路と海路は赤筋で示されている。西彼杵半島の内海沿岸には横瀬村・河内浦・八木原・大串・形神《かたがみ》・長浦・西海、外海沿岸には大久保（天久保《あまくぼ》か）・久田和（大田和《おおたわ》か）・中浦・神浦《こうのうら》・雪浦《ゆきのうら》などの地名が書き込まれている。陸路・海路に着目すると、西彼杵半島北部には陸路が記されていない。一方で、海路は針尾瀬戸から半島北部の面高の沖合で南北に分かれており、南への海路は現在の寺島水道と松島水道を通過して、長崎方面と肥後・薩摩方面に分岐している。このように、本図の表現は西彼杵半島沿岸における海路の優位性を示唆するものとなっている。

図5は正保四年（一六四七）に完成した「正保肥前国絵図」の海路である。[10] 内海には、時津と彼杵・大村・佐賀藩諫早領を結ぶルートを確認できる。外海では西彼杵半島北部の面高の沖合で、北の平戸、西の江島・平島、南の長崎の三方面に分かれている。瀬戸と長崎からは五島へ向かうルートがある。

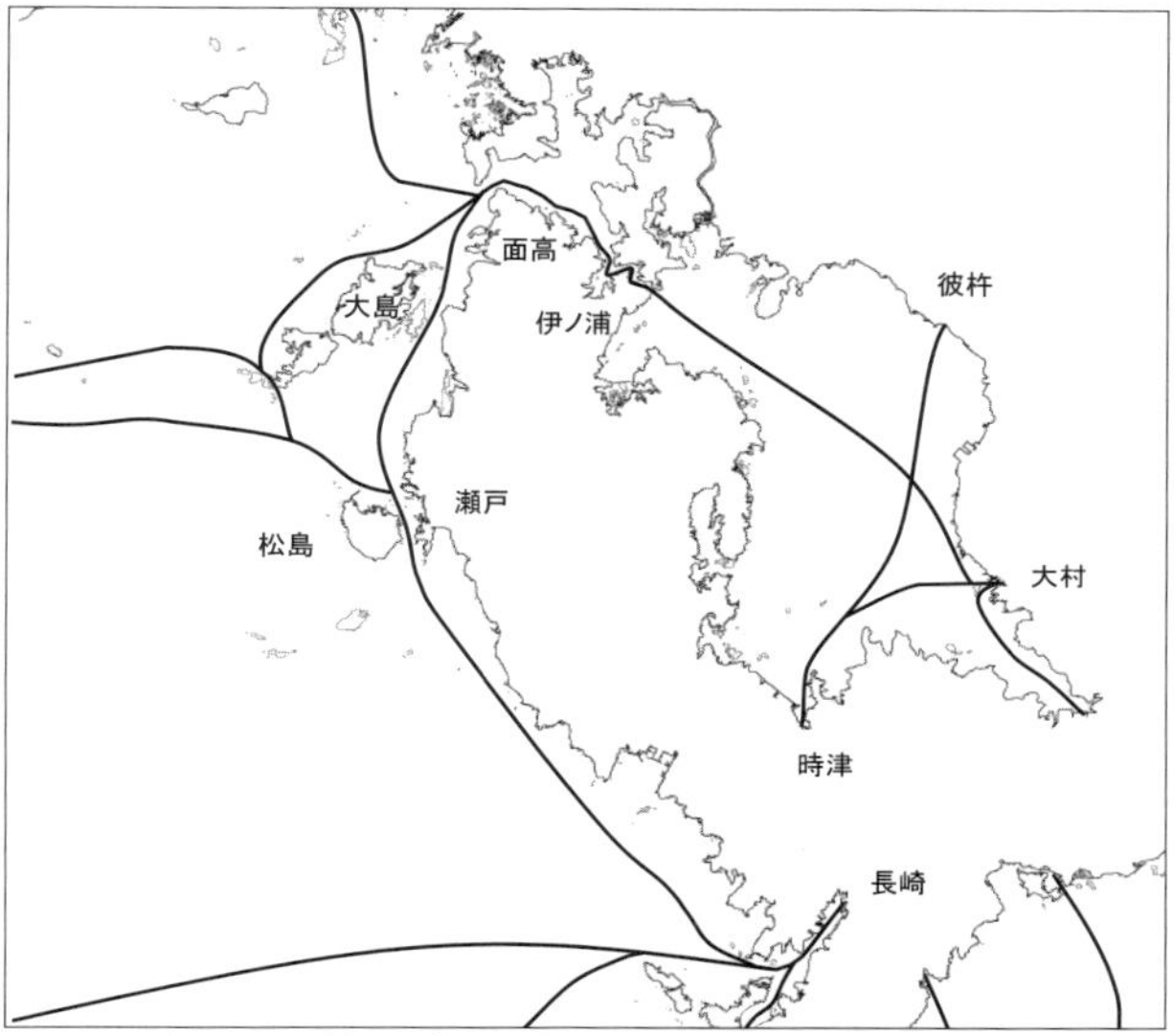

図５　正保肥前国絵図（公益財団法人鍋島報效会蔵）に描かれた内海・外海の海路

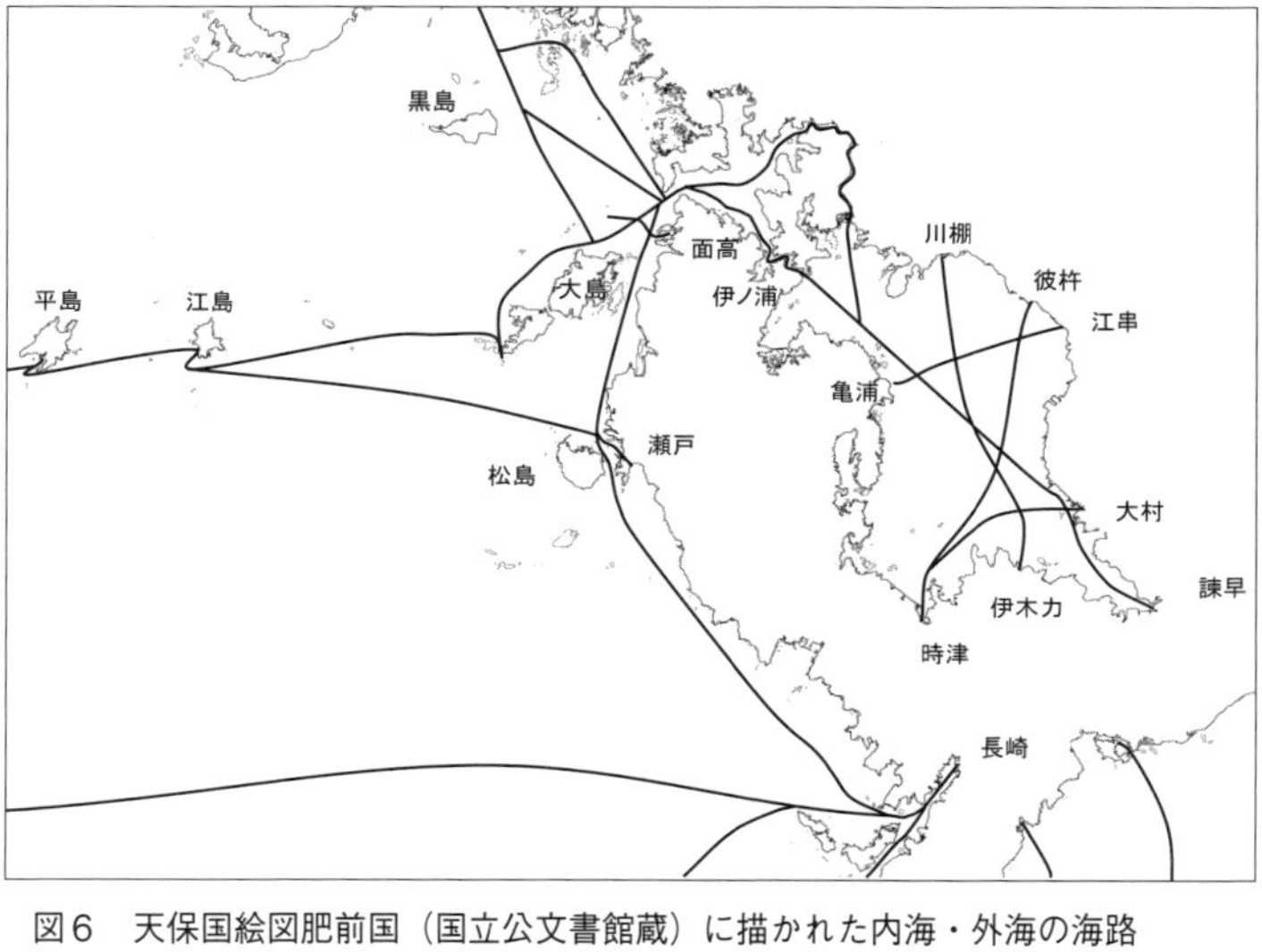

図６　天保国絵図肥前国（国立公文書館蔵）に描かれた内海・外海の海路

「御国所々道法帳[11]」は、巻末に慶安二年（一六四九）に幕府へ提出した控との奥書があり、「正保肥前国絵図」に添えて提出された「道帳《みちのちょう》」と考えられる[12]。本史料には、肥前国の陸路・海路の各村間の里数、一里山の名称、河川の渡航方法など、交通に関する情報が記されている。本史料には「外海の面高から長崎の内、木鉢崎《きばちざき》までの十四里十八町（約五十六キロメートル）は難所で引馬でも通行できない。」「内海の時津から面高までの十里（約四十キロメートル）は少々の坂があり、荷付馬は通行できないが、引馬は通行できる」という趣旨の通行困難な陸路の実態を物語る記述がある。

図6は「天保絵図肥前国」に示された海路である[13]。「正保肥前国絵図」にはなかった針尾島北部の早岐瀬戸を通過して内海へ向かうルートが示されており、大村湾内では彼杵—時津のルートに加えて川棚—伊木力、亀浦—江串のルートを確認できる。

次に大村藩領を主題とした絵図として「大村管内絵図」の海路を見てみたい[14]。本図は、大村藩領を「地方」と「島方」の二枚に分けて描いている。地方は縦四・二三メートル、横二・六五メートルで大村湾東側の藩領を描いている。島方は縦五・一〇メートル、横二・八〇メートルで西彼杵半島と外海の島々の藩領を描いている。本図は「地方」に「野山」（緑色）・「海川」（青色）・「公領田畠」（黄色）・「私領田畠」（赤色）・「堤私領山」（紺色）・「他領」（紙地）と彩色の凡例があり、土地利用の把握に便利である。陸路（往還道）は黒、海路は赤で描き分けられている。満井録郎氏は海岸線、主要道路についても近代以降の埋め立て開発前の状況を読み

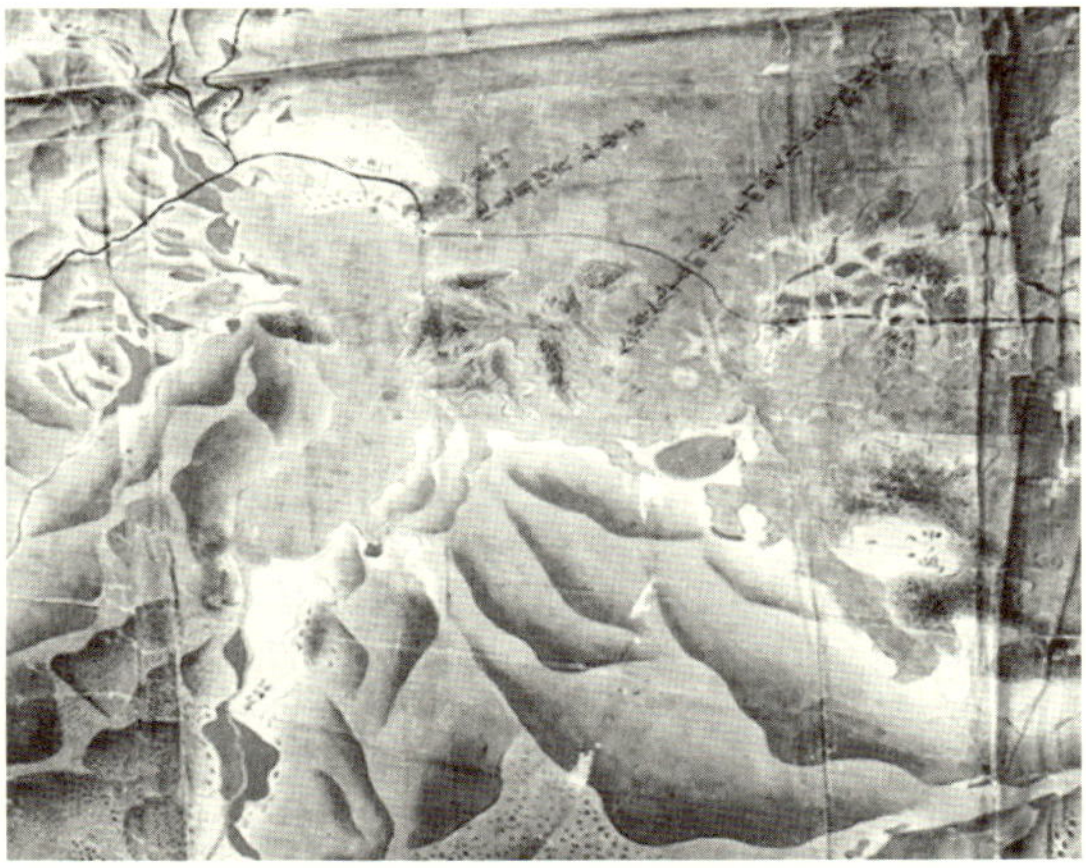
図7　「大村管内絵図 島方」（長崎歴史文化博物館蔵）の大串村三町分周辺

取ることができ、神社、寺院、庄屋の位置も正確であると評価している。ただ本図は作成年代が不明で、満井氏は『郷村記』の記事と本図の表現を分析し、その作成年代を寛政末（一八〇一）から文化十一年（一八一四）の間と推定している。[15] その巨大さもさることながら、詳細な書き込みは大村藩領を題材にした絵図の中でも群を抜く。

図7は、内海に面した大串村三町分周辺である。大串村の網代半島から下岳《しもだけ》村の白崎《しらさき》までは海路でありながら黒で示され、往還道として把握されていたことがわかる。『郷村記』には大村湾沿岸の村・浦の記事中に渡海運賃が記されている。例えば、大串村三町分から大村城下・時津までは一貫二〇〇文程、大村城下の北の松原までは一貫文程、彼杵までは八〇〇文程、川棚までは六〇〇文程、小串《おぐし》・久津《くつ》までは四五〇文程であった。[16] 明治・大正時代も西彼杵半島東部の小迎港、八木原港、横浦港、下岳港、亀浦港、宮浦港などと大村湾に面した大村、川棚、早岐の間は航路で物資が輸送されていた。[17] 明治三十八年（一九〇五）に時津―面高間に県道が完成するものの、その後も当時の住民の主要な交通手段は船便であったという。[18]

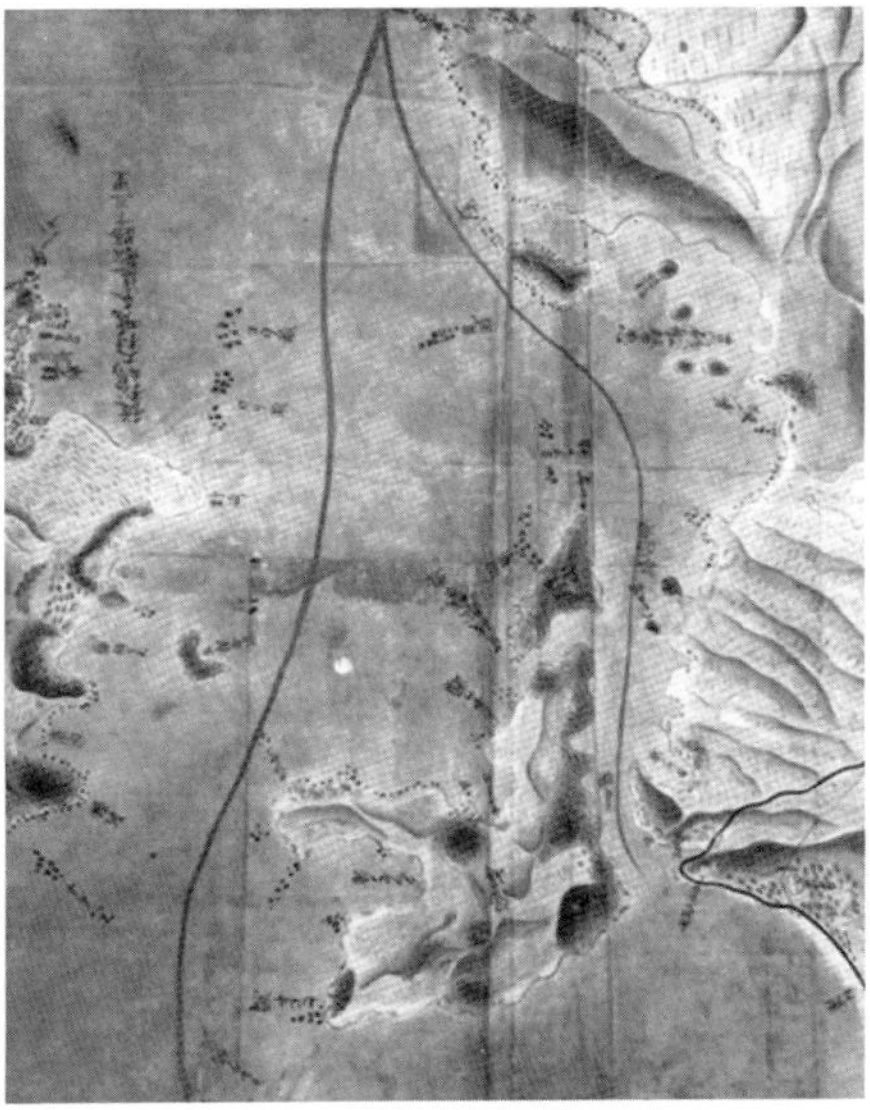

図８　「大村管内絵図 島方」（長崎歴史文化博物館蔵）の瀬戸・松島の周辺

次に図8は瀬戸・松島の周辺である。この松島水道には「コウ瀬」「ワリ瀬」「鼡瀬《ねずみせ》」「ミウラ瀬」「薄《うす》瀬《せ》」「ジンヒョウ瀬」「ヒジキ瀬」「カクレ瀬」「ナデハエ」などの書き込みがなされ、黒点で岩礁が表現されている。『郷村記』の松島村には「瀬之事」として十一箇所の瀬の記事がある。例えば、コウ瀬は「釜の浦より丑の方五町程の所あり、長さ五拾間、横八間程、満潮の時も瀬の頭少し出るなり」と瀬の位置、広さ、満潮時の状況が記されている。[19]このように、海路は地理的情報の収集を前提として図示することが可能となる。本図の具体的で詳細な地形表現は現地巡察による情報収集に基づくものと推察され、大村藩による領内の土地利用と地理的情報の掌握という意図を物語っている。

二　イギリス・オランダ商館長日記に見る外海航路

江戸時代初期における外海航路の寄港地をイギリス・オランダ商館長の日記をもとに確認してみたい。平戸イギリス商館長リチャード・コックスは平戸―長崎間の往復で面高と瀬戸に寄港している。一六一八年二月二十三日、コックスは平戸から長崎へ向かう航路で瀬戸へ寄港し、宿代十匁《もんめ》、魚代三匁を支払っている。[20]同年の長崎から平戸への帰還の際にも瀬戸に碇泊し、この時は上陸せず船に宿泊している。[21]一六二一年八月二十六日、長崎を出航したコックスは、逆風のため瀬戸で宿泊し、宿代十匁、食糧代二匁を支払っている。[22]

一六二一年一月二十五日、正午過ぎに長崎を出航したコックスは、その日の夜に瀬戸で宿泊している。翌日の日記には「今朝は快晴の天気で、北の風が吹いており、稍々強風であったが、しかし後には勢を増して烈しい強風となった。しかも終日乾燥した天気であって、その後の夜分も同様であった。（中略―原口註）こうして、風が強まったため、我々はウォアモン・ドッカ（面高―原口註）に入港した」と、強風のため面高に宿泊している。この時は夜半に出発し、午前十時ごろに平戸に到着している。[23]

この面高は外海に面した面高川の河口に位置する、松山崎と曲り鼻の二つの岬に挟まれた天然の良港で、風雨の影響が少なく船の風待ち・潮待ちに適していた（図9・図10参照）。天正二十年（一五九二）、朝鮮半島へ出陣する島津氏の軍勢は、長崎半島の南に位置する樺島《かばしま》から面高を経由して、平戸に向かっている。[24]慶長十四年（一六〇九）、琉球王国の尚寧王《しょうねいおう》が江戸へ向かう航路で、同じく樺島を経由して面高に宿泊している。[25]

次に、オランダ商館長の江戸参府記事を確認したい。商館長の参府は、徳川将軍に拝謁して貿易継続に対する感謝の意を表し、将軍や幕府の要人に贈物を献上することが目的であった。参府は、平戸に商館があった慶長十四年（一六〇九）に始められ、寛永十年（一六三三）に制度化された。当初は長崎から海路で下関に至る参府ルートであったが、万治元年（一六五八）の参府の帰路に玄界灘で遭難し、上陸して陸路で長崎に戻ったことが転機となり、万治二年（一六五九）から長崎街道を利用して陸路で下関へ至るルートに変更された[26]。

一六四六年十二月に長崎を出航した商館長ウィレム・フルステーヘンの日記には「福田湾の中で凪になったので少し留まり、また出発した。この日の夜中、漕走と帆走により、瀬戸を過ぎ、火曜日まで帆を揚げ続け、（中略―原口註）九十九島《くじゅくしま》の南の端に潮流の変化のため正午まで留まり、〔正午に〕再び錨を揚げて、満ち潮とともに前述の島々の間を、風は北寄りでかなり強く吹き続け〔たので〕、漕航し、夕刻前には平戸の湾に投錨した。」とある[27]。江戸からの帰路は悪天候と西風の影響で航海が遅れ、志賀島の沖から出島の商館員へ「あり得ることだが、

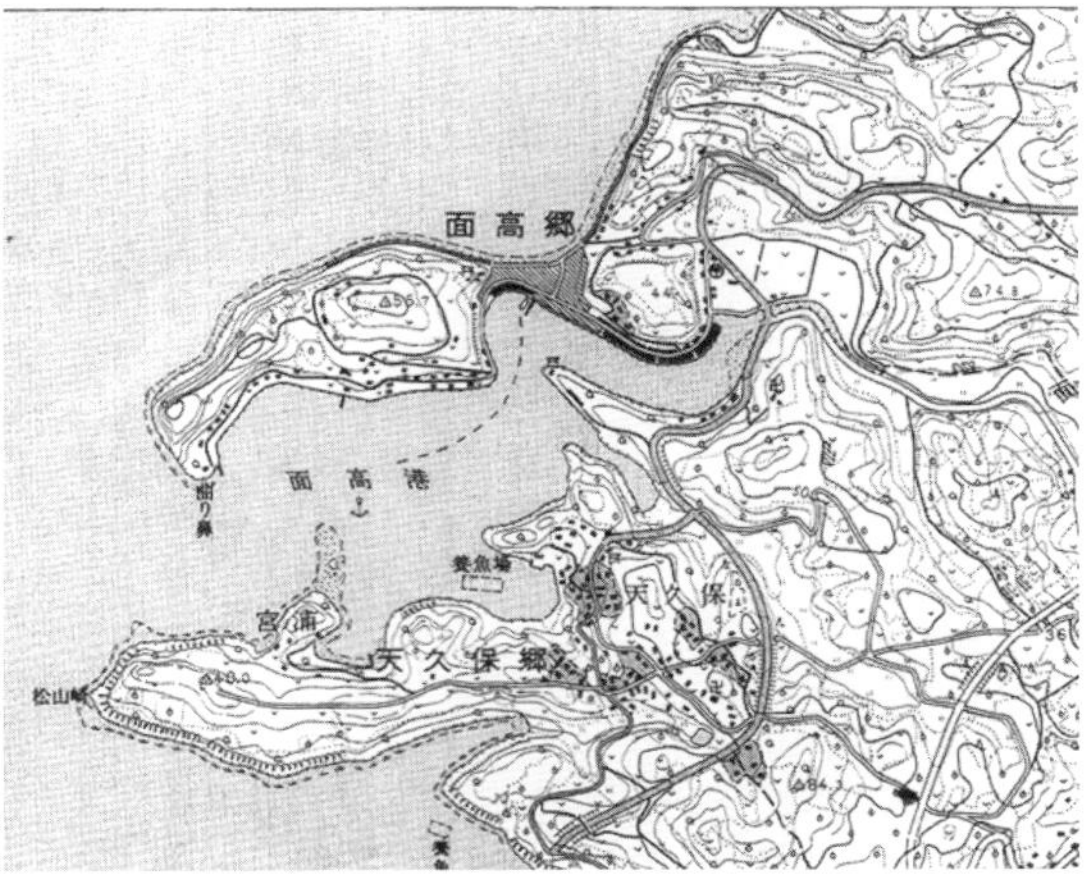

図9　面高周辺図（国土地理院地形図 25,000 分 1「面高」）

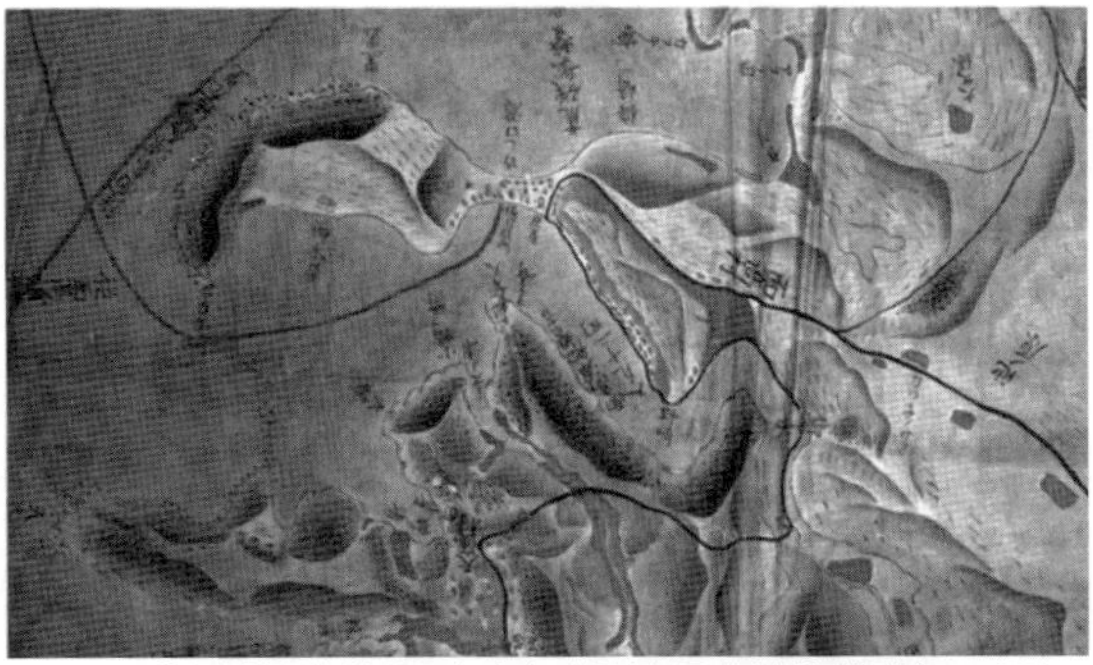
図10「大村管内絵図 島方」（長崎歴史博物館蔵）の面高村の周辺

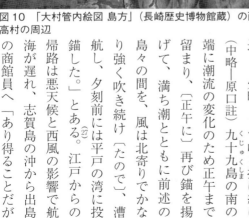

もし、風がこのままであり続けたならば、近いうちに陸路で貴下等のもとに着くことになろう」と書き送っている。[28] 長崎への陸路による帰還は、この時すでに検討されていたことがわかる。

　一六五一年十二月二十七日、商館長アドリアーン・ファン・デル・ブルフは、長崎近郊の木鉢《きばち》を出航したものの、適当な碇泊地がなく、京泊《きょうどまり》湾に戻っている。十二月三十日の日記には「正午近く船頭は湾外の風向きを見るために上陸し、帰って錨を揚げ出帆した。夜九時頃まで漕行し、瀬戸の海峡に投錨、約一時間碇泊した後、海峡を漕行、約一マイル進んで碇泊」と、天候や潮の流れなどの条件によって碇泊を繰り返し、風や潮を待っていた様子がうかがえる。[29] 江戸から長崎への帰路の航海では「玄海を通り、日没頃姫島を過ぎた。その間両側に危険な岩礁が多いので、夜間通過の困難について、特に日本人たちに注意したが、彼らが全航海中羅針盤も水先案内も使わないのに驚いた。」との記事がある。[30] 船頭は、その時々の条件に応じて、適切な航路を選択するための情報と操船技術を備えていたうかがえる。

表1は、一六四一年から一六五四年までのオランダ商館長が長崎を出航して、下関に至るまでの航海日数と寄港地である。これによると最短で四日間、最長で十四日間を要している。元禄四年（一六九一）に参府したオランダ商館の医師ケンペルは長崎を出発して時津から大村湾を渡り、陸路で下関に至るルートで往路は五日間、復路は七日間であった。[31] 翌年は、長崎から日見峠《ひみとうげ》を越えて、海路で諫早から柳川へ有明海を渡り、その後を陸路で下関に至るルートで、往路も復路も五日間であった。

　安永五年（一七七六）にオランダ商館の医師として参府したツェンベリーと文政九年（一八二六）に参府したシーボルトは、長崎から陸路で大村を経由して下関に至るルートで、両者とも往路は八日間であった。[32] オランダ商館長の参府ルートとしての長崎―下関間の航路は、潮流や天候に恵まれた場合、最短四日間での到着も可能であったが、悪天候で長期碇泊を余儀なくされる場合もあった。オランダ商館長参府ルートの変更は、安全性と参府日数の想定の

長崎オランダ商館長	長崎出航日	下関到着日	長崎から下関までの航海日数	日記に見える経由地
ヤン・ファン・エルセラック	1641年12月4日	1641年12月16日	13日	長崎―長崎から1マイルの所（碇泊）―平戸（碇泊）―田助（碇泊）―呼子（碇泊）―唐泊（碇泊）―相島（碇泊）―下関（碇泊）
ピーテル・アントニヌスゾーン・オーフェルトワーテル	1642年11月19日	1642年11月26日	8日	長崎―長崎から1マイルの所（碇泊）―平戸―田助（碇泊）―呼子（碇泊）―梶目大島（碇泊）―地島（碇泊）―下関（碇泊）
ヤン・ファン・エルセラック	1643年11月8日	1642年11月13日	6日	長崎―瀬戸（碇泊）―平戸（碇泊）―河内（碇泊）―呼子（碇泊）―梶目大島（碇泊）―下関
ピーテル・アントニヌスゾーン・オーフェルトワーテル	1644年12月1日	1644年12月14日	14日	長崎―瀬戸（碇泊）―河内（碇泊）―平戸（碇泊）―田助―呼子（碇泊）―相島―梶目大島―下関（碇泊）
レイニール・ファン・ツム	1646年1月4日	1646年1月17日	14日	長崎―瀬戸―田助（碇泊）―的山大島（碇泊）―呼子（碇泊）―下関（碇泊）
ウィレム・フェルステーヘン	1646年12月3日	1647年12月9日	7日	長崎―福田（碇泊）―瀬戸―九十九島（碇泊）―平戸（碇泊）―田助（碇泊）―呼子（碇泊）―加部島（碇泊）―相島―下関（碇泊）
フレデリック・コイエット	1647年11月19日	1647年11月22日	4日	長崎―下神崎（碇泊）―平戸―田助（碇泊）―梶目大島（碇泊）―下関
アントニオ・ファン・ブロウクホルスト	1649年11月25日	1649年12月3日	9日	長崎―小江（碇泊）―平戸（碇泊）―田助（碇泊）―呼子（碇泊）―下関（碇泊）
ピーテル・ステルテミウス	1650年11月24日	1650年12月5日	12日	長崎―瀬戸―河内（碇泊）―平戸―田助（碇泊）―呼子（碇泊）―下関（碇泊）
アドリアーン・ファン・デル・ブルフ	1651年12月27日	1652年1月2日	7日	長崎―木鉢（碇泊）―京泊（碇泊）―瀬戸（碇泊）―九十九島―牛が頸（碇泊）―平戸（碇泊）―呼子（碇泊）―地島―下関
フレデリック・コイエット	1652年12月19日	1652年12月24日	6日	長崎―平戸―下関
ハブリール・ハッパルト	1653年12月25日	1654年1月6日	13日	長崎―瀬戸（碇泊）―平戸―田助（碇泊）―呼子（碇泊）―下関

表1　長崎オランダ商館長の江戸参府（長崎から下関まで）（村上直次郎訳『長崎オランダ商館の日記』第一輯（岩波書店、1956年）、村上直次郎訳『長崎オランダ商館の日記』第二輯（岩波書店、1957年）、村上直次郎訳『長崎オランダ商館の日記』第三輯（岩波書店、1958年）、東京大学史料編纂所編『日本関係海外史料　オランダ商館長日記』譯文編之九（東京大学史料編纂所、2001年）、東京大学史料編纂所編『日本関係海外史料　オランダ商館長日記』譯文編之十（東京大学史料編纂所、2005年）、東京大学史料編纂所編『日本関係海外史料　オランダ商館長日記』譯文編之十一（東京大学史料編纂所、2011年）から作成）

立てやすさがその背景にあったと考えられる。

三　内海航路と針尾瀬戸

江戸時代、長崎と小倉・福岡を結ぶ交通路は様々なルートがあったが、①長崎から諫早を経て海路柳川へ渡り、小倉・福岡へ向かうルート、②長崎から諫早を経て多良を越えて佐賀から小倉・福岡へ向かうルート、③長崎から時津に出て、大村湾を船で彼杵へ渡り、唐津に出て、海岸沿いを福岡・小倉に向かうルート、の三つが主要なルートであったと指摘されている(33)。大村藩は大村・松原・彼杵に宿駅を整備し、時津には寛永十年（一六三三）に御茶屋（本陣）を置いた。時津は大村湾における海上交通の発着点であった。以下、長崎を訪れた人々の旅行記を見てみよう。

明和四年（一七六七）、送還漂流民の引き取りのため常陸から長崎を訪れた長久保《ながくぼ》赤水《せきすい》は、小倉から、黒崎、飯塚を経て、大宰府の旧跡を巡り、佐賀城下を通過して彼杵から海路で時津へと渡り、下関から七日間で長崎に入っている。長久保は「此處は海口より大村まで十里餘の入海。迫門は僅に一二丁斗」と針尾瀬戸に触れ、島原の早崎、阿波の鳴門とともに日本三所の迫門であると記している(34)。

享和二年（一八〇二）、尾張から長崎へ旅行した商人の菱屋《ひしや》平七《へいしち》は長崎からの帰路で「木々津といふ所の浦にゆきて、海上を舟に乗りて大村に渡る。内海にて浪殊に穏なり」と記している(35)。

讃岐国出身で幕末の勤皇志士である日柳燕石《くさなぎえんせき》は、弘化元年（一八四四）に九州を旅行し、長崎に滞在の後、浦上、大村城下を経て彼杵に宿泊し「いときたなき家なるに旅人多くとまりければ枕ふとんの類も不足にして混雑多し」と、その混雑ぶりを記している(36)。

嘉永五年（一八五二）に来航したロシアの使節プチャーチンへの対応のため江戸から長崎へ派遣された幕臣の川路《かわじ》聖謨《としあきら》は、往路下関から飯塚、対馬藩領の田代、佐賀城下を経て、大村藩領の彼杵を通過し、矢上《やがみ》から日見峠を越えて、長崎に入っており、復路もほぼ同じルートであった。佐賀から長崎へのルートについて「佐賀より長崎へ、船にて参り候間道、并に山みちこれ有り。船の方を申談じ候処、一番手其外船にて罷出、かここれ無き由に付、明後日までに陸本道長崎へ参り候積り。」と記し、海路の予定が水主の不在のため、陸路を採っている(37)。この当初予定していた海路は彼杵から時津へ渡るルートと考えられる。復路の大村から彼杵まではわずかに五里だが、彼杵で宿泊することが「長崎奉行の例也」と記している(38)。

写真２　弁天島

次に針尾瀬戸に注目してみよう。江戸時代、この針尾瀬戸に面する伊ノ浦は、大村藩領の川内浦村に属した。伊ノ浦の問役は外海に面する面高までの海を支配した。弁天島には、弁才天の石祠があり、畠下浦《はたけじもうら》（畑下浦）の問役田崎氏が祭礼を担っていた。田崎氏は問役として、諸運上銀の大村藩への納入、針尾瀬戸を航行する船と物資の把握、破船の処理などの職務を担っていた(39)。

畠下浦は「領主及筑前・平戸其外伊の浦通船の時、同所迫渡潮案内或ハ急変の節、漕船等間欠に成故、以来畠下浦へ浦人召抱、一ヶ浦」となった由緒をもち、隣接する川内浦と大村湾東岸の寝琴・川棚浦から浦人が移住して、「諸家通船の潮案内且漕船等」を担った(40)。竈数七十三軒のうち浦百姓は六十三軒を占め、水主には屋敷と畑が与えられた。大坂へ上る水主銀は赦免され、一人につき大麦一俵が与えられた。この畠下浦の由緒は、大村藩による針尾瀬戸航路の掌握という意図を示唆する。

針尾瀬戸は『郷村記』に「伊ノ浦迫門」として「左右巖壁屹立、曲折屏風の如く、其際至て狭く、海底暗礁多し、故に潮水盈虚の時に當りてハ、波浪盤渦、潮勢殆巖石を砕くか如し、此迫門諸方の通船内海来往の咽喉にして、當領航海第一の難所なり」

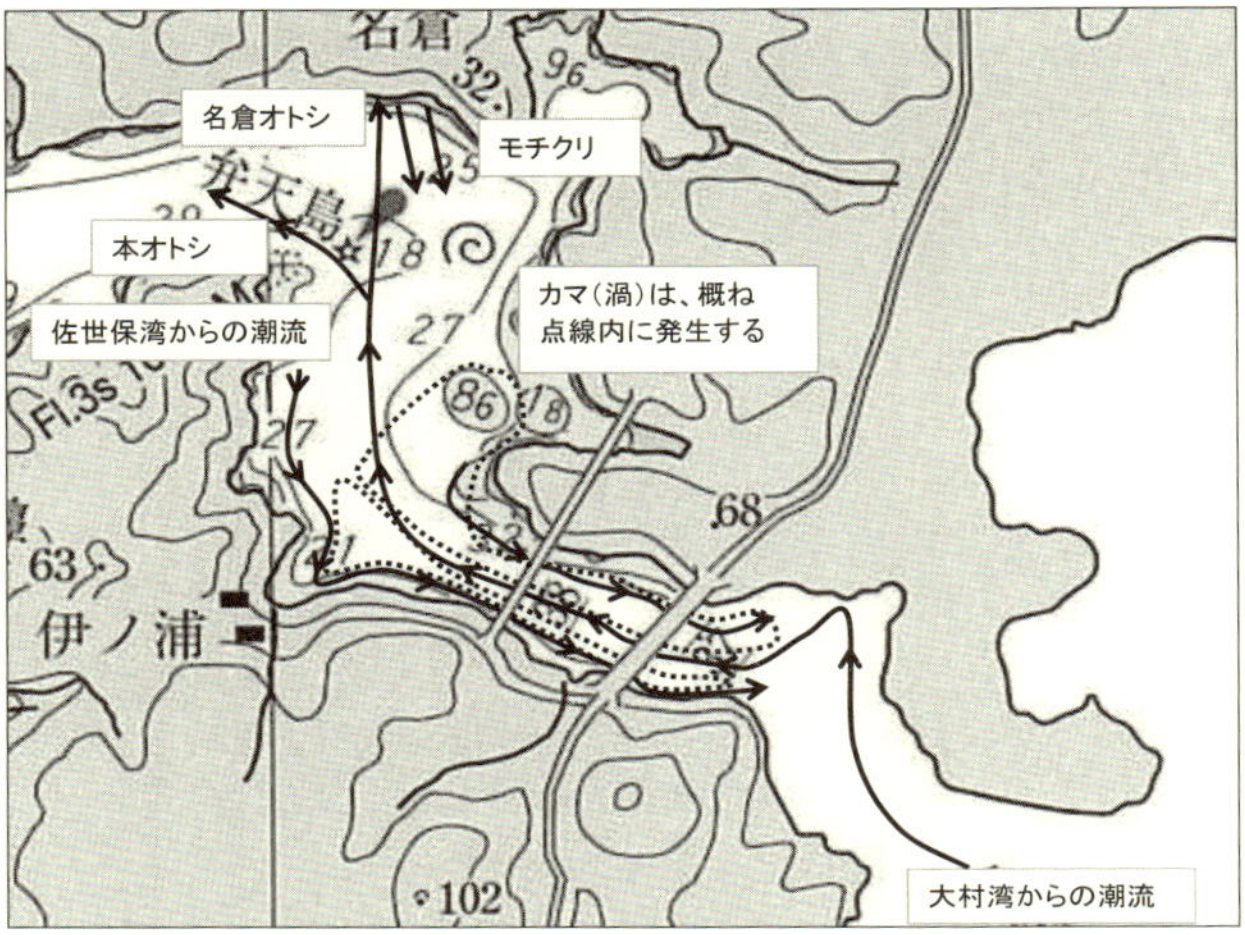

図11　針尾瀬戸潮流概念図（『大村湾の漁労習俗』長崎県文化財報告書第46集（長崎県教育委員会、1980年）198～199頁の図をもとに、海図「大村湾北西部」（日本水路協会・海上保安庁発行、W1226）を加筆して作成）

と記される航海の難所であった。(41)

ところで、渦の発生には、潮汐と地形的な要因が関係している（図11参照）。針尾瀬戸は最深部約五四メートル、最小幅約二〇〇メートルで、潮流の最大流速は十一ノットにも及ぶ。(42)下げ潮時間帯の潮流は大村湾から佐世保湾の方向に流れ、上げ潮時間帯には転流する。干潮と満潮の時間差は約六時間であるが、大村湾と佐世保湾では約三時間の干満差があり、下げ潮時間帯に渦を発生させる。この渦を現地では「カマ」と呼ぶ。カマは、下げ潮時間帯に、瀬戸の両岸で発生し、伊ノ浦側では反時計周り、針尾島側では時計周りになる。瀬戸中央の潮流は弁天島で「名倉オトシ」と「本オトシ」に分流し、「名倉オトシ」は針尾島に衝突して「モチクリ」と呼ばれる逆流を生む。(43)『西彼杵郡村誌』は「潮水之レカ為メ支ヘラレ両岐シテ急流鳴動盤渦ヲナス」と弁天島で潮流が分岐し、急流を生む仕組みを記している。(44)諸外国との緊張関係が高まった元治元年（一八六四）、大村藩は伊ノ浦に台場（砲台）を築いている。(45)

天明八年（一七八八）、蘭学者の司馬江漢は、長崎から平戸への旅路に時津から海路を利用し、針尾瀬戸を航行した様子を「山入組《イリクミ》齟齬《ソゴ》として潮岸岩《ウシホガンガン》に触《フレ》波なくして皆雲《ウ》珠《ズ》捲《マキ》をなす誤《アヤマツ》て乗入《ノリイルレ》バ船　忽《タチマチ》沈《シヅ》むと又海底岩石抜出《カイテイガンゼキヌケ》たる所ハ白波飛《トン》で沸湯《ホツタウ》の如し潮満《ウシホミチ》て船を乗干潮《ヒシホ》は不乗《ノラズ》」と的確に書き記している。(46)つまり、司馬は針尾瀬戸の渦は下げ潮時間帯に発生するため、上げ潮時間帯に通行することを指摘しているのである。図12は司馬が描いた針尾瀬戸である。佐世保湾側から大村湾を見て描いた構図で、奥には二艘の帆船が見え、地ノ弁天と沖ノ弁天の間の渦巻く海上を櫓漕ぎで航行する船には、乗客らしき人の姿も描かれている。地ノ弁天の奥には伊ノ浦の人家があり、伊ノ浦と針尾島の両岸には波しぶきが上がっている。この挿絵は遠近法を駆使した構図で針尾瀬戸の景観を見事に描写している。

図12　針尾瀬戸の図（司馬江漢『江戸・長崎絵紀行—西遊旅譚—』（国書刊行会、1992年、142～143頁より転載）

嘉永三年（一八五〇）、吉田松陰は平戸から長崎への道中で針尾瀬戸を通過している。[47]十一月六日の午後に平戸を発して、楠泊《くすどまり》で夜を明かし、翌日に高後崎、針尾瀬戸を通過して、夜に時津へ着き、陸路で長崎に入っている。船主は平戸藩領度島の宇三郎で、毎月平戸から長崎へ出航する飛船《ひせん》（速度の速い船）であった。この当時、平戸から長崎には毎月の定期便があり、それも内海を通るルートであったことがわかる。吉田は針尾瀬戸を過ぎると波風は穏やかで海面が鏡のようだ、との印象を記している。司馬と吉田が共に平戸—長崎間の移動に内海を通行していることは注目される。内海と比べ海難の危険性の高い外海航路を避けることは当時の旅行者にとって自然な選択であったと考えられる。

四　外海航路と瀬戸・松島

寛永十三年（一六三六）、長崎奉行榊原職直《さかきばらもとなお》、馬場《ばば》利重《とししげ》の指示で瀬戸・中浦・面高・戸町・福田・三重・神浦の七個所の小番所が設置された。正保元年（一六四四）には、式見・黒島・池島・松島・江島・平島・崎戸《さきと》・大島・吹切《ふっきり》の九箇所が追加された。後に瀬戸・福田・崎戸は大番所となった。正徳四年（一七一四）には、唐船の密貿易監視のため寄船番所が新設され、後に雪浦・大浦・嘉喜浦《かきのうら》（蠣浦）にも番所が設置された。正徳三年（一七一三）九月の「外目小御番所之御壁書」には、①旅人の手形改め、②不審者の宗門奉行への報告、③旅船の事件処理、④旅行者と地元民との紛争処理、が小番所の任務として示されている。[48]

瀬戸大番所の役割は、①神浦から中浦までの小番所の管轄、②諸廻船の切手改めや裁判、③漂着した外国船の警護と長崎への引き届け、④管轄地域の非常事態での対処、であった。[49] 大番所が置かれた瀬戸は「此浦何風にも船繋よし、大船貳百餘艘繋くへし、肥後・薩摩并諸國の商船輻輳の津にて、領内第一繁昌の湊なり、人家多し、當浦より野母までの海上拾八里、是を相撲灘と云、此間船舶の浦湊なり」との記事がある。[50]『郷村記』によると瀬戸村の船数は二三七艘と大村藩内で最多で式見村が一五〇艘、神浦村が一二九艘で続いている。[51] 背後に山地を背負い、前面には福島・焼島を配した地形は良港としての条件を備え、陸路の面でも内海に面した大串村三町分から半島を横断する東西ルートと、半島北端の面高と長崎を結ぶ海岸沿いの南北ルートの合流点となっている。このように瀬戸は、人や物資が集散する西彼杵半島における海陸の結節地であり、大村藩の外海地域支配拠点としての機能を担っていた。

ところで、江戸時代において、この瀬戸を含めた西彼杵半島西部沿岸は、外国船の漂着多発地帯でもあった。漂着の発生は天和三年（一六八三）の清国による海上貿易の解放を契機とした、日本との貿易を目的に長崎を目指した唐船増加と関連している。幕府は、貞享二年（一六八五）に御定高仕法《おさだめだかしほう》を実施して貿易額抑制を図るとともに、長崎近海で横行した密貿易の取り締まりのため、長崎周辺海域監視を目的とした番所の設置や、武力行使をも視野に入れた沿岸警備体制強化に取り組んでいる[52]。唐船の漂着は、西日本沿岸で広範囲に発生しており、慶安四年（一六五一）から宝永三年（一七〇六）まで、大村純長の治世では「唐船難風ニ逢毎年二艘・三艘領内江漂着仕候」という認識であった。漂着した唐船は引船を付けて長崎に送り届けられた[53]。**表2**は、大村藩の藩政記録『九葉実録』にある延宝五年（一六七七）から文化六年（一八〇九）までの外国船の海難記事をまとめたものである。前述のように、唐船の漂着は、長崎貿易に絡む政治的要因を抜きに考えることはできない。それでも、内海に比べ、外海では荒天や風波を原因とする漂着・破船発生の危険性が高かったことは指摘できよう。

　次に、明和九年（一七七二）に松島付近の五郎ヶ島で遭難した糸荷廻船大愛丸《いとにかいせんだいあいまる》の事例を取り上げる。

オランダ船・唐船によって長崎へもたらされた舶来貨物は代呂物《しろもの》と呼ばれ、江戸時代後期には、中国からの貨物は長崎会所で、オランダからの貨物は出島で買い取り価格（元値）が決定された。その後、長崎会所で商人による入札がなされた。落札主の商人は落札品を封印し、手板と呼ばれる内容証明書に糸割符年寄の割印を受けた。貿易品は、こうした手続きを経て、上方に輸送され、全国に売り捌かれた[54]。

　紹介する史料は、十月付けで池田新右衛門以下十五名の連名で宇野清右衛門・森與左衛門宛てに差し出された糸荷廻船大愛丸の海難に関する口上書である[55]。差出人の池田らは貿易品を落札した商人で、宇野は江戸の糸割符年寄と考えられる[56]。本史料は年号の記載を欠くものの、「明安調方記」に「堺高砂屋利兵衛船」「明和九辰十月大村松島破舟」との記事があり、明和九年（一七七二）と判明する[57]。同史料によると安永二年（一七七三）に「大愛丸代リ」として「戎丸」が建造されており、この海難で大愛丸は廃船となったようである。内容を意訳すると次のようになる。

西暦	和暦	月日	記　　事
延宝五年	1677 年	閏 12 月 15 日	閏十二月十五日清舶一艘三重洋ニ覆没ス　此地我封内及ヒ深堀ノ邑犬牙錯接ス　因テ二村ノ民協議シ隔月ニ流出品ヲ陸ニ揚ク　而シテ乗客百廿八名ヲ我地ニ留メ食料ヲ給シ、川嶋武兵衛及ヒ横目等之ヲ護リ長崎用聞尾上宇左衛門ニ報告ス
宝永四年	1707 年	7 月 26 日	廿六日清舶一艘松島ニ漂着ス　乃チ長崎ニ護送ス
正徳元年	1711 年	6 月 9 日	九日清舶一艘福田ニ漂着ス　乃チ長崎ニ護送シ幕府ニ上申ス
正徳三年	1713 年	9 月 7 日	九月七日清舶一艘瀬戸ニ漂着ス　乃チ長崎ニ護送ス
享保二年	1717 年	9 月 28 日	去月廿八日清舶一艘瀬戸洋ニ漂フ　尋テ長崎ニ向テ去ル　警固士山本伊右衛門舸ヲ飛シ之ヲ衛シ、此日長崎吏ニ報申シ帰ル
享保十四年	1729 年	8 月 4 日	八月三日大風雨　四日清舶一艘手熊浦ニ漂到ス　船悉ク壊レ清客四十二名僅ニ陸ニ上リ、請テ小左司弥右衛門ノ家ニ舎ス
享保十八年	1733 年	12 月 29 日	二十九日清舶一艘松嶋ニ漂到ス
享保十九年	1734 年	5 月 4 日	五月四日清舶将ニ長崎ニ入ントシ南風ニ遭ヒ池嶋ニ漂到ス　瀬戸番末岡段七検舩ニ乗リ進ントス　忽チ西風ニ変シ清舶発帆ス　段七逐テ之ヲ崎港ニ護送シ崎吏ニ授ク
寛保元年	1741 年	6 月 16 日	十六日清舶一艘崎港ニ入ントシ、暴風ノ為ニ瀬戸ニ漂着ス　戌船ヲ発シ之ヲ結桶ニ衛ル　二十日之ヲ長崎ニ挽送シ、崎吏ニ授ク
寛保元年	1741 年	8 月 13 日	十三日崎港ニ入ル清舶一艘又池島ニ漂到ス　戌舶ヲ発シ、之ヲ松嶋ノ浜泊ニ護送ス　既ニシテ清舶錨ヲ抜テ馳セ去ル　之ヲ遂ヒ、明日崎吏ニ授ク
寛保二年	1742 年	8 月 24 日	二十四日清舶一艘崎港ニ入ントシ、西泊ニ漂到ス　戌船ヲ発シ之ヲ衛ル　二十七日長崎ニ挽送シ崎吏ニ授ク
延享四年	1747 年	6 月 19 日	六月十九日崎港ニ入ル清舶一艘松島ニ漂到ス　二十六日之ヲ崎吏ニ授ク
延享四年	1747 年	10 月 21 日	二十一日崎港ヲ抜錨スル蘭船一艘手熊ニ漂到ス　之ヲ神崎口ニ挽送シ、崎吏ニ授ク
寛延二年	1749 年	3 月 10 日	是ヨリ先キ三月十日清舶一艘瀬戸海ニ覆ル　長崎人就テ之ヲ修ム　尋テ成ル　此日我吏之ヲ長崎ニ挽送ス
宝暦二年	1752 年	3 月 13 日	十三日清舶一艘蛎浦ニ漂到ス　十九日長崎ニ護送ス
宝暦四年	1754 年	7 月 17 日	十七日清舶一艘瀬戸ニ漂到ス　十九日長崎奉行菅沼下野守ニ授ク

宝暦五年	1755 年	5 月 6 日	六日長崎ヲ発スル清舶一艘瀬戸ニ漂到シ、長崎ニ贈ント乞フ　之ヲ允シ、其舶ヲ結桶ニ繋キ風涛ノ定ルヲ待ツ　清客遂ニ復タ長崎ニ至ン事ヲ乞フ　尋テ六月四日之ヲ護送ス
宝暦七年	1757 年	6 月 30 日	六月晦将ニ長崎ニ入ントスル清舶一艘松島ニ漂到ス
宝暦十年	1760 年	11 月 28 日	二十八日清舶福田ニ漂着ス
宝暦十三年	1763 年	5 月 25 日	二十五日清舶一艘京泊三重ニ漂到ス　長崎ニ護送シ、且ツ閣老ニ告ルヲ長崎奉行ニ報知ス
明和二年	1765 年	1 月 15 日	正月十五日長崎ヲ発スル清舶一艘、神浦ノ粒瀬ニ覆ル　二十人溺没ス　之ヲ神浦ニ土葬ス　尋テ清客請テ船主及ヒ財副二人ノ屍ヲ長崎ノ興福寺ニ改葬ス　此日同ク発スル清舶三艘松嶋ニ漂到ス
明和七年	1770 年	2 月 15 日	二月十五日清舶一艘神楽嶋三重ニ漂到ス　之ヲ長崎奉行新見加賀守ニ授ク
明和七年	1770 年	6 月 27 日	二十七日清舶一艘松島ニ漂到ス　之ヲ長崎ニ護送ス
安永四年	1775 年	3 月 25 日	二十五日清舶一艘長崎ニ入ラントシ松島ニ漂到ス　之ヲ長崎ニ護送シ、奉行桑原能登守ニ授ク
安永四年	1775 年	12 月 9 日	十二月九日清舶一艘神楽嶋三重ニ漂到ス　之ヲ長崎ニ護送ス
安永五年	1776 年	1 月 27 日	二十七日清舶一艘福田ニ漂到ス　之ヲ長崎ニ護送ス
安永六年	1777 年	6 月 15 日	六月十五日清舶一艘松島ニ漂到ス　之ヲ長崎ニ護送ス
寛政三年	1791 年	5 月 5 日	五月五日琉球船一艘黒瀬ニ漂到ス　船手九人四日間食ヲ絶ツ　因テ粥ヲ予ヘ其需ニ應シ苫四十枚、薪三束、碇一頭ヲ給シ、其出ス所ノ書簡ヲ長崎ニ送り、其處分ヲ問フ
寛政十年	1798 年	10 月 18 日	十月十八日蘭船崎港ヲ発シ、錨ヲ神崎ニ投ス　會々西風暴怒、舶忽チ覆ル　我藩乃チ奉行朝比奈河内守ニ議シ、幕府ニ告ク明年二月修船落成ス、五月二十五日発帆ス、毎ニ幕府ニ告ク
享和元年	1801 年	10 月 5 日	五日五嶋ニ漂到セシ外舶平嶋洋ヲ經過ス　内海采記遥ニ尾シテ護衛ス　此夜松嶋ノ浜泊ニ投錨ス
文化二年	1805 年	11 月 24 日	今晩四時比式見役人ゟ申越候者唐船壹艘今七半時比式見前ニ漂着仕候
文化六年	1809 年	1 月 29 日	正月二十九日清舶二艘瀬戸・崎戸ノ中間ニ漂到ス　因テ二村ノ在番直ニ臣ニ報知シ、乃チ左ノ問牒ヲ崎廳ニ呈シ、其答令ヲ受ケ各所在番ニ挽輸ノ事ヲ傳フト

表２　大村藩領における外国船の海難（大村史談会編『九葉実録』第一冊（大村史談会発行、1994 年）、大村史談会編『九葉実録』第二冊（大村史談会発行、1995 年）、大村史談会編『九葉実録』第三冊（大村史談会発行、1996 年）から作成）

これは、破船した場所へ御添書を持参し、荷物を受け取りに行ったところ、歩一《ぶいち》（救助報酬）の件で論争となり提出した願書である。

恐れながら願い奉る口上書

大愛丸は当月（明和九年〈一七七二〉）十月十一日に当地（長崎）を出船し、同日の午後二時頃に大村領松島と五郎ヶ島の所を通過したところ、薩摩瀬という瀬があり、以前「水尾木《みおぎ》」（通行する船に水脈や立てられていましたが、近年は無くなっていて、見えにくくなっており、乗り上げたと聞いております。そうしたところ、幸い諸国の船が居合わせたので、早速これらの船から端船（荷物の陸揚げなどに使用する小船）を差し出して荷物をことごとく積み移し、大村藩の御役人へ届け出て、お立ち会いのもとに西泊（捕鯨業で栄えた松島深澤組の拠点があった）の空き小屋に荷物を残らず入れ置き、早速当地（長崎）へ船頭から飛脚で報告してきたので「御添翰《おそえかん》」をいただいて、荷主のうち五人が松島へ行き、大村藩の御役人衆へ差し出したところ、いかなることであったのでしょうか、この「御添翰」は（大村藩の役人から）預かることができない旨を仰せられ、浦庄屋の片山伴左衛門殿が預かる旨をご指示があり、そのとおりに預けました。

荷物の「相調子《あいちょうし》」を願い出たところ、まず唐紙を「相調子」するよう仰せ聞かせられ、二十分の一を差し出すようにご指示がありました。唐紙百五十五束のうち八束をお取りなさるという趣旨でしたので、唐物（外国から輸入された舶来の品物）は商品ではなく、銀納にして下さるようお願い申し上げましたが、お聞き入れられず、唐紙八束をお預けしました。さらに、砂糖の「相調子」にかかったところ、砂糖と象牙は「沈ミ荷」として、十分の一を差し出すようご指示がありました。私どもより申し上げましたのは、象牙は上積みの荷物でしたので、直接端船へ積み移しました。砂糖は沈めばすぐに無くなってしまい、「明櫃」（空の木箱のことか）でなくては、浮き上がってきません。砂糖は確かに無事で、少し海水がかかったものがありましたが、元船から端船へ積み移して、陸揚げしたので「浮荷」に間違いございません。唐紙と同様に二十分の一をお取り下さいますようお頼み申し上げましたところ、とにもかくにもお聞き入れられませんでしたので、ご指示を受けに参上した者たちも判断がつかず、昨夜松島より三人が（長崎へ）帰って相談しました。

その後も、御役人衆へお願い申し上げたところ、ようやく、無事であった砂糖のうち十五分の一をお取りなされ、長崎表（長崎奉行所）へは十分の一をお取りなされるとのご指示がありましたので、荷主たちへもう一度掛け合って返答申し上げますので、その間ご猶予下される様お願い申し上げました。さらに重ねて、今朝二名が帰ってきて同様のご指示を承りました。この大愛丸の件は、船が瀬に摺ったために動かなくなったもので、何れの品も、「沈ミ荷」ではなく、「浮荷」でありますので、どうかすべて二十分の一を大村表への銀納としてお聞き届け下さるようお願いいたします。唐物は以前から積荷で差し出すことはありませんでした。特に品数のことでありますので、恐れながら特別の取り扱いも計り難く存じております。さらにまた、荷物を入れ置きました小屋も大変取り締まりが不十分で用心させようと思っております。この春にも筑前表で船が破損し、多額の損失が重なり難儀しております。何卒、ご憐憫をもって、お上が宜しくお命じ下されたならば、大変ありがたく存じ上げます。

この趣旨を宜しくお申し上げ下されるようお願い申し上げます。以上。

明和九年（一七七二）十月十一日に長崎を出航した大愛丸は大村藩領松島と五郎ヶ島の間の薩摩瀬で座礁した。申し立てによれば、以前から薩摩瀬に目印としてあった水尾木がなくなっていたという。『郷村記』には釜浦《かまのうら》の北の「つしま瀬」は満潮時には隠れて見えず、「不慮の破船」が多発していたため、大村城下の者が寛政十年（一七九八）に標木を建ててから「標木瀬」と呼ばれたが、後に大風で折れ無くなった、という記事がある。水尾木の破損は、しばしば発生していたのだろう(58)。

図13は五郎ヶ島と薩摩瀬の位置を示したものである。五郎ヶ島と松島の間には「横瀬」という瀬があるが「松嶋五郎島之所乗通リ」との文言から、両島の間を航行したと考えられる。松島に近い航路をとっていることから釜浦に寄港しようとしていたのかもしれない。松島は、天保十三年（一八四二）刊行の「改正日本船路細見記」に「此しまより肥後へのりわくる所」と、肥後と長崎へ向かう航路の分岐点と紹介されている(59)。『郷村記』は釜浦について「諸國の商船總會の地にて、領内第一繁昌の船着なり」と海上交流の隆盛を伝えている(60)。

座礁した大愛丸の積荷は、付近に居合わせた船の端船に移され、大村藩役人の立ち会いで松島西泊の空き小屋に陸揚げされた。船頭は飛脚で長崎の荷主衆へ海難を報告している。その後、荷主衆の代理人が長崎奉行所から発給された「御添簡」を現地役人に提出したところ、何故か受理を拒まれ、浦庄屋の片山伴左衛門が預かることとなった。続けて、積荷に関する救助報酬の件で紛糾した詳細が記されている。

幕府は、海難の救助報酬に関して、正徳元年（一七一一）の浦高札で海船の場合、「浮荷物」は、その二十分の一、「沈荷物」は十分の一と定めている(61)。しかしながら、「浮荷物」「沈荷物」は、その解釈を巡り、論争を生みやすかったようで、本件も荷主衆と大村藩役人とで見解が分かれている。

双方の主張を確認すると、荷主衆が荷物の「相調子」を願い出たところ、まず唐紙からと指示された。「相調子」とは、互いに調べる、といった意味であろう。荷主衆は救助報酬の銀納を主張したが、大村藩役人は唐紙百五十五束のうち二十分の一として八束を商品で差し出すよう命じた。荷主衆は、これを受け入れ、八束を預けている。次に、砂糖・象牙は「沈ミ荷」であるとして十分の一を差し出すことが命じられた。これに対し、荷主衆は、象牙は「上荷」で直に端船へ積み移した、砂糖は少し海水にかかったものもあるが元船から端船に積み移して陸揚げしたので浮荷に間違いない、と二十分の一を主張した。その後の交渉で無事な砂糖で大村藩へ十五分の一、長崎奉行所へ十分の一という折衷案が提示されたが、荷主衆は、あくまで「浮荷」として譲歩せず、大村藩への二十分の一相当の銀納処理を主張している。本件は双方が譲らず交渉が難航したようだ。荷主衆は、十一月に長崎奉行所へ仲裁を求める口上書[62]を提出している。

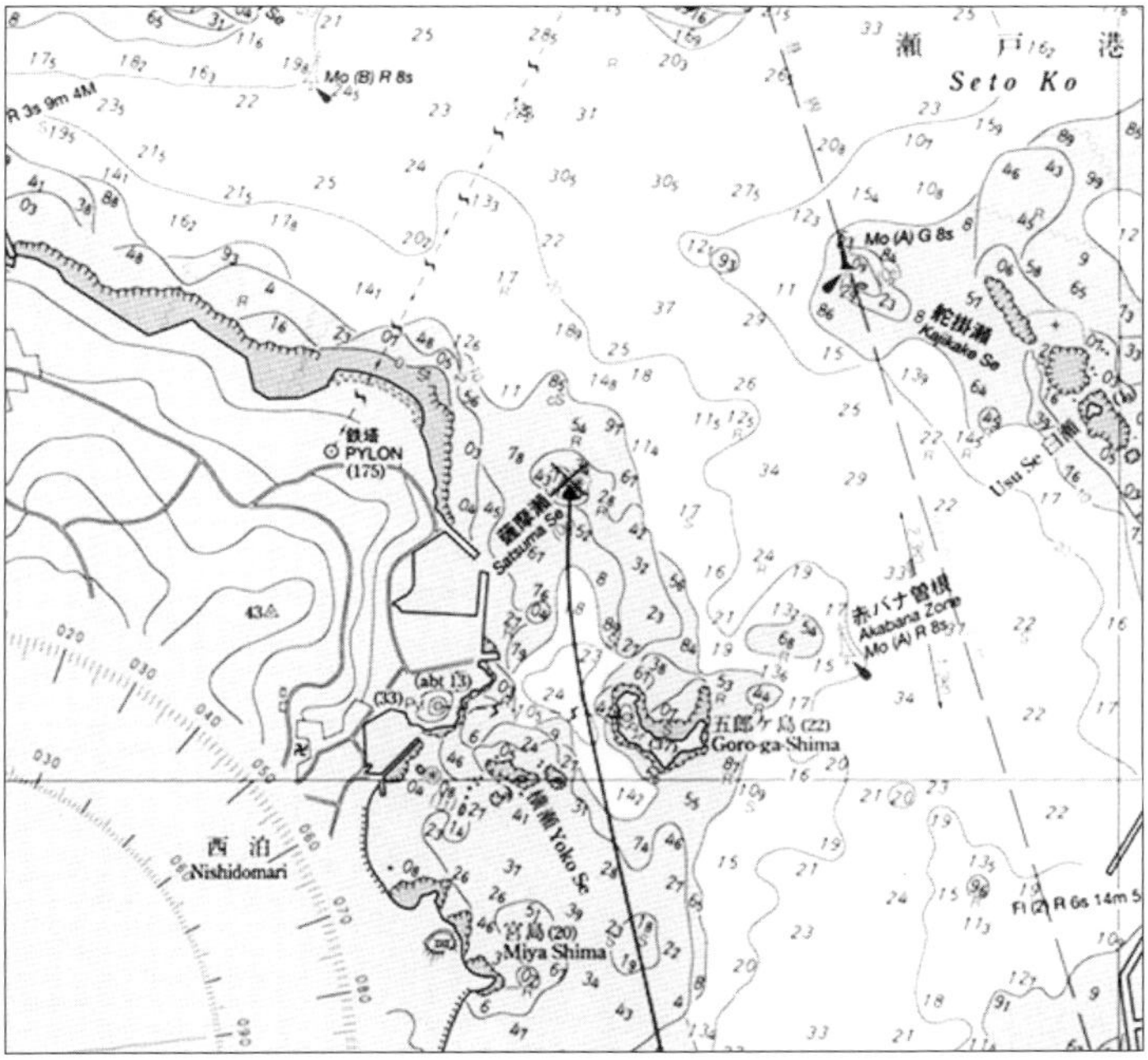

図13　海図「崎戸港、松島水道付近」（日本水路協会・海上保安庁発行、W1230）に加筆、矢印は大愛丸の推定航路、×は座礁地点（薩摩瀬）の位置を示す。

本件で注目されるのは、海難処理に際して、現地役人の指示をそのまま承服するのではなく、自らの主張を粘り強く展開し、少しでも有利な条件を勝ち取ろうとする荷主衆の姿勢である。「浮荷」と「沈ミ荷」を事実関係に基づいて峻別し、銀納処理の前例を引き合いに出しながら、積荷を入れた小屋の警備体制の不備を指摘し、筑前表の事故で多大な損失を被った窮状を主張して「御憐憫《ごれんびん》」を引き出そうとしている。残念ながら、本件が最終的にどのような決着を見たのかは史料に記されておらず不明である。

ところで、本件の事故原因は、史料中に座礁時の天候への言及がなく、気象条件が要因とは考えにくい。そのため、薩摩瀬の把握を怠り、航路選択を誤った船頭の過失の可能性が高い。当時、長崎と上方を往復する糸荷廻船は堺船とも呼ばれ、上方へ貿易品を輸送する商船の典型として知られていた[63]。いわば、通り慣れた航路での不注意が招いた海難と評価できる。江戸時代後期、長崎の貿易品は、糸荷宰領《いとにさいりょう》によって陸路で、そして糸荷廻船によって海路で、それぞれ上方に輸送されていた[64]。史料中でも言及されているが、外国貿易による輸入品は高価で海難が発生した場合、荷主は多大な損失を被る。江戸時代の廻船経営には、保険制度が無く、共同出資や分散荷積など危険分散の工夫も存在した[65]。徳川幕府の統治が安定していた江戸時代後期、長崎貿易商品輸送に海路とともに陸路が併用されていたことは、安全性・迅速性と本件で見たような海路輸送の損失リスクを勘案した選択の結果と考えられる。

六　深澤組と花崗岩製石造物

ここでは、中園成生氏らの研究をもとに西海捕鯨の先駆として活躍した深澤組に関わる石造物を紹介したい[66]。深澤組は大村藩領の平島、江島、蠣浦島、松島を根拠地として栄えた鯨組である。深澤組の祖儀太夫勝清《ぎだゆうかつきよ》は、紀伊国の太地浦で、集団で鯨を追跡して銛を打ち、鉾で突き殺す「突取捕鯨法《つきとりほげいほう》」を学んだ。勝清は、五島灘を魚場に鯨組の操業を始め、慶安三年（一六五〇）には、大村藩に円融寺建立の御用金を献上している。また、寛文元年（一六六一）には、大村に近い野岳に堤を築き新田開発にも力を注いだ。深澤姓は、大村藩への貢献が認められ、藩主大村純長から賜ったものである。儀太夫勝清を継いだ二代目組主儀太夫勝幸《ぎだゆうかつゆき》は、鯨を網にかけた後で突き取る「網掛突取法《あみかけつきとりほう》」を導入し、西海地域の捕鯨業を牽引した。

松島で鯨組を始めた深澤與五郎幸可《ふかざわよごろうゆきよし》は、儀太夫勝幸の養子である。幸可は元禄七年（一六九四）に、松島西泊に居宅を構え、翌年に平島から移住した。田嶋助次郎、のちに與五郎と名乗っていたが、正徳五年（一七一五）に藩主大村純庸《おおむらすみつね》から深澤姓を与えられた。松島には深澤組と瀬戸内地域との交流を物語る石造物を確認できる。

松島の市杵島神社《いちきしまじんじゃ》は市杵島姫命を祭神とする神社である。市杵島姫命は、海の神・水の神として仏教の弁才天と習合し、各地で信仰の対象となった。広島県の厳島神社の主祭神でもある。この神社は『郷村記』に、西泊浦宮島の弁才天として紹介されており、鳥居は「御影石、石柱・臺石共ニ壱本石也」と記されている。また、寛保二年（一七四二）六月八日、深澤與五郎幸曹が鳥居一門を再建した、との柱銘があるとする。(67)

鳥居の周辺には倒壊した花崗岩製灯籠の石材を確認できる。御影石とは、現在の兵庫県神戸市御影地方で産出したことに由来する花崗岩の通称である。花崗岩は瀬戸内地域一帯を産地とし、風化や衝撃に強く、とりわけ御影石は、美しい桃色（カリ長石）が特徴で中世末から近世にかけては仏教に関する供養塔や墓石に用いられた。松島の深澤家墓地には、ひときわ大きい與五郎幸可（高さ約二・九五メートル）、幸可の妻まつ（高さ約二・八〇メートル）、幸可を継いだ幸層（高さ約一・九〇メートル）の墓石がある。このう

写真３　市杵島神社の鳥居

写真４　市杵島神社周辺の花崗岩製灯籠の石材

写真５　田嶋儀左衛門幸層の花崗岩製墓石

ち幸層の墓石は花崗岩製で正面に「旭蓮院迎誉西岸接白居士」、右側面に「享保十一丙午八月十九日」、左側面に「田嶋儀左衛門橘幸層二十二歳而逝」と刻まれている。墓石の施主は、市杵島神社の鳥居と同様に、幸層を継いで鯨組主となった與五郎幸曹と考えられる。瀬戸内産の花崗岩製石造物は、深澤組の財力と海を通じた交流の一端を示している。

おわりに——西彼杵半島の近代

江戸時代、面高・瀬戸をはじめ西彼杵半島の外海に面した港は、長崎・肥後・薩摩方面を往来する船の風待ち、潮待ちに利用されていた。そうした様相に変容をもたらしたのが石炭の発見であった。『郷村記』からは、西彼杵半島西部の島嶼部における石炭採掘を確認できる。平島村では、文化四年（一八〇七）に藤田安右衛門、続いて千葉一郎が採炭に着手している。両者とも採炭は軌道に乗らず失敗している。その後も、文化八年（一八一一）には、長崎の靏之助、文化十三年（一八一六）には、浦百姓の惣兵衛、天保六年（一八三五）には、大村の山口熊五郎と、採掘者が相次いだ(68)。松島村では天明元年（一七八一）に時津村の住人萬右衛門が松島の北に位置する串島で採炭を始めている。安政三年（一八五六）の松島村からの石炭船の積出高は六一七八万斤程であった。一斤＝六〇〇グラムで換算すると出炭量約三七万六八〇トンとなる。同年の出炭量は八〇〇〇万斤余で、すべて串島産であった(69)。

表3は明治十八年（一八八五）の松島村、崎戸村、黒瀬村、平島村の産物である(70)。松島村では六〇〇〇万斤の出炭があり、そのうち四八〇〇万斤は、塩の産地として知られる三田尻《みたじり》（山口県）、赤穂（兵庫県）などに輸送されていた。

明治四十年（一九〇七）、崎戸では九州炭礦汽船《きゅうしゅうたんこうきせん》株式会社が設立され、近代的炭鉱の道を歩み始めている。松島では三井が経営に乗り出し、昭和九年（一九三四）に発生した坑内出水事故が原因で、大島を新たな鉱区として採炭が進められた。崎戸・大島での炭鉱は昭和四十年代まで続けられた。

島嶼部における石炭産業の隆盛は、労働力・生活物資・生産資材など、あらゆる需要増大をもたらした。半島部は、消費地の需要を支える供給地としての役割を担った。

西彼杵半島沿岸の海路を考える場合、外海と内海を結ぶ針尾瀬戸の重要性は本稿で述べたとおりである。「瀬戸内海・西海航路図屏風」をはじめとする絵図やイギリス・オランダ商館長の日記から見たように外海に面した面高、そして瀬戸・松島は、肥後・薩摩方面から南西諸島に至る航路や平戸を経て玄界灘に至る航路の風待ち・潮待ち港として機能していた。その一方で、長崎を訪れた人物の旅行記からは、外海と比べてより安全な内海航路が利用されていたことがうかがえ、人と物による安全性・迅速性・大量輸送性などを比較した航路選択がなされていたと考えられる。また、外海地域への大番所・小番所の設置や針尾瀬戸と畠下浦の関係は、海難の発生を前提とした大村藩による領海掌握という意図を示唆している。「大村管内絵図」に描き込まれた地理的情報は、藩が統治のために利用する目的のものであり、情報収集の手段が、現代と比べはるかに限定されていた当時の航海は、人々の記憶と経験によるところが大きかったと考えられる。

上村雅洋は紀州廻船などの分析から、近世廻船の難船率を約五％と見積もっている。[71] 網野善彦が提示した滑石製石鍋の伝播と海夫・家船とを結びつけた視点は、本地域の海を通じた交流を示す魅力ある考え方である。その一方で、長距離航行の危険性は看過できない問題であり、滑石製石鍋の広域的流通の背景に、数多の海難の発生を想像せざるを得ない。西彼杵半島周辺の海運史・港湾史の研究は、瀬戸内航路や太平洋岸航路などと比較して、その蓄積が不足していることは否めない。本稿では江戸時代を中心とした西彼杵半島沿岸の航路と港湾の一端を垣間見た。海上交通と港湾の問題解明に向けて、今後も研究を継続していきたい。

村名	人口	産　物
松島村	男 1,079 女 1,076 計 2,155	石炭　60,000,000 斤　内輸出　48,000,000 斤（輸出先　三田尻、赤穂、長崎、淡州等） 荒砥石　150,000 挺　内輸出 80,000 挺（輸出先　新潟、大坂、薩摩、肥後） 漬大根　600 樽　内輸出 100 樽（輸出先　長崎、高島） 味噌　104,000 斤　内輸出 16,900 斤（輸出先　長崎、高島） 七島畳　700 枚　内輸出 500 枚（輸出先　高島炭山及西彼杵郡各地） 鯣　500 斤　内輸出 400 斤（輸出先　長崎） 鯛　3,000 尾　内輸出 2,000 尾（輸出先　長崎、諫早、平戸） 鰤　2,000 尾　内輸出 1,500 尾（輸出先　長崎、諫早、平戸） 雑魚　5,000 斤　内輸出 4,000 斤（輸出先　長崎、平戸） 雲丹　9 斗　内輸出 7 斗（輸出先　一定地なし） 和布　10,000 斤　内輸出 7,000 斤（輸出先　一定地なし）
崎戸村	男 722 女 723 計 1,445	米　80 石　内輸出なし 大麦　500 石　内輸出なし 小麦　40 石　内輸出なし 裸麦　20 石　内輸出なし 大豆　60 石　内輸出なし 甘藷　960,000 斤　内輸出 400,000 斤 鯣　2,800 斤　内輸出 2,500 斤 鰯　4,500 俵　内輸出 4,500 俵 和布　13,000 斤　内輸出 10,000 斤 ヲゴ　3,500 斤　内輸出 3,000 斤 雲丹　1 石　内輸出 1 石 魚類　25,000 斤　内輸出 20,000 斤 （輸出先　長崎港、佐賀、薩摩、東彼杵郡、早岐、ほか）
黒瀬村	男 1,227 女 1,244 計 2,471	米　330 石　内輸出なし 大麦　850 石　内輸出 120 石 小麦　60 石　内輸出なし 裸麦　50 石　内輸出なし 大豆　120 石　内輸出なし 甘藷　1,800,000 斤　内輸出 900,000 斤 海参　1,800 斤　内輸出 1,800 斤 魚類　2,500 斤　内輸出 2,500 斤 鯣　1,500 斤　内輸出 1,500 斤 （輸出先　筑前、薩摩、長崎港、東彼杵郡ほか）
平島村	男 393 女 405 計 798	米　200 石　内輸出なし 小麦　28 石　内輸出なし 裸麦　100 石　内輸出なし 大麦　150 石　内輸出なし 干魚長　4,000 斤　内輸出 4,000 斤 鰤　3,500 斤　内輸出 3,500 斤 雑魚　1,500 斤　内輸出 1,500 斤 天草　1,500 斤　内輸出 1,500 斤 ヲゴ　8,500 斤　内輸出 8,000 斤 鯣　350 斤　内輸出 350 斤 甘薯　1,000,000 斤　内輸出 40,000 斤（輸出先 長崎港、南松浦郡各地方）

表３　松島村・崎戸村・黒瀬村・平島村の産物（大村市立史料館蔵『西彼杵郡村誌』、1885 年から作成）

註

（1）下川達彌「西北九州の石鍋とその伝播」（『海と列島文化4　東シナ海と西海文化』（小学館、一九九二年）。
（2）網野善彦「西海の海民社会」同右『海と列島文化4　東シナ海と西海文化』。
（3）山里純一『古代の琉球弧と東アジア』歴史文化ライブラリー三四三（吉川弘文館、二〇一二年）一六六～一六八頁。
（4）『秀吉と桃山文化―大阪城天守閣名品展―』（大阪城天守閣編、一九九七年）一九一頁。
（5）『大瀬戸町郷土誌』（大瀬戸町、一九九六年）七〇五～七〇六頁。
（6）日本海洋学会沿岸海洋研究部会編『日本全国沿岸海洋誌』（東海大学出版会、一九八五年）八七九頁。
（7）松田毅一・川崎桃太訳『完訳フロイス日本史』9大村純忠・有馬晴信篇Ⅰ（中央公論新社、二〇〇〇年）九一頁。
（8）藤野保編『大村郷村記』第六巻（国書刊行会、一九八二年）六二頁。
（9）川村博忠『国絵図』（吉川弘文館、一九九〇年）三三～三七頁。
（10）公益財団法人鍋島報效会蔵。
（11）公益財団法人鍋島報效会蔵「御国中所々道法帳」。本稿では佐賀県立図書館マイクロフィルム（鍋六九三―一）を利用した。
（12）前掲註（9）川村著書、九八頁。
（13）本図の作成には国立公文書館デジタルアーカイブ(https://www.digital.archives.go.jp/)を利用した。
（14）長崎歴史文化博物館蔵「大村管内絵図　島方」資料番号3―16―3―2。
（15）大村史談会編『九葉実録』別冊（大村史談会、一九九七年）五～六頁。
（16）藤野保編『大村郷村記』第五巻（国書刊行会、一九八二年）三十頁。
（17）『西彼町郷土誌』（西彼町教育委員会、二〇〇三年）三〇三頁。
（18）同右、三一五～三一八頁。
（19）前掲註（8）『大村郷村記』第六巻、三五一頁。
（20）東京大学史料編纂所編『日本関係海外史料　イギリス商館長日記』譯文編之下（東京大学史料編纂所、一九八〇年）二四五頁。
（21）同右、二七四頁。
（22）同右、七九一頁。
（23）同右、五八六頁。
（24）「天正年中日々記」鹿児島県維新史料編さん所編『鹿児島県史料』旧記雑録後篇2（鹿児島県、一九八一年）五七六頁。
（25）池宮正治解説『喜安日記』沖縄学研究資料⑥（榕樹書

林、二〇〇九年）四二頁。
(26) 川添昭二・福岡古文書を読む会校訂『新訂　黒田家譜』第二巻（文献出版、一九八二年）二六七～二六八頁。
(27) 東京大学史料編纂所編『日本関係海外史料　オランダ商館長日記』譯文編之十（東京大学史料編纂所、二〇〇五年）五三頁。
(28) 同右、一四六頁。
(29) 村上直次郎訳『長崎オランダ商館の日記』第三輯（岩波書店、一九五八年）九六頁。
(30) 同右、一三〇頁。
(31) 宮崎克則・福岡アーカイブ研究会編『ケンペルやシーボルトたちが見た九州、そしてニッポン』（海鳥社、二〇〇九年）四〇～四一頁。
(32) 同右、四〇～四一頁。
(33) 『長崎街道―長崎県　歴史の道（長崎街道）調査事業報告書―』長崎県文化財調査報告書第一五四集（長崎県教育委員会、二〇〇〇年）二三頁。
(34) 関根七郎訳解『長崎行役日記　付安南国漂流物語　清槎唱和集』（筑波書林、一九九四年）十八頁。
(35) 「筑紫紀行」谷川健一ほか編『日本庶民生活史料集成』第二十巻（三一書房、一九七二年）二一六頁。
(36) 「旅の恥かきすての日記」板坂耀子編『近世紀行文集成』第二巻九州篇（葦書房、二〇〇二年）三八頁。
(37) 藤井貞文・川田貞夫校注『長崎日記・下田日記』東洋文庫一二四（平凡社、一九六八年）四一頁。
(38) 同右、一一二頁。
(39) 梅田和郎・山下一・本馬貞夫「大村藩の地方支配について―「問役」を中心として―」『大村史談』第五十一号（大村史談会、二〇〇〇年）。
(40) 前掲註（16）『大村郷村記』第五巻、二三六～二三七頁。
(41) 藤野保編『大村郷村記』第一巻（国書刊行会、一九八二年）八頁。
(42) 前掲註（6）『日本全国沿岸海洋誌』八七九～八八一頁。
(43) 『大村湾の漁労習俗』長崎県文化財報告書第四十六集（長崎県教育委員会、一九八〇年）一九八～一九九頁。
(44) 『西彼杵郡村誌』（大村市立史料館蔵、一八八五年）。
(45) 大村史談会編『九葉実録』第五冊（大村史談会、一九九七年）二～三頁。
(46) 司馬江漢著『江戸・長崎絵紀行―西遊旅譚―』（国書刊行会、一九九二年）一四一～一四二頁。
(47) 吉田常吉・藤田省三・西田太一郎校注、吉田松陰著「西遊日記」家永三郎ほか編『吉田松陰』日本思想体系五十四（岩波書店、一九七四年）四三三～四三四頁。
(48) 藤野保・清水紘一編『大村見聞集』（高科書店、一九九四年）二八六頁。
(49) 同右、二七七～二七八頁。
(50) 前掲註（16）『大村郷村記』第五巻、四四一頁。
(51) 同右、四四五頁、前掲註（8）『大村郷村記』第六巻、六三頁、一八九頁。
(52) 松尾晋一『江戸幕府と国防』(講談社、二〇一三年)八〇～一一二頁。
(53) 前掲註(48)『大村見聞集』二八一頁。
(54) 宮下三郎『長崎貿易と大阪―輸入から創薬へ―』(清文堂出版、一九九七年)二三四～二六八頁。
(55) 長崎大学附属図書館経済学部分館所蔵武藤文庫史料「乍恐奉願口上書」、目録No.二〇三、史料整理番号一一二―四八。
(56) 山脇悌二郎『長崎の唐人貿易』(吉川弘文館、一九六四年)二五三～二五四頁。
(57) 「明安調方記」長崎県史編纂委員会編『長崎県史』史料編第四(長崎県、一九六五年)五五七頁。
(58) 前掲註(8)『大村郷村記』第六巻、三五一～三五二頁。
(59) 「改正日本船路細見記」住田正一編『復刻版 海事史料叢書』第八巻(成山堂書店、一九六九年)一一七頁。
(60) 前掲註(8)『大村郷村記』第六巻、三三四頁。
(61) 「半澤家文書」住田正一編『復刻版 海事史料叢書』第一巻(成山堂書店、一九六九年)一五六頁。
(62) 長崎大学附属図書館経済学部分館所蔵武藤文庫史料「乍憚奉願口上書」、目録No.二〇四、史料整理番号一一二―六九。
(63) 石井謙治『和船』I(法政大学出版局、一九九五年)一二一頁～一二二頁。
(64) 中村質『近世長崎貿易史の研究』(吉川弘文館、一九八八年)四八九頁。
(65) 上村雅洋『近世日本海運史の研究』(吉川弘文館、一九九四年)四六五～四六七頁。
(66) 深澤組については以下の論考を参考とした。中園成生・安永浩『鯨取り絵物語』(弦書房、二〇〇九年)、柴田恵司「深澤組小伝」『大村史談』第四十五号(大村史談会、一九九四年)、指方邦彦「深澤家墓碑について」『大村史談』第四十五号(大村史談会、一九九四年)。
(67) 前掲註(8)『大村郷村記』第六巻、三五八頁。
(68) 同右、四〇八～四〇九頁。
(69) 同右、三五九～三六〇頁。
(70) 前掲註(44)『西彼杵郡村誌』。
(71) 前掲註(65)上村著書、四五八頁。

地域構造から見た中近世移行期の西海地域
――西海公民館歴史講座シンポジウム参加記――

目良　裕昭

はじめに

高知県高知市で生まれ育ち、現在の生活基盤も同市にある私が、「西海公民館歴史講座シンポジウム――石造物と西海の歴史」に参加することができたのは、西日本石造物研究会の代表を務める市村高男氏のご配慮があったからである。当時、私は市村氏のもとで学ぶ勤労院生であり、中世後期から近世初期の土佐を対象として地域構造や集落、海運・流通などの研究に取り組んでいた。本稿ではシンポジウムの所感を述べたうえで、このような私の立場から見た中近世移行期の西海地域（西彼杵半島の北部）について、当日の議論も踏まえつつ地域構造論の視点から論じてみることにしたい。

一　石造物を中心に考える西海地域の歴史

シンポジウムは、「石造物を中心に西海地域の歴史を考える」という趣旨のもと開催された。まずは、基調講演と四本の報告を聞いて感じたことなどを当日の流れに沿って述べてみたい。

大石一久氏の基調講演「肥前を中心とした中世の石造物の概要と特質」は、長崎県（おもに西彼杵半島）で確認された中世石造物に総合的な検討を加え、その概要から中世の肥前を舞台に展開された海上交流について論じたものであった。西彼杵半島は中世をつうじて日本列島各地に搬出された滑石製石鍋の生産地として知られるが、一方で中世に畿内や若狭から持ち込まれたと推測される石造物も確認されている。大石氏は長崎県で確認された中世石造物の搬出・搬入状況、石材、使われ方などを総覧することで、肥前の中世石造物の特質を析出した。

たとえば、滑石製石鍋に限定して捉えられがちな西彼杵半島の石材・石造物について、滑石が十二世紀前後には経筒や宝塔、卒塔婆などにも使用されて九州北部に拡がりを見せていたこと、緑色片岩製の石塔類（五輪塔・宝篋印塔など）が十三〜十六世紀に大量生産されて中世石塔類の一大文化圏を形成していたことなどを指摘した。そのうえで、西彼杵半島産の石材は中世には産出量が多く質も良かったことから、滑石製石鍋に限らず全般に「ブランド商品」として取り扱われていたと説いた。

また、中世の肥前に搬入された石造物についても石材や形状を分析し、十二〜十三世紀には中国寧波産の梅園石で作られた薩摩塔などが持ち込まれ、十三世紀後半〜十五世紀前半には御影石製の石造物（面高の唐人墓）や若狭日引石製の石塔などが搬入されていた実態を提示した。そして、これらの石造物を建てた人々の具体像にも迫り、前期倭寇にかかわって中国大陸・朝鮮半島までの大海原を駆けめぐった海人（海のネットワークに属した人々）であり、中国で求めた品物を日本海や瀬戸内海ルートをつうじて京都で販売するような活動をおこなっていたと推測した。

このように、大石氏は石造物から見た中世肥前の海上交流の在り様を総体として描き出したうえで、十六世紀後半に起こった横瀬浦（西彼杵半島北端の浦）へのポルトガル船来航は、中世までの活発な海上交流、そして西彼杵半島の歴史と伝統を受けて、その延長線上に起こったものであると結んだ。西彼杵半島が良質な石材の産地として、それを基盤に海上交流・交易の拠点となっていたことがポルトガル船を引き寄せたのであり、横瀬浦は突如として選ばれて「開港」した訳ではなかったのである。大石氏の議論は、ポルトガル船来航の意味を従来のように「キリシタン大名」大村純忠やイエズス会との関係に限定することなく、広い視野と長い時間軸から捉え直すものであった。地域の歴史を考えるときに、つい目の行きがちな政治的動向だけでなく、その地域が持つ歴史的地理的条件を見据えて、そこで暮らし、活動していた人々の実態に可能な限り迫っていくことの重要性をあらためて教えられた。

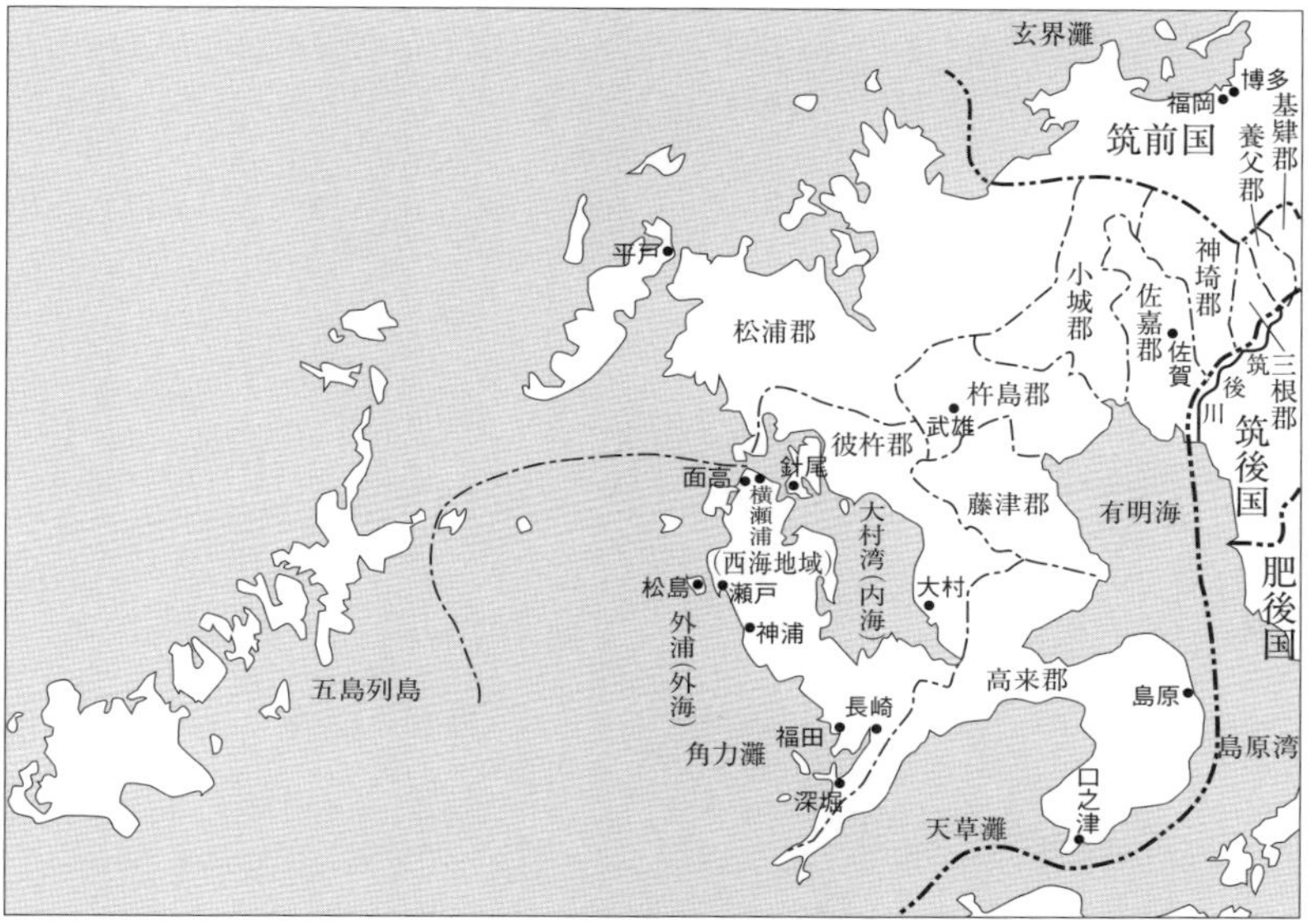

図１　中近世移行期の肥前（『日本古代史地名事典』「肥前国」所収の図に加筆）

松尾秀昭氏の報告「滑石製石鍋とその意義」は、滑石製石鍋について、時代による形状の変化や史料に見える使われ方、製作所跡の調査結果などを述べたうえで、長崎県内の石鍋出土遺跡の分布から西彼杵半島で製作された石鍋の流通状況を論じた報告であった。

文献・絵画史料の分析により、十三〜十六世紀における石鍋・鍋は煮炊具として使用され、そうした鍋の外面には黒いススが付着していることを明らかにし、その違いから消費地と生産地の分布を読み解く可能性を示唆した。石鍋の搬出ルート案も提示し、平地が少なく入り組んだ海岸線を持つ長崎県では、重量のある石鍋は海岸線に近い遺跡から出土する傾向があり、内陸部でも船による輸送が容易な河川沿いに出土の拡がりがみられるという。また、石鍋の分布と重複するように中世の山城や居館跡が存在することから、石鍋の流通に在地領主が介入した可能性もあるとした。

松尾氏の今後の研究によって、中世肥前の石鍋流通について、製作工程や使用状況、在地領主のかかわりなども含み込んだ総合的な在り様が描き出されることを望んでいる。

川内野篤氏の「針尾小鯛城の調査結果とその意味」は、大村湾と外海をつなぐ針尾瀬戸の北岸丘陵に建っていた針尾城（小鯛城）跡の調査結果から、中世に針尾城を含む崎針尾一帯を領した針尾氏の実態について十六世紀を中心に論じた報告であった。川内野氏は、針尾氏が急潮で船の航行が困難な針尾瀬戸の物流と人の移動にかかわることで利益を得ていた可能性が高いとしたうえで、針尾城の縄張りや遺構、出土遺物の調査結果を分析し、不明な点が多い針尾氏の実態について考古学的側面から考察した。

とりわけ注目されるのが遺物の出土時期である。針尾城の主郭部からは一五六一点もの貿易陶磁器が出土しているが、そのうち十六世紀の遺物量がおおよそ七割（一〇八七点）を占めている。この時期には中国景徳鎮産の高級品が含まれるようになり、中国だけでなく朝鮮半島や東南アジアのものも多くなったという。さらに、火縄銃の弾丸鋳造に用いたと考えられる坩堝、黒色火薬の原料となる硝石を保管したとみられるタイ産の褐釉四耳壺も出土している。川内野氏は出土遺物その他の分析から、針尾氏が針尾城に本拠を置いていたことは疑いなく、十六世紀に全盛期を迎えて、鉄砲で武装し、高価な貿易陶磁器を日常生活で使用していたという具体的な姿を描き出した。

報告を聞きながら、針尾氏については「境目の領主」と捉えて検討することで理解が深まるのではないかと感じた。戦国後期の大村湾岸は、龍造寺氏・有馬氏・大村氏・後藤氏・松浦氏といった肥前の大名・国人らが相争う係争地であり、近年の戦国史研究において注目されている「境目」の地域であった。針尾氏は十六世紀半ば、大村氏の被官としてその管轄下にあった横瀬浦の奉行を務めていながら、武雄の後藤氏と謀って横瀬浦焼亡の原因となった宣教師襲撃事件（「横瀬浦事件」）を起こす。その後、平戸の松浦氏との戦いに敗れて大村氏のもとに逃れるまで、「境目の領主」として大村湾岸に触手を伸ばす大名・国人の間を立ち回り、崎針尾一帯の所領を保持しつづけていた。針尾城跡の調査結果を見れば、針尾氏は周辺の大名・国人に翻弄されるだけの存在ではなく、針尾瀬戸の通航管理から得られる権益を基盤に、経済的にも軍事的にも確かな実力を備えて渡り合っていたと考えられる。

針尾城跡の調査結果は、これ以外にもさまざまな示唆を与えてくれる（佐世保市教育委員会 二〇〇五）。残された文献史料の少なさを補って余りある豊富な情報を有しており、今後の戦国史研究で大いに活用されることが望まれる。針尾氏と針尾城を、肥前や九州、東シナ海域といった広い地域のなかに位置付けて考察することで、西彼杵半島を含む大村湾岸の諸地域が戦国期に占めた歴史的位置と役割をより一層明確にすることができるであろう。

西本沙織氏の「阿波の緑泥片岩製板碑」は、阿波産の緑泥片岩で作られた板碑の特徴や分布、製作時期や造立主体などについて、これまでの調査・研究をまとめた報告であった。

阿波の吉野川流域を中心に採れる緑泥片岩（通称「阿波の青石」）は、古墳の石室・石棺、城の石垣、河川の護岸、庭石など、古くから現在に至るまで多用途に使用されているが、中世には板碑の材料に使用されて数多く造立された。阿波で板碑が作られるようになった理由としては、西遷御家人の佐々木氏・小笠原氏が守護となり、関東との文化・生活交流がおこなわれたことが指摘されている。徳島県内での確認数は約二三〇〇基に及び、「阿波型板碑」と分類されるほどの板碑文化圏を形成していたという。ただし、板碑以外の中世石塔類（五輪塔・宝篋印塔）には阿波産の緑泥片岩が使われておらず、讃岐産の凝灰岩や六甲山系の花崗岩（御影石）などで作られた搬入品であった（大川 二〇一三）。

冒頭の大石氏の基調講演によれば、肥前では西彼杵半島産の緑色片岩を使って五輪塔や宝篋印塔などの石塔類が大量に製作された一方で、板碑はほとんど作られていなかったという。阿波において緑色片岩で作られた石塔類が板碑にほぼ限定されるのとは対照的な在り様を見せていたことがわかる。中世前期に石塔類の造立・発注主体となったのは有力領主や寺院の高僧など限られた階層の人々であり、彼らの志向や宗派の違いによって地域的な偏りが生じ、特徴的な分布が見られるようになったのであろうか。

このような、同じ結晶片岩（緑泥片岩・緑色片岩）製の中世石造物に表れた肥前と阿波の差異とその意味については、西本氏が本書のなかで二つの地域を比較しながら、それぞれの地理的環境や歴史的背景をふまえて論じてくれるものと期待している。

原口聡氏の「絵図から見る西海地域」は、近世に作成された絵図（航路図や国絵図、藩領図など）を用いて、西海地域の交通について検討した報告であった。絵図に描かれた航路や道の分析をおこない、大村湾内からの航路が針尾の瀬戸を抜けて西に延び、面高の北西海域で南北に分かれること、西彼杵半島北部の陸地には街道のルートが記されていないことなどを指摘し、陸路は交通の難所が多く、海の道が優位であったと述べた。さらに、西海地域の海上交通に関する近世の記録を取り上げて考察を加え、外国船の漂着記事や廻船の座礁記録があり、司馬江漢や吉田松陰が大村湾内を通過して長崎〜平戸間を往来している記録も残ることから、外海に比べて内海の安全性が高く、自然条件に配慮しながら航行していたとまとめた。

前近代の交通・流通について論じた研究は多いが、それらのなかには現在の交通環境を無自覚に援用して当時の在り様を述べているものも見受けられる。しかしながら、前近代と現在とでは当然のことながら地理的自然的条件が異なっており、人・モノの往来はそうした条件に規定されていた。条件の違いは通行（通航）状況や利用頻度の違いとなって表れ、これをふまえて成り立っていた交通・流通の時代差は大きい。その点、原口氏は航海用海図も駆使して浅瀬の存在や潮の流れといった自然条件も考量しながら当時の状況を読み解いており、近世における交通ルートの復元を真摯に試みた報告であったといえる。

ただし、報告で示されたのは西海地域の交通・流通体系の一端に過ぎず、解明されなければならない点はまだ数多く残されている。たとえば、西彼杵半島西岸の外海側（外浦）に点在した近世の湊津については性格に違いがあり、瀬戸・松島は「諸国の商船輻輳の津」と呼ばれる商港であったのに対し、面高は貴人の宿泊地となり、朝鮮出兵時には島津氏の兵船が係留したような港であった。報告では湊津の性格の違いと交通との関係にはほとんど言及されなかったが、湊津・集落とその後背地の性格や在り様が交通・流通に与えた影響は大きく、この点はもっと追究していくべきである。これは、湊津・集落間のつながり、そして後背地や他地域との関係などを交通・流通体系のなかに位置づけ、総体として考察することで明らかになっていくに違いない。そのためには、報告で示された人・モノの動き方を総合的に検討し、さらにはルート上にあった湊津や集落の個別実態分析を進める必要があるが、西海地域には『大村郷村記』のような詳細な近世地誌も伝存しており、さまざまな史資料を駆使しながら検討・分析をおこなうことが可能と思われる。

二　地域構造から見た中近世移行期の西海地域

それでは次に肥前の地域構造を分析し、これを拠り所として中近世移行期の西海地域について見てみることにしよう。

令制国であった肥前を鳥瞰すれば、一つの国といえどもその内部には多様な地域性・地域差が存在していた。こうした違いを生み出す大きな要因となったのが地理的環境であり、山地・丘陵・台地・平地や河川水系といった地域をつなぐ・へだてる地勢の在り様が、地域社会における生活・経済・文化面での共通性や違いとなって表れた。これを前提として地域的なまとまりや差異が生じ、地域構造が形成されたのである。

肥前の国域は現在の佐賀県と長崎県（壱岐・対馬をのぞく）にまたがり、十一の郡で構成されていた（図1）。このうち、松浦・彼杵・高来の三郡をのぞいた東部の八郡は有明海の沿岸地域である。有明海の北岸には広大な平地・低地が広がり、九州最大の平野である筑紫平野の西部（佐賀平野）を形成している。佐賀平野は大きな生産地・消費地を抱え、国衙や一宮、国分寺、守護所といった政治・文化の枢要施設が建設されて、古代から一国の中心として機能していた。そして有明海の沿岸八郡は、有明海とこれに注ぐ筑後川や中小河川（嘉瀬川・六角川など）によって内水面交通でつながっており、地域差を内包しつつも有明海・佐賀平野を中心として一体的にまとまっていた。

一方、西部の松浦・彼杵・高来の三郡は郡域の大部分を低平な山地・丘陵が占め、平野はほとんど存在せず、海岸線には出入りの多いリアス式海岸や浸食海岸がつづいている。東部の八郡とは山地・丘陵でへだてられていることもあって、有明海・佐賀平野を中心とする世界には包摂されない地域性を有していた。

ただし、この三郡の地域性が共通していたかといえばそうではなく、置かれた地理的環境によってそれぞれ異なる在り様を示していた。南の高来郡は、島原湾西岸の島原半島を中心とした郡域を持ち、肥前国内よりも島原湾を挟んだ肥後隈本（熊本）や天草諸島、さらには九州以南との交流が活発であった。北の松浦郡は、玄界灘に面した松浦半島と東シナ海に浮かぶ平戸島・五島列島まで、郡域が海をまたいで広がっていた。中世には朝鮮半島の人々から対馬・壱岐とともに「三島」と呼ばれた地域であることからもわかるように（田中 二〇一二）、対馬海峡周辺の地域や島々との関係が深かった。彼杵郡は、大村湾の沿岸地域で構成されており、大村湾の内水面交通をつうじた地域的まとまりを形成していた。十五世紀後半の朝鮮で刊行された地誌『海東諸国紀』に収められた「日本國西海道九州之圖」を見ると、「肥前州」のなかに松浦党の名字の地とともに「園木郡」（彼杵郡）が記されており、朝鮮半島の人々から寄港地として把握され、海上交流・交易が一般的であった様子が浮かび上がる。

そして、このような地域構造の在り様に対応して、中世末期までには肥前を東部（有明海の沿岸八郡）と西部（松浦・彼杵・高来の三郡）に分ける地域区分が醸成されていた。天正一七年（一五八九）、伊勢御師が筑後・肥前・肥後の三国を巡って土産を配付したときの記録『天正十七年御祓賦帳』を見れば、中世末期における肥前の地域認識を知ることができる（史料の詳細は鈴木 二〇一一を参照）。その配付順路は、以下のように肥前東部→筑後・肥後→肥前西部というルートを採っていた。佐嘉郡の蛎久・龍造寺村から始めて同郡内を巡ったあと、筑後川沿いに北上して神埼・三根・基肄郡を巡回している。それから再び佐嘉郡に戻って、有明海西岸の小城・杵島・藤津の三郡を巡り、藤津郡から有明海をまたいで対岸の筑後に渡っている。筑後国内を巡回したあとは、肥後の宇土に出て再度肥前に入国しており、今度は西部の松浦郡や彼杵郡を巡って（途中、松浦郡から壱岐にも渡っている）配付を終えている。伊勢御師の行程は、筑紫平野を共有し筑後川水系で結ばれた肥前東部と筑後西部の地域的一体性を浮き彫りにするとともに、肥前を東部と西部で区分する地域認識が人々の活動にも大きく影響を与えていたことを明示している。そうして、近代には東部を佐賀県、西部を長崎県とする行政区分が成立し、これが現在にも引き継がれているのである。

以上のように、肥前は大きく東と西に分かれる地域構造を持っていた。これをふまえて、肥前西部の彼杵郡について見ていくこととしよう。彼杵郡の中央部に広がる大村湾を取り巻く陸地は、大部分が低平な山地・丘陵に覆われている。ただし、地理的環境を見れば大村湾を挟んで西と東で違いが存在する。大村湾の西岸を北に向かって伸びる西彼杵半島には、海岸線に出入りの多いリアス式海岸や浸食海岸の崖地がつづき、平地はほとんど見られない。一方で、東岸には肥前を東西に分かつ多良山地から郡川水系が流れ下り、下流域が扇状地となって彼杵郡では唯一の平野（大村平野）が形成されている。

このような地理的環境の違いは、彼杵郡を東西で区分する地域認識（西彼・東彼）を生み出したが、それだけでなく地域社会の在り方にも大きな影響を与えた。『角川日本地名大辞典42 長崎県』の巻末図を見れば、中世の東彼には大村平野を中心に在地領主が数多く分立しており、城郭の分布も密であったが、西彼では外浦の諸湊津に在地領主が点在するものの大村湾側にはまったく見られず、城郭の分布も疎であった。これは、中世までに大村平野の開発が進んで田地が造成され、東彼に人々が流入・定着したことを示すとともに、平地のほとんど無い西彼では外浦にある面高や神浦、福田、深堀といった湊津が交易の拠点や海賊衆の根拠地となっており、地域を越えた交流の場となっていたことを明らかにする。

そして、戦国後期には大村平野から興った大村氏が彼杵郡の大半を支配下に置き、九州北部を制覇した豊後大友氏や肥前東部で覇権を確立した龍造寺氏などと対峙していくこととなる。大村氏が横瀬浦をポルトガル船の寄港地として「開港」したのは、交易による富の獲得を目的としたのは当然のことながら、鉄砲などを優先的に得ることによって大友氏や龍造寺氏に対抗するためでもあったろう。なお、ポルトガル船来航以前の横瀬浦の実態は不明であり、「開港」によって一挙に港町が成立したように捉えられている向きもあるが、大村氏がまったく何も無かった入江を寄港地に指定したとは考えにくい。横瀬浦は大村湾口にあって外海と内海を接続する好位置にあり、港湾としての条件も良いことから、「開港」以前から交易の拠点として機能していた可能性は十分にありえよう。中世をつうじて針尾城に搬入されていた貿易陶磁器の多くは二次的搬入と見たほうが自然であり、中世の横瀬浦は「横瀬浦事件」によって焼亡するまで彼杵郡の外港の一つとして重要な役割を担っていたのではなかろうか。今後、本格的な発掘調査の実施により、「開港」以前の横瀬浦の姿が明らかにされることを望むものである。

「横瀬浦事件」後、大村領のポルトガル船寄港地は西彼杵半島の付け根に位置する福田を経て長崎に移った。長崎には六つの新たな町（平戸・大村・横瀬浦・外浦・島原・文知）が開かれたとされ、これらはいずれも肥前西部の港町や町場から商人らが移り住んで形成された町であった（文知町をのぞく）。この事実は寄港地となった長崎の求心力の高まりを示しているが、重要なのは長崎がそれまでの寄港地とは異なり、彼杵郡の外港としての役割だけでなく肥前西部の中心となる港湾都市へと変貌を遂げようとしていた点である。

新たな町の母体となった港町や町場は主要な交流・交易拠点であり、肥前西部の三郡それぞれに対応した経済の中心地であった。しかしながら一五七〇年代以降、長崎にポルトガル船が定期的に寄港するようになり、周辺の勢力から何度か攻撃を受けるものの壊滅には至らず、安定した寄港地として定着した。その結果、それまで肥前西部の三郡に分散していた経済の中心機能が、莫大な富が集積されるようになった長崎に輻湊されていくこととなり、肥前西部の地域経済圏は徐々に長崎を中心としたものに再編されていった。こうした社会の動きを前提として、江戸期には長崎がオランダ・中国商船の寄港地に指定され、肥前西部の諸街道は長崎を起点として平戸・大村・島原の各城下町につながるルートが整備されたのである。

それでは以上を総合して、中近世移行期における西海地域の歴史的位置や役割について考えてみたい。日本列島の西端に位置する肥前は、日本の境界として「外」の世界とのつながりが深い地域であったが、とりわけ田地の少ない西部の三郡では海を主要な生活の舞台として暮らす人々が多く、彼らのなかには境界をまたいで活動を展開する（マージナルマンといわれるような）「海の民」や商人らも存在した。そのなかで西海地域は、日本列島全域に拡がった滑石製石鍋の産地であり、中世には若狭や畿内から石造物が持ち込まれるとともに中国大陸や朝鮮半島、東南アジアとのつながりも窺え、東アジア海域のコーナーストーンとなっていた。十六世紀後半、肥前西部のポルトガル船寄港地は松浦郡の平戸や高来郡の口之津と競合しながら最終的には彼杵郡の長崎に落ち着いたが、これは政治的動向の影響もあったとはいえ、西海地域を含む彼杵郡の諸湊津が古くから有していた海上交流・交易の拠点としての役割が大きく重要であったことを裏付けていよう。

三　西海地域と土佐湾岸地域の比較

本稿に当初与えられたサブテーマは「西海地域と土佐湾岸地域の比較」であった。本来であれば私がフィールドとする土佐湾岸地域との比較をつうじて西海地域を照射し、その地域的特質を論じねばならなかった。肥前と土佐の地域構造を分析したうえで比較を試みるつもりであったが、肥前だけで多くの紙数を費やしたために予定を変更し、このような形でまとめることとなった。そうした意味で本稿は大変不十分な内容となったが、最後に中近世移行期の城下町と港町（港湾都市）との関係から両地域の比較をおこなうことで、その不備を少しだけ補いたいと思う。

十六世紀末から十七世紀初めにかけて、日本列島各地で大名権力の本拠における城下町の整備・拡充が実施された。これには大名権力の編制強化、流通規模の拡張・増大への対応などさまざまな理由があったと考えられるが、城下町を領国の中心にすべく周辺地域では破城や町場・寺社の再編をおこない、政治・軍事・経済・文化の中心機能を集中させる政策であった。

土佐では十六世紀末、中央部の内海である浦戸湾奥の大高坂（のちの高知）に長宗我部氏が本拠を移し、周辺地域から町場の移転を計って城下町を整備した（目良 二〇一〇）。十七世紀に入り、山内氏入部後に拡充された城下町には、浦戸湾口の港町（浦戸・種崎）から移った商人らを母体とする町も形成された。浦戸は、中世後期に成文化した海事法『廻船式目』の作成にあたったとされる廻船人の船籍地として摂津兵庫・薩摩坊津とともに記された港町で、当該期における日本の主要湊津の一つであった。城下町高知は、浦戸が持っていた外港機能を吸引することで中央部における中心機能の集約を完成させ、近世土佐の中心地としての地位を確立したのである。

一方、肥前西部の三郡では、十六世紀後半に彼杵郡の外港としてポルトガル船寄港地となった長崎が、十七世紀には日本を代表する経済的中心地の一つとなってこの地域での経済的優位を固めた。近世、平戸・大村・島原の各城下町は長崎と街道でつながることによって経済規模を拡充したが、これは裏返せば長崎を中心とする経済圏に組み込まれたことを意味している。肥前西部の三城下町は各郡の政治的中心地であったが、経済的には長崎に従属していたのである。近代に至って肥前西部の三郡を県域とする長崎県が成立した際、経済的中心地として卓抜した地位を得ていた長崎がその県都となったのも自然な流れであった。

日本の都市史研究では一般に、近世の城下町には人やモノ、文化・情報が集中し、周辺の他都市を凌ぐ中心都市になったと論じられる。たしかに土佐はそのような傾向にあったが、肥前西部では港町長崎の中心機能が周辺の城下町を凌駕していた。これは日本の「四つの口」の一つとなった長崎の経済規模が大きく、一郡規模の領国しか持たない大名の城下町には収斂されない港湾都市として自立していたことが理由であった。九州では、筑前における港町博多と城下町福岡の並立状況のように港町が城下町と競合する例がほかにも見られたが、これも古くから「外」の世界と密接につながっていたこの地域に特徴的な在り方であったといえよう。

おわりに

私が長崎県を訪ねたのは中学校の修学旅行以来二度目であり、西海市は初めてであった。予備知識がほとんど無い状態であったため、訪ねるにあたって西海市の関連ホームページを閲覧した。そこには、横瀬浦が戦国期の一時期、ポルトガルに開かれた貿易港であったこと、面高の南にある中浦が「天正遣欧少年使節」の一人、中浦ジュリアンの出生地であったことが大きく紹介されており、近世には捕鯨で、近代には炭鉱で栄えたことなども記されていた。一方で、シンポジウムのテーマであった中世石造物とその関連遺跡については説明が簡潔であり、総じて中世以前の記述はポルトガル船来航以降の時代に比して淡白な印象を受けた。こうした記述の差異は、西海市民が西海地域の歴史に対して抱いているイメージを映し出していると思われる。十六世紀後半、横瀬浦に来航したポルトガル船によって南蛮貿易で賑わい、中浦ジュリアンがヨーロッパに派遣されるなどしてキリシタン文化が花開いた一時期を、西海地域が歴史上もっとも輝いた時代と捉えていることの表れではないだろうか。

　そして、シンポジウムの目的の大きな一つが、中世の西海地域の歴史に新たな光を当てることで、西海市民に自分たちが暮らす地域の歴史を見つめ直してもらうことにあったのは間違いない。シンポジウムは単なる地域史の研究報告に止まるものではなく、全国的な議論の俎上で西海地域史の成果から日本列島史、東アジア海域史に捉え直しを迫る内容を持っていたが、会場には西海市の西海公民館が選ばれ、西海市民に開かれた討論となっていた。これは、西海市民に横瀬浦の一瞬の繁栄だけではない、西海地域が持つ長く豊かな歴史を知ってもらいたいという主催者の思いがあったためであろう。その思いは、会場が溢れんばかりの人々に埋め尽くされ、参加された西海市民の方から「もっとじっくり聞きたかった」という感想が聞かれたように、十二分に伝わったと思われる。

　以上、思いつくままに拙文を書き連ねたが、シンポジウム当日の熱気とその成果をどれだけ伝えることができたかと考えるとはなはだ心許ない。ご寛恕いただければ幸いである。これからも二度三度と西海市を訪れることを約束し、西海市の魅力や歴史を高知県から発信する役割を微力ながらも果たすことで、その責を塞ぎたく思う。

参考文献

大川沙織　二〇一三年「中世阿波における花崗岩製石造物の受容とその背景」市村高男編『御影石と中世の流通―石材識別と石造物の形態・分布』高志書院

加藤謙吉・関和彦・遠山美都男・仁藤敦史・前之園亮一編　二〇〇七年「肥前国」『日本古代史地名事典』雄山閣

「角川日本地名大辞典」編纂委員会　一九八七年『角川日本地名大辞典42 長崎県』角川書店

佐世保市教育委員会　二〇〇五年『針尾城跡　平成十六年度佐世保市埋蔵文化財発掘調査報告書』

鈴木敦子　二〇一一年「解題『天正十七年御祓賦帳』」『戦国期の流通と地域社会』同成社

田中健夫　二〇一二年　村井章介編『増補　倭寇と勘合貿易』筑摩書房

目良裕昭　二〇一〇年「戦国末～豊臣期土佐国における城下町の形成と展開」市村高男編『中世土佐の世界と一条氏』高志書院

Ⅱ　西海地域の諸相

中世東アジアの中の西海地域

――倭寇的世界とキリシタン・南蛮貿易――

市村 高男

はじめに

九州北西部に位置する肥前国は、日本の対外関係史上きわめて重要な位置を占めていた。この国は九州本島部ばかりはなく、その西の海域に連なる五島列島をも国域の一部としていること、そして、近代になってその国域が長崎・佐賀両県に分割されたとき、海域世界に面した長崎県域に古くからの地域間交流の蓄積を踏まえて壱岐・対馬両国が編入された事実が示すように、大陸と韓半島（朝鮮半島）との窓口として機能する地域・海域世界の一角をなすところであった。

この地域・海域は、松浦党や倭寇が活動した世界であり、さらにはポルトガル・スペインなどイベリア勢力の来航によって、キリスト教が広まり、南蛮貿易が展開された地域としても知られている。また、考古学・石造物学の世界に目を向ければ、大村湾西岸の西彼杵半島が滑石製石鍋の一大生産地であると同時に、特徴的な結晶片岩（緑色片岩・緑泥片岩）製石塔の濃密な分布地として注目を集めるなど、中世史研究において話題に事欠かない内容を持つ地域である。

それゆえ、右の諸問題については、それぞれに地道な研究が進められ、当該地域・海域に軸足を置いた諸成果が蓄積されているが、不幸にして、それが広範な研究者の目に触れる機会がそれほど多くなく、その一方で、近年の海域史研究や戦国史研究などが、この地域・海域での諸成果を汲み取り、十分に議論の中で生かし切れていないことなど、少なからぬ課題が残されている。その背景には、今や全国的に深刻な課題となっている地域史研究の担い手の激減現象[1]とともに、大都市圏に集まる研究者が、各地域の地域性を的確に捉え、地域の側から全体を撃つ試みに取り組むことに積極的ではなかったこと[2]など、いくつかの大きな問題が横たわっている。

そうした中で、最近刊行された『新編大村市史　第二巻　中世』等に結実した大村市史編さんの成果[3]は、長沼賢海氏や瀬野精一郎・外山幹夫氏らの著作[4]と合わせて、当該地域の研究の必読の書となっている。とりわけ前者は、大村市域とその周辺を中心とした地域の歴史を多面的・総合的に明らかにしており、今後の当該地域研究の出発点になるといってよかろう。

しかし、大村市史は自治体史であり、それゆえ周辺部に目配りしつつ到達点を示しているとはいえ、視点・方法や叙述の範囲は自ずと自治体のそれが基本となり、その点で一定の限界を持つことは、やはり否定し得ないところであろう。本稿で着目する西海市も、大村市とは別の自治体であり、隣接するとはいえ、完全に一体化しない地域性を持つ。また、北に接する佐世保市や南に接する長崎市、西に臨む五島列島などを含めて俯瞰すると、西海地域は大村湾という内海《うちうみ》と東シナ海＝外海《そとうみ》に囲まれた半島であり、島とも見なせる実態を有しているといってよい。

本稿では、この西海地域を大村湾＝内海をめぐる小世界と、東シナ海＝外海に面して外に大きく広がる世界の二つの側面に着目しつつ、中世の肥前・九州西北部、中世日本や東アジアの動向の中で、その歴史的な位置を考えていくことにする。

一　中世肥前の中の西海地域

1　その地政学的な位置

肥前国は九州西北部に位置し、明治初期の廃藩置県のあと、佐賀県と長崎県に分割される。東半分に当たる佐賀県は、江戸時代の佐賀藩とその支藩である蓮池藩《はすのいけはん》・小城藩《おぎはん》・鹿島藩の藩領に、北部の東西松浦郡《まつらぐん》（唐津藩領・伊万里藩領など）を加えた領域からなり、[5]この東西松浦郡を除けば、戦国・豊臣期に龍造寺氏《りゅうぞうじし》・鍋島氏《なべしまし》が基本的な支配領域とした地域にほぼ合致する。それは佐賀平野を中心とした八郡（基肄《きい》・養父《やぶ》・三根《みね》・神埼《かんざき》・佐嘉《さが》・小城《おぎ》・杵嶋《きしま》・藤津《ふじつ》の八郡）からなる内陸の世界であり、一揆的体質を残しながらも、龍造寺氏・鍋島氏によって大名権力が形成され、一つの支配領域に編成された地域であった。

これに対して西側半分と東西松浦郡は、中世の松浦党《まつらとう》とその子孫ら一揆的勢力や倭寇・海民らが闊達に活動した世界であった。これらの地域・海域は、古代・中世を通じて松浦・彼杵《そのぎ》・高来《たかぎ》の三郡からなっており、その拡がりとは対照的な大括りの編成がなされていた。この三郡は、いずれも海に囲まれ、海と不可分な生活・文化を形成した地域・海域であり、戦国末期に至るまで一揆的伝統を強く受け継ぎ、戦国後期になっても、大きな地域権力は現れず、したがって広域的な支配領域も形成されることがなく、それゆえ江戸時代になっても、平戸藩・大村藩・島原藩・日ノ江藩・福江藩（五島藩）など各地に小藩が分立することになった[6]のである。

このように、明治初期に分割された肥前国は、古代・中世以来、東側（長崎県）と西側（佐賀県）では対照的な地域性を有しており、その相違が分割に際して重要な基準要件となっていた。そこで改めて、近代の東西松浦郡を含む肥前国西半の地理的・自然的環境を概観し、その地政学的な位置を確認しておくことにしよう。

前述のように、近代の東西松浦郡を含む肥前国西半分は、松浦・彼杵・高来の三郡からなっていたが、この三郡それぞれが個性的な特徴・性格を持っていた。最も北に位置する松浦郡は、伊万里湾を挟んで北西につきだした東松浦半島・北松浦半島と隣接する島々に加え、平戸島（長崎県平戸市）を中心とする島々、さらには五島列島をも含んでおり、肥前一一郡の中でも最も大きな拡がりを有していた。そこはまさしく多島海地帯であり、韓半島から対馬・壱岐を経て博多湾と平戸島へ通じる海の道や、中国寧波《にんぽう》（中国浙江省寧波市）から東シナ海を渡り、五島列島の小値賀島《おじかじま》（長崎県北松浦郡小値賀町）・奈留島《なるしま》（同五島市）を経て平戸・博多や肥後・薩摩へと通じる海の道が輻輳するところであった。

つぎの彼杵郡は、松浦郡のすぐ南側に接し、佐世保湾から大村湾に通じる内海を取り囲む形で広がる地域であり、内海を挟んで東側と西側ではそれぞれ異なる地域性を持っていたことから、明治初期、東彼杵郡と西彼杵郡とに二分割されることになった。このうち東彼杵郡は、佐世保湾に面した北部地域を除いてみると、かなりの部分が大村湾に面した内海の世界であったのに対し、西彼杵郡の西側のほとんどが東シナ海に面しており、いわば外海に臨む開かれた世界であった。

つぎの高来郡は、彼杵郡の南東に隣接し、東彼杵半島の一部と島原半島を中心とする地域であり、北側を除く三方を東シナ海と橘湾・島原湾・諫早湾・有明海に取り囲まれている。そして、橘湾・島原湾を挟んだその南側と東側は肥後国と隣接しており、とりわけ高来郡東部のかなりの部分を占める島原半島は、肥後国に属する天草諸島（熊本県上天草市・天草市・苓北町・鹿児島県長島町）や宇土半島（同宇土市）ときわめて密接な交流関係を持つ地域であった。

以上のように、のちに長崎県となる肥前国西半分は、個性的な三郡からなっていたが、それぞれに一つの地域として一括し得ない個性的な地域の集合体であった。そして、佐賀県となった東側地域とは異なって、海岸部の狭小な耕地を除けば、そのほとんどが山地に覆われており、居住者の生活と生業は、陸地に連なる山々とその周囲に広がる内海と外海に大きく規定され、そうした環境と無関係には成り立たない内容を有していた。しかもこの三郡を取り巻く海域には、中国大陸・韓半島と北部九州とを結ぶ海の道が集まっていたがゆえに、さまざまな貿易や交流が活発に展開されるとともに、倭寇や海民たちの大いなる活動の舞台ともなっていたのである。

2 鎌倉~室町前半期の西海地域

一一世紀末以降、肥前国にも相次いで荘園が成立した。松浦・彼杵・高来の三郡に成立した荘園について概観すると、松浦西郷や松浦郡から郡を越えて拡がる宇野御厨《うののみくりや》、彼杵郡のかなりの部分を領域とする彼杵荘、高来郡では伊佐早荘（長崎県諫早市一帯）・山田荘（同）や千々石荘《ちぢわのしょう》（同千々石町一帯）・髪白荘《かみしらのしょう》・有馬荘（同）・串山荘（同）・東郷荘（同）など中小規模の荘園が分立していた。(7)

このうち宇野御厨は、太宰府が建てた広大な多島海域の荘園であり、松浦党と呼ばれる武士団の本拠地となった。松浦党は、嵯峨源氏の摂津渡辺氏の流れを汲む松浦久の入部にはじまるとの由緒を伝えており、(8)その一族・子孫らが在来の諸勢力と競合しながら、松浦西郷・宇野御厨の全域に分立・割拠したとされている。また、彼杵荘・伊佐早荘・山田荘・有馬荘など彼杵・高来両郡の荘園にも多数の中小武士団が分立しており、その中には上総国伊南荘《いなんのしょう》（千葉県いすみ市）から移住した深堀氏《ふかぼりし》のによう、東国御家人である者も存在したが、(9)基本的には古くからの在来勢力が多数を占めていた。

こうした武士団の中で、鎌倉半ば以前から将軍と主従関係を結んで御家人となったと見られるのは、深堀氏らの東国御家人のほか、峯・石志《いしし》・山代《やましろ》氏ら松浦一族の一部や、大村・戸町・今富《いまとみ》・長崎・千綿《ちわた》・長崎・浦上・長与《ながよし》氏などに限られていたが、鎌倉後末期、幕府が御家人と認定する基準を緩和するに伴って、松浦・彼杵・高来三郡には多数の小規模な御家人が存在するようになった。(10) 彼らは小地頭という立場に立って、それぞれの本領や知行地を実質的に支配しており、その上に東国御家人の中から抜擢された惣地頭と呼ばれる上位の地頭が置かれていた。惣地頭としてその名を見せるのは、彼杵荘の天野遠景《あまのとうかげ》（伊豆国の有力御家人で鎮西奉行でもある）、高来東郷の野本行員《のもとゆきかず》（常陸国の御家人）・越中長員、高来西郷の野本時員（常陸国の御家人）・北条時定（北条氏の一族）や千葉・三浦・安富・相良氏らであり、いずれも東国の御家人たちであった。(11)

そして、さらにその上には、惣地頭たちを束ね、軍事・警察面から一国を管轄する肥前国守護が置かれており、当初は太宰少弐《だざいのしょうに》の武藤氏が就任・世襲していたが、弘安の役を機に北条氏がこれに取って代わり、さらに鎮西探題が兼務するようになった。(12) もっとも小城郡には東国の最有力御家人であった千葉氏が存在し（代官を派遣、のちには一族を二分する有力一族が移住）、肥前国東半で隠然たる影響力を持っており、そのため肥前国守護の権限は自ずと制約され、松浦・彼杵・高来の三郡など肥前国西半を中心にして行使されることが多くなったのである。

こうした守護・惣地頭らは、代官などを派遣して支配を行うのが一般的であり、在地での実質的な支配者は、小地頭を中心とした小規模な領主たちであった。そして、当該地域の中で最も特徴的なあり方を見せていたのが松浦党の領主たちであった。松浦党が治承・寿永の乱で平家方水軍の主力となっていたこと、(13) 東シナ海で広く私的な交易活動を展開していたことはよく知られているが、さらに松浦一族峯氏の祖に当たる

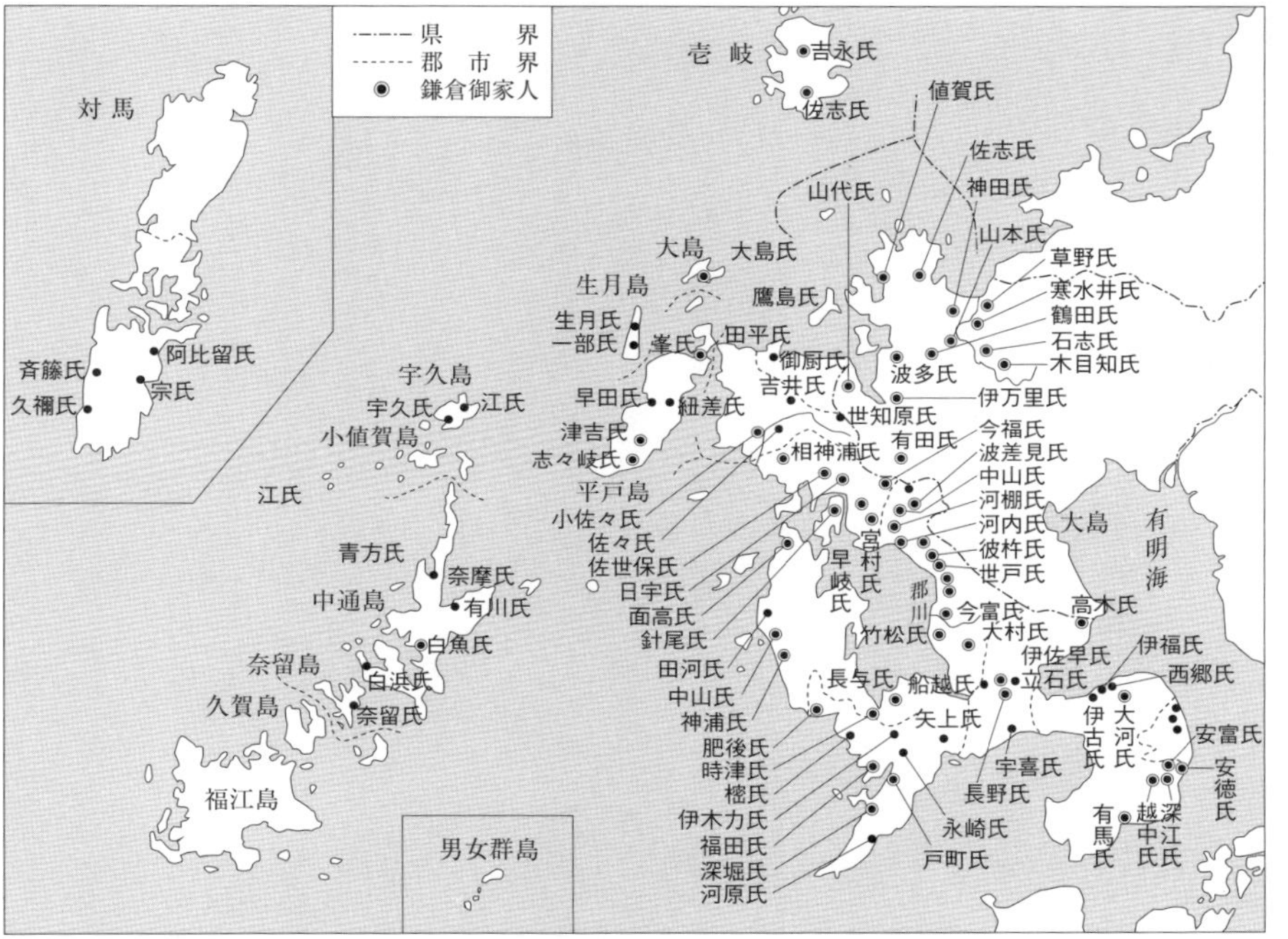

第１図　肥前松浦・彼杵・高来郡の武士団の分布（『県史 42 長崎県の歴史』所収の図に加筆）

源四郎大夫直《げんしろうだゆうなおす》が、「平戸蘇船頭後家《ひらどそせんどうごけ》」（平戸に入港中の宋の船頭の後家）を後妻に迎え、その後家と宋の船頭との間に生まれた子供の連《つらぬ》を養子にしていた[14]のは注目すべき事実であり、すでに一二世紀後半の時点で、松浦党が東シナ海でのさまざまな活動を媒介にして、肥前国や日本国の枠にとらわれない感覚を身につけていたことを示している。

また、永仁六年（一二九八）、藤太郎入道忍恵が所有する唐船一艘が、元への渡海途中、五島列島の海俣島・樋島付近で遭難したとき、樋島の在津人・百姓らが七艘の船を漕ぎ出し、さまざまな積載品を持ち去り、鎮西探題を巻き込んだ事件になった[15]が、この海域は日中双方からの船の往来が活発で、島々の住人らの船々と遭遇することもしばしばあった。この遭難船の積載物略奪事件は、そうした環境の中で発生したものであり、一国の枠に拘らない人々の感覚が見え隠れしている。

さらに嘉禄二年（一二二六）、藤原定家《ふじわらのさだいえ》が「高麗と合戦一定と云々、鎮西の凶徒等松浦党と号す、数十艘の兵船を構へ、彼の国の別島に行きて合戦、民家を滅亡し、資材を掠め取る」と書き留めている(16)ように、松浦党は数十艘の船団を組んで韓半島に渡り、つぎつぎと民家を襲撃して住民を殺害し、資材を略奪するなどの海賊行為をたびたび行っていた存在であった。この頃、倭寇が韓半島や中国大陸の沿岸部で活発に活動していたが、松浦党や対馬・壱岐など多島海地域の小規模領主や海民たちは、紛れもなくその主要なメンバーとなっていたのである。

　このように、松浦党は軍事的・暴力的な行動に走る一方、平時には海民たちを支配する海の領主として活動する存在であり、海浜部の浦・浜と猫の額のような田畠、そしてその背後にある山野を基本的な所領とし、しだいに浦に定着する百姓層と競合しつつ、田畠の開発を進め、生活と支配の基盤を拡げていった。それは、松浦一族ばかりでなく、肥前西半の小規模領主たちにもおよそ共通したあり方であった。

　この点を具体的に見てみると、寛元四年（一二四六）八月、源上《みなもとのあげし》（沙弥西念《しゃみさいねん》、伊万里氏）が源留《みなもとのとむる》に譲り渡した所領は、宇野御厨荘内の福島、伊万里浦四郎丸名並びに光重名内の田畠、田平浦《たびらうら》の蒲田網場《かまたあば》、青崎海夫《あおさきかいふ》等であり、このうち四郎丸名に七町三反余の田地、光重名に一町二反余の田地、二つの名を合わせて一三ヶ所の畠地があり、青崎海夫は五島大平党・小浦党・今富党という三つの海夫集団からなっていた。(17)また、正嘉三年（一二五九）五月、源房《みなもとのふさし》（佐志氏）が勇《いさむ》に与えた譲状には、「松浦西郷庄内佐志村々田畠并牧・桑垣・舟木山」が記載されていたといい、(18)康永三年（一三四四）五月、青方重《あおかたしげし》が次男彦四郎に与えた譲り状には青方内の田畠・屋敷・網・塩屋・牧・栗林のほか、山野海辺での魚取・薪・材木・船板などの取得権も含まれていた。(19)

　このように、松浦党の小規模領主たちは、村・名単位の所領の中に生活と支配拠点となる屋敷、一〇町余りの田畠、牧と山野のほか、浦・浜の網代《あじろ》（漁場）・塩屋を有し、海夫と呼ばれる海民（潜水漁法による魚介の捕獲や船による輸送等で生活する人たち。家船による海上生活が多い）を支配していた。彼らの基盤が海辺の網代・塩屋での魚介の捕獲・塩の生産・輸送と販売にあったことはもちろんであるが、狭小ながらも田畠での米・麦・豆類の生産、山野での栗・麻・桑（養蚕）の栽培、薪や船の建材である舟木の取得、鹿・猪の狩猟と毛皮の生産、牧での牛・馬の飼育などにまで及ぶ多角的な生産活動の上に成り立っていたのであり、とりわけ海辺の浦・浜や沖での生産を根底で支えていたのが、海夫を中心とした海民たちであった。[20]

3　室町半ば～戦国初期の西海地域

松浦一揆　鎌倉～南北朝期、すなわち一三～一四世紀半ば頃までの松浦党や彼杵・高来郡内の小規模領主らは、隣接した一族や他氏と浦・浜の網場・塩屋・塩竈、漁場、内陸の田畠・牧などの支配をめぐって頻繁に争論を引き起こしていた。彼らの所領は狭小であり、戦功による新たな所領の獲得に努める一方、近隣の領主の所領や縄張りに進出し、一族・縁者との骨肉の争いもしばしば引き起こしたのであった。しかし、まもなく彼らは、そうした武力的な進出による紛争の連続を克服し、一族・姻族との共存・共栄に価値を見出しはじめ、一四世紀半ば～一五世紀以降、肥前北岸・西岸の各地で多様な一揆が成立する。

こうした動きの胎動は、弘安一〇年（一二八七）に「肥前国御家人松浦一族御厨庄地頭等二十余人」が結束して恩賞要求をしているように[21]、すでに鎌倉後半期には始まっていたが、鎌倉末～南北朝初期になると、新たな動きがはっきりと現れてくる。それを象徴的に示すのが、元弘三年（一三三三）の「松浦山代亀鶴丸」[22]、暦応三年（一三四〇）の「松浦青方孫四郎」[23]、貞和六年（一三五〇）の「松浦中村弥五郎」[24]などの二重名字の名乗りであり、松浦一族の山代氏ばかりでなく、中村氏や青方氏ら他氏族までが、自らの名字に「松浦」を冠し、松浦一族に特徴的な一字名を名乗りはじめる動きであった。

これは松浦郡に分立した小規模領主たちが、縦横に張りめぐらした婚姻・姻戚関係の網の目によって、他氏族までを一族として組み込んで、勢力を拡大していったことを示している。その主たる要因は、領主層主導の田畠の開発や網代画定の動きに対し、島々浦々に定着化した百姓らが領主たちの恣意的な支配をきらう動きを見せるようになったこと、海夫・下人らが自立化の動きを強めるようになったこと、さらには商品流通に係わって経済力を増した商人的な住人らへの対応などにあった。鎌倉後半期に進行したこれらの動きが松浦一族を混乱の渦に巻き込むようになったため、彼らは新たな方法で結束を固め、支配の危機を乗り越えようとしたのであった。(25)

しかし、この婚姻関係の網の目による一族の発展は、それとは別の面で新たな変化を引き起こした。すなわち、姻族を包み込んでの一族の拡大は、所領や利権の継承・配分をめぐる新たな紛争を引き起こすようになり、その過程で中心的な家をもとに系列化された領主たちの同族グループが出現し、それを基本単位として異なるレベルの一揆が重層的に形成されていく。そして、その内部には、一族のヨコの連合とともに、一族の当主を擁立し、それを主君として結集する近親—親類—扶持人というタテの関係も現れはじめたのである。(26)

一四世紀半ば～一五世紀、この地域・海域で成立した一揆は、①海浜住人の結合に対する領主層の対応として成立した青方一揆などの一揆、②宇久《うくし》氏を中核に五嶋という比較的広い地域・海域の領主たちをカバーする五嶋一揆などの一揆、③松浦地域・海域を二分する拡がりを持った上松浦一揆と下松浦一揆、④松浦郡地域・海域全体をカバーする拡がりを持った松浦一揆、という四つのレベルの一揆があり、このうち④は、軍事行動や恩賞地の要求・配分などに関連してのみ現れるものであり、恒常的・日常的に機能していた可能性は極めて低いが、③は①と②による紛争解決ができなかった場合、それに代わって解決する権限を付託された公的機関として存在したのであった。そして、これらの重層した一揆は、①を編成した②の統廃合の進展に伴って、③の機能を行使する地域権力としての五嶋氏（宇久氏）や平戸氏（峯氏）らを登場させる。(27)一五世紀後半〜一六世紀前半は、松浦一族の一揆内での再編・統廃合が進み、戦国期の地域権力が形成されてくる時代であった。

こうした動きは、彼杵郡や高来郡でもまったく同じであった。ここでは一揆関連の史料が残る彼杵郡について具体的に見ていくことにしよう。

彼杵一揆　これまで、彼杵郡の中小領主層の一揆については、（A）浦上一揆などの小一揆、（B）彼杵郡南方一揆などの中一揆、（C）彼杵一揆・彼杵郡内一揆などと呼ばれる大一揆の三種があり、（A）は（B）の内部に内包され、（B）は（C）の中に内包される構造を持つこと、彼杵一揆＝大一揆は、上部権力が組織化した広い地域に及ぶ組織であり、内部が空洞化していること、この状況を克服するために（B）や（A）が成立するが、ともに軍事目的で成立したため空洞化しており、戦乱に対応して存続しただけであると説明されていた。(28)しかし、改めて関連する史料を見直してみると、彼杵一揆も松浦一揆と同様の性格と構造を持っていたことが明らかとなる。

浦上《うらがみ》中野《なかの》美作《みまさかの》（守）《かみ》と福田大和守《ふくだやまとのかみ》合戦の事、問状《といじょう》について一揆申すごとくば、仲人《ちゅうにん》の沙汰によって、本人和睦の処、両方の与力《よりき》等砕犯《さいはん》せしめ、不慮の合戦、互いに以って遺恨なしといえども、公方《くぼう》を恐れ奉り注進に及ぶと云々、所詮、一揆一族等、重ねて和睦の経略を廻らすべきの由、申し入るるの条神妙なり、公方御大事の時分、私の弓箭《ゆみや》を停止し、在陣宿直を専《もっぱ》らにすべきの旨、一揆一揆中に相触るべきの状、件《くだん》のごとし。

康応元年十月十三日　　　　　　　散位《さんみ》在判

彼杵一揆人々中

浦上一揆等中

時津一族等中[29]

この史料は、康応元年（一三八九）一〇月、散位某（今川了俊の子貞臣か）が、浦上中野美作守と福田大和守との再乱に際し、和睦を求めたときのものである。当事者の浦上中野美作守は、浦上内の中野（長崎市）を名字の地とする浦上一族、もう一方の福田大和守は浦上の南西に隣接する福田村の領主であった。彼らは仲人の取りなしで一旦は和睦したが、両者とも「与力等」（一族・姻族・扶持人ら）が抗争を再開したため、九州の足利方大将である今川氏が、「私の弓箭」（喧嘩＝私戦）を止めて「在陣宿直」に努めるよう伝えたのであった。二重名字を持つ浦上中野氏は、宛名に見える浦上一揆等中のメンバーであり、浦上村の広がりから、松浦一揆の青方一揆などと同様、身近な支配や生活レベルの問題に対処して形成された一揆と考えてよい。また、福田氏は「福田村山野海田畠等地頭職[30]」や浦上氏と利権の一部が錯綜する「福田之牧[31]」を支配する領主であり、浦上氏と同じように一族の一揆を背景に持っていたと見てよかろう[32]。

宛名に見える「時津一族等中」は、浦上・福田氏の北西に隣接する時津村（長崎市）の領主一族であり、「近所の儀」と呼ばれる法慣例によって、和睦の「仲人」（仲裁人）を努めた存在である可能性が高い。この時津氏も複数の一族を擁し、一族一揆（「時津一族等中」とあるが、一族一揆とみなせよう）を形成していたが、ここで注目したいのは、浦上・福田氏の争いに際し和睦の試みをしていること、また、両氏の「与力等」により争いが再開されると、それを今川方に「注進」する一方で、「重ねて和睦の経略を廻らす」と申し入れていることであり、すでに一四世紀後半、彼杵郡内の中小領主たちは、身近な支配や生活レベルの問題に対処して、村レベルの広がりを持った一揆を結び、隣接した領主間の抗争を主体的に解決しようとしていたのである。

確かに彼らは、今川氏に事のしだいを注進しているが、その今川氏は、彼らの申し出に従って再度の和睦交渉の成果を期待して、私戦を止めて「在陣宿直」の奉公をするよう「一揆一揆中」に通達するのみであった。しかも、彼杵郡の中小領主たちは、浦上・時津氏らの基礎的な一揆をもとにして、「彼杵一揆人々中」と呼ばれる郡レベルでの一揆を結成しており、今川氏も軍事や恩賞問題については、それを一つの単位として掌握し、「在陣宿直」などを一揆の構成員に伝えさせていたのである。

このように、彼杵一揆の内部には、最も基本的な単位として浦上一揆や時津氏の一族一揆など複数の一揆が内包されていたが、さらにその中間に彼杵郡の南北に分かれて結成された一揆も存在した。この彼杵郡に重層した一揆の内実を示すのが、①正平一七年（貞治元、一三六二）九月の「彼杵庄一揆契約状断簡写」[33]、②正平十八年八月の「肥前国彼杵庄南方一揆契約状写」[34]、③応安五年（一三七二）九月の「彼杵一揆契約状断簡写」[35]である。この三点の一揆契約状はいずれも写《うつし》であり、大村藩による改変の可能性もある（後述）ので、慎重な扱いが必要となるが、彼杵荘（郡）の南半の一揆契約状である②に、「先日、総庄一揆せしむと雖も、猶以て近所殊更公私に就いて一味同心を成し」とあり、正平十八年（貞治二）八月以前に「総（惣）庄」（彼杵荘全体）の一揆を結んだものの、政局の不安定さを考え、殊更に近隣の領主たちと「一味同心」をしたのである。これは、彼杵一揆と浦上一揆などの中間に位置する一揆であり、松浦一族の一揆に対応させると、青方一揆などの上に形成された五嶋一揆に相当し、構成員にとって郡全体・惣庄の一揆より実質的な意味を持つものであった。

そして、唯一、契約内容を記した②は、不十分な写であるために意味を取りにくい部分もあるが、自由な振る舞いや僻事（曲事）を排して道理に従うべきこと、重縁による依怙贔屓を排し、一味同心して合戦に対処すべきことなどが誓約されており、一揆は彼らの強い自己規制のルールを実現する場として機能することになっていた。それはすなわち、一揆という組織体が、構成員から付託された自己規制を権限として行使するようになったことを示し、前述のように、浦上一揆と福田一族との抗争の和睦に際し、彼杵一揆が一定の関与をしたように、②が裁定を下すなどの権限を行使する可能性を内包していたのである。

第1表は、①〜③の構成員のあり方を比較すべく、一覧表に整理したものである。このうち彼杵南方の領主たちの一揆である②には、都合三六人が署名しているが、彼らは戸町・時津・長与・浦上・深堀・野茂・伊木力氏《いきりきし》らに系列化されており、これが時津氏らの一族・姻族を内包した最も基本的な一揆をもとに組織された上位の一揆であったことが判明する。また、②の約一年前に成立した①は、これまで③のように彼杵荘全体の一揆と見なされてきたが、その構成員の三二人は、いずれも彼杵荘北部に分立する中小領主たちであり[36]（第2図参照）、「同」の記載で一括される河棚《かわたな》・日宇《ひう》・波佐見《はさみ》・早岐《はいき》・折宇瀬《おりうせ》・宮村・彼杵氏ら主要な領主ごとに系列化されていたことも明らかとなる。それゆえ①は、②に対比される彼杵荘北方一揆と捉え直されなくてはならない。そして、この①の成立を踏まえて②が結成された可能性が極めて高いが、②の成立に先だって「総（惣）庄一揆」が結成されていたことに注目すると、①も「総（惣）庄一揆」の成立直後に、その実質的な機能を担う組織として結成されたものであったと考えてよかろう。

つぎに③を見ると、この契約状には七五人のうち欠損分を除く四二人が名を連ねている。この四二人は、①②のように、日宇・波佐見・早岐・宮村・福田・今富・長崎・長与・浦上・深堀・野茂・伊木力氏ら主要な領主ごとに系列化されている点で同じであるが、その分布範囲は彼杵郡北部から南端部にまで及んでおり

第１表　彼杵一派の構成員一覧

① 平17年彼杵一揆の構成員	② 正平18年彼杵庄南方一揆の構成員	③ 応安５年彼杵庄一揆
河棚源三郎源盛貞		
同小三郎源永光		
同河内弥五郎源盛重		
同孫七永泰		
同源六源盛益		
同中山九郎左衛門源永俊		日宇源蔵人代東彦七
日宇弾正蔵人藤原純清		同出羽権守代河内彦五郎
同佐世保源三郎源清		同西田源次郎
		佐瀬保源三郎
		波佐見三郎代河内六郎
波佐見修理亮橘泰平		同横大路彦七
同弥三郎橘近平		同松熊丸代浦弥次郎
同江串孫三郎橘光平		同□□
同彦一丸代四郎		波佐見掃部助
同河棚中山女子代源次郎		波佐見折宇瀬弥三郎
		波佐見井瀬木新左衛門
針尾勘解由太夫藤原□□		
中原六郎次郎藤原重有		
早岐五郎蔵人入道代子息伊豆守源義実		早岐伊豆守
		同左衛門蔵人
同掃部助源義尚		同兵衛蔵人
同源蔵人源政尚		同式部蔵人
		同隼人尉
		同源蔵人
		同□衛門蔵人
		同源蔵人
折宇瀬式部蔵人入道代同次郎蔵人源義親		早岐折宇瀬太郎蔵人
		同木工助
同源内源幸政		同左近将監
		同太郎左衛門尉
宮村駿河守藤原通景		宮村春□丸代次郎左衛門
同勘解由太夫藤原道茂		同駿河守代兵衛三郎
同掃部助藤原道治		同修理亮
同彦五郎藤原通種		
同江上弾正忠藤原通宣		

河棚女子代四郎左衛門尉
橘（榼カ）薩摩御房十八源〔　〕

彼杵弥土与九代兵衛五郎
　同清水彦三郎紀清久
　同五郎紀清種
　同嶋田弥三郎紀清俊
中山七郎源盛高

橘（榼カ）公貞
橘（榼カ）兵部允公家
橘（榼カ）兵庫允公通

（福田平次）平兼澄

（　同　）長門守家泰
（　同　）左京介家秀
（　同　）藤原家能
　　　　藤原家俊
（　同　）掃部助通家
（　同　）藤原師家
（浦上　）沙弥浄賢
（　同六郎入道）沙弥性西

河棚女子代伊藤五

福田兵庫助
　同女子代平次郎
　同榼若狭守代
日宇兵庫助
今富掃部助
　同勘解由左衛門尉
　同八郎
戸町弥五郎代九郎左衛門
　同孫七代彦八

長崎矢上周防孫六
　同〔　〕
　同田河〔　〕
中津岡女子代兵衛五郎
島瀬九郎三郎
　同若露丸代山下又次郎

	（長野二郎　）藤原宗尚	
	（深堀二郎　）左衛門尉時勝	
	同　　　中務允時貞	
	同　　　新蔵人時久	
	（高浜太郎左衛門）平広綱	
	（野茂五郎　）平時治	
	（　同平次郎　）平長能	
	（　同平三郎　）平清綱	
	（伊木力六郎　）左衛門尉義通	
	（　同　）藤原通勝	
	（　同　）藤原幸昌	
	（　同　）藤原通重	
	（　同　）藤原道久	
	長与女子代兵衛次郎	

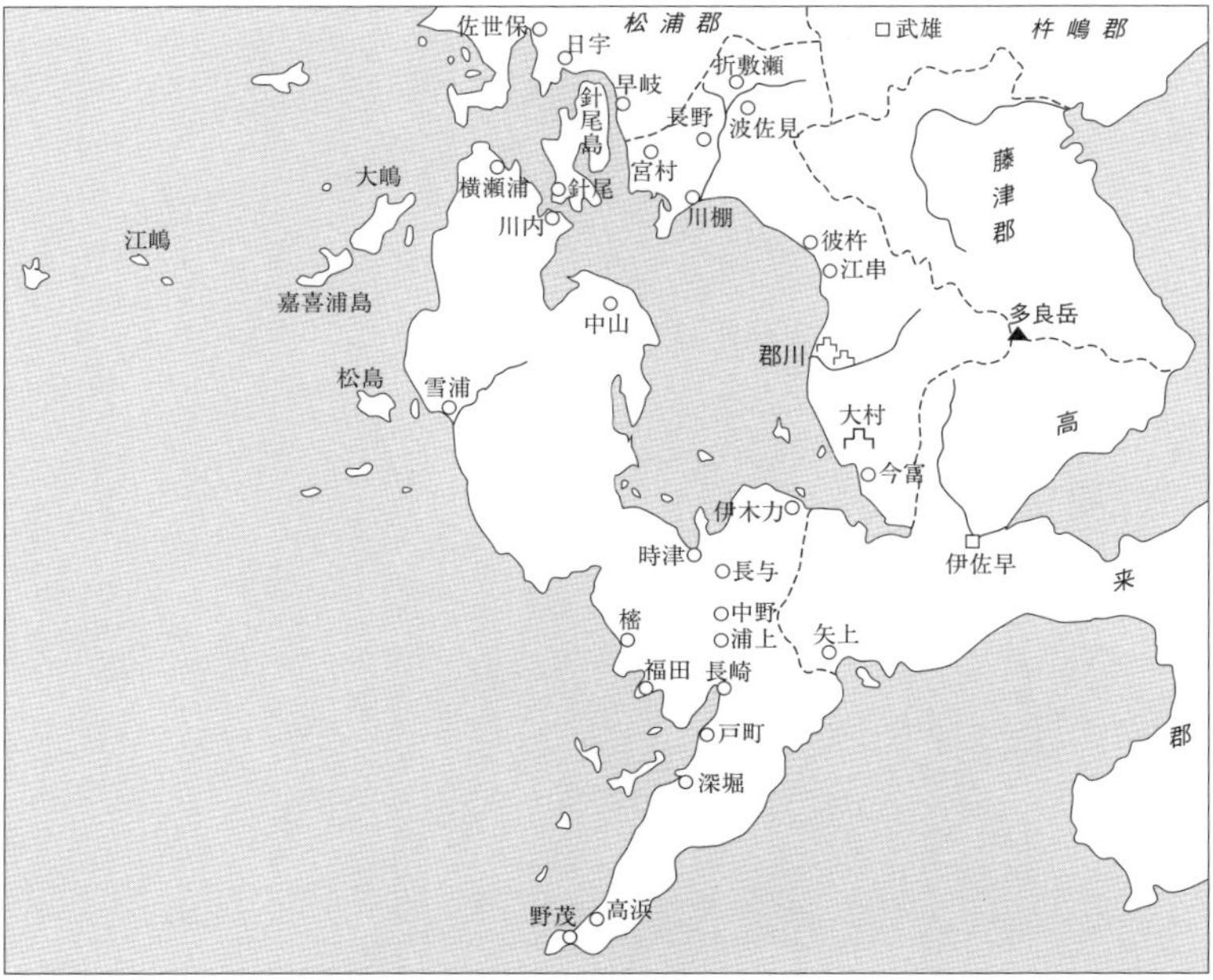

第２図　彼杵一揆構成員の本拠

（第2図参照）、彼杵荘全体をカバーする惣荘一揆であったことは間違いない。③は①②に先だつ惣荘一揆の伝統を受け継ぎながら、直接には今川氏らへの軍事的対応の中で結成されたものである。

以上、彼杵荘の領主たちの一揆契約状の分析を通じて、松浦一族の一揆と同様に重層的に存在した（三重構造）こと、彼らにとって重要な意味を持っていたのは惣荘一揆よりも、その下位に位置する彼杵荘北方・南方一揆や、さらにその下に存在した浦上・波佐見・長与氏らの村レベルの領主一族の一揆であったことが明らかになった。

彼杵一揆と大村氏　ここで注目したいのは、①②が主要な領主ごとに系列化されるに伴って、鎌倉期には分散・錯綜していた所領がしだいに一定地域に集約されていったことであり、①に見える河棚氏の一族が河棚氏グループと波佐見氏グループに属しているのは、河棚氏の主要部分が一族・姻族の絆でまとまる一方、離れた所領に定着した一族・諸家が近隣の領主に編成されていったことを示す。同じく③に見える折宇瀬氏の一族が早岐氏グループと波佐見氏グループに分属しているのは、早岐・波佐見両氏が、分立する折宇瀬一族をそれぞれのグループに編入していったことを示している。領主層の系列化の動きと分散所領の集約化とは、軌を一にして進行する動きであったことが明らかとなろう。

さらに注目されるのは、大村藩の藩主となる大村氏が①〜③に一度もその名を見せないことである。彼杵荘南方の一角に本領を持つ大村氏が①に現れないのは分かるとしても、①③にもその一族がまったく登場しないのは不自然であり[37]、何か特別の意味があると考えるのが妥当であろう。この点、従来は、大村氏が一揆の一員となっておらず、①②の時点では足利（今川）方に属し、③の時点では南朝方に与していたからであるとか、この頃は藤津郡に本拠をおいており、まだ彼杵荘（郡）に入部していなかったからである、などの説明がなされてきた[38]。そこに共通する考え方は、内部から現れたか外部から進入したかを別にすると、大村氏はもともと彼杵一揆に属さない勢力であり、一揆の流れを汲む中小領主たちを切り従えていった存在であるとする点である。しかし、大村氏は本当に彼杵一揆の構成員になっていなかったのであろうか。

周知のように、大村藩の成立後、大村氏は彼杵郡の正当な支配者であることを示そうとして、藤原純友の子孫であるという系図や家記を作成し、藩領郷村の地誌の編纂などを積極的に進めたが、そこに一貫する論理は、彼杵一揆の構成員であった領主たち（その多くが大村藩士となっている）から、藩主としての大村氏を区別しようとしていたことであった。幕藩制が成立し、藩主と藩士とのタテの関係を強化する中で、かつては藩主も藩士と同じ一揆の構成員であったことを示す文書・記録の存在は、藩権力の強化・藩体制の整備を進める上で矛盾するものであり、たやすく容認できないものであった。一揆契約状②③に大村一族が誰一人として現れないのは、大村氏が一揆に参加していなかったからでも、藤津郡に本拠があったからでもなく、藩主大村氏とその取り巻き勢力が、意図的に削除・改竄していたからであろう。①〜③を納める「福田文書」が、すべて大村藩の目に触れた写であり、『大村記』『大村郷村記』『新撰士系録』に収録されている[39]ように、その編纂過程で、大村藩の政治的意図が強く働く余地はいくらでもあり得たのであった。

実際、大村氏は鎌倉期から彼杵荘内に複数の系統が存在し、その一族が藤津郡（佐賀県鹿島市とその周辺地域）内にも分立していた[40]が、南北朝〜室町期、藤津郡に本領を持つ大村氏が存続するのに対し、彼杵荘の大村氏の一族が、文書の世界から一人も残らず消滅してしまうのは、いかにも不自然である。それにもかかわらず、一五世紀の彼杵郡で文書以外の断片的な資料の中に大村一族の痕跡が見られる[41]のは、この地域に大村氏が一貫して残っていたことを暗示する。大村藩の政治的操作では消し切れない大村一族の歴史があったのである。

もとより室町期の大村氏が、当初から彼杵荘の支配者として君臨する状態になっていたのではない。鎌倉期以来、大村一族が彼杵荘に分立し、それらの一族を中心とする一揆を結成し、その上位の一揆である彼杵南方一揆の中心勢力の一つとなっていた、と考えるのが最も現実的な理解であろう。そして、大村一族の中から南方一揆中の第一人者となる者が現れ、一揆という組織体の権限を自らの権力として置き換えていったのである。このことを残存史料によって証明することはなかなか難しいが、松浦一族の五嶋氏や平戸氏が一揆中の第一人者となって台頭し、一揆支配の実権を掌握して地域権力化していった事実や、一揆的な性格を濃厚に持つ龍造寺・鍋島氏ら戦国期肥前の地域権力のあり方[42]などを想起してみると、同じように一揆から地域権力へという流れは広く確認できるものである。右に示した大村氏の地域権力への歩は、ごく自然な動きであったといわなくてはならない。

4　戦国期の西海地域

一五世紀後半～一六世紀前半は、肥前国各地にさまざまな地域権力が登場した時代であった。この時代に肥前でも、一揆から地域権力へ、国人から地域権力への転換が進展し、中小領主層の統廃合と系列化が進み、一～三郡規模の地域権力が相次いで現れることになったのである。肥前では、松浦郡の五嶋氏と平戸松浦氏、彼杵郡の大村氏、高来郡の有馬氏、杵島郡の後藤氏、小城郡の千葉氏、基肄・養父・神埼郡の筑紫《ちくし》氏、千葉氏のもとから自立し一大勢力に成長する龍造寺氏らがおり、さらにその上に太宰少弐として九州に大きな影響を及ぼした少弐（武藤）氏、周防・長門を中心に中国・北部九州に勢力を伸ばした大内氏、豊後を中心に大きな勢力を持つ大友氏らが君臨した。そのうち肥前西部は、少弐・大内氏の動きに大きく左右されながら、平戸松浦・大村・有馬・後藤氏らが離合集散を繰り返しつつ、戦国前半の歴史が推移していくことになる。

こうした状況の中で、大村氏が彼杵郡の地域権力として現れたのは、延徳四年（一四九二）三月、彼杵郡松原八幡宮（長崎県大村市）へ大般若経を寄進した「大村民部大輔藤原純治《おおむらみんぶだいふふじわらのすみはる》」が最初であった。大村純治は一五世紀半ばから後半にかけて活動した人であり、おそらくはこの人のときに彼杵一揆中の第一人者から地域権力に転化したと考えてよかろう。その頃の本拠が大村館であったと考えられ、純治のあと純伊《すみこれ》―純前《すみさき》が受け継いだのである。純伊は一五世紀末～一六世紀第一四半期を中心に活動した人、純前は一六世紀第二四半期頃を中心に活動した人であった[43]。そして、純前の養子として大村氏に入嗣したのが「キリシタン大名」として知られる純忠《すみただ》であり、やがて新たな居城として三城城を築き、戦国後半の歴史の中に特徴的な足跡を残すことになった。

この間に大村氏が深い関わりを持ったのは、高来郡の地域権力となった有馬氏である。有馬氏は大村純治と近い世代の貴純《たかずみ》の時代に急成長を遂げ、島原半島から高来北部や藤津郡へ進出し、大村氏と度々抗争を展開した。藤津郡には大村氏の古い一族・庶家がおり、純治・純伊・純前にとっては大村領への編入が大きな課題となっていたと考えられるが、ここが有馬氏との境目の領域であっただけに、しばしば双方の取り合いの場となったのである。大村・有馬両氏の抗争は、少弐・大内両氏の北部九州支配の主導権をめぐる争いと絡みつつ断続的に展開していった。その間の和睦に際し、その都度婚姻関係が結ばれていたようで、有馬貴純の娘が大村純伊夫人に、貴純の嫡子純鑑《すみかね》（尚鑑《ひさかね》）の娘が大村純前夫人に、純鑑（尚鑑）の嫡子晴純《はるずみ》のもとに大村純伊の娘がそれぞれ嫁ぐ、という形で何重もの婚姻の絆で繋がっていた[44]。この時代の婚姻は、和睦の証明として行われることが多く、いわば「和睦の作法」の一部として重要な意味を持っていたのである。

こうして大村・有馬両氏は、断続的な抗争を続ける一方、密接な婚姻関係をもとに連携し、周辺の諸勢力に対応していった。そして、天文七～八年（一五三八）には、義兄弟であった有馬晴純と大村純前がともに上洛し、晴純は将軍足利義晴の「晴」の一字と修理大夫の官途を与えられ、純前も伊勢貞孝《いせさだたか》ら幕府の要人

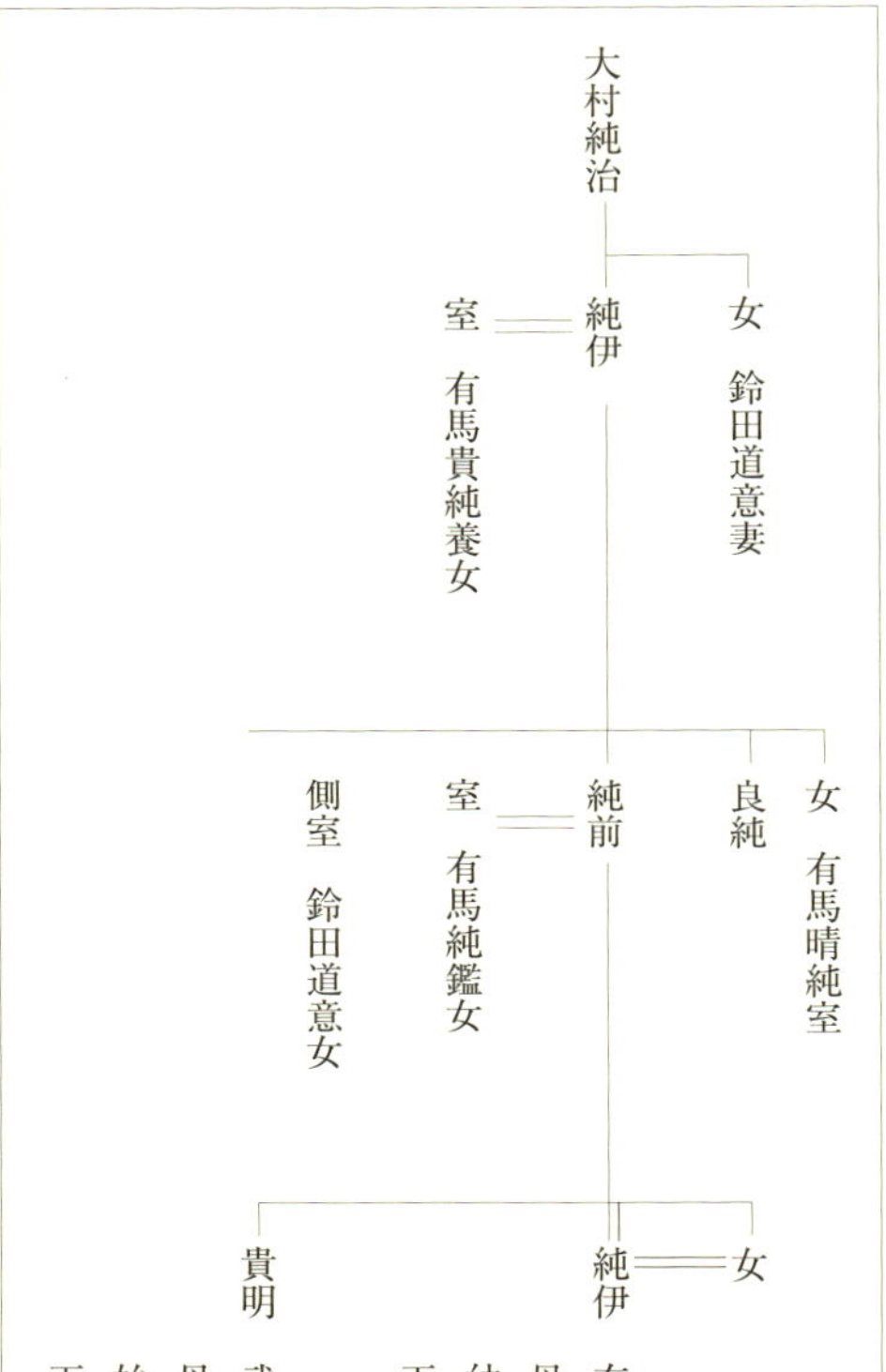

大村氏系図（『大村市史第二巻』より、一部加筆）

と面会・交流し、約一年の京都滞在後、無事肥前に帰還したのであった(45)。彼らの上洛は、晴純の一字・官途の拝領が目的の一つであったが、それは、敵対する少弐氏に対抗できる社会的地位を獲得するという点で重要な意味を持っていた。また、外に開かれた世界である肥前西岸の地域性を考えてみると、肥前・京都間の流通や明・朝鮮との貿易をめぐる問題なども、話し合うべき問題の一つになっていた可能性がある。

有馬・大村氏の一体的関係は、その後も継続するが、天文一九年（一五五〇）、大村純前の養子として純忠が入嗣《にゅうし》した頃、新たな段階を迎えることになった。この養子縁組は、それまでの婚姻と異なって、九州戦国の政局の転換に対応して行われたものであった。すなわち、天文十年代前半の肥前では、少弐氏が衰退の一途をたどり、有馬氏や平戸松浦氏らと対立した竜造寺氏の一時的敗退、それに伴う少弐・龍造寺氏連合の崩壊があり、さらに天文一九年には大内義隆《おおうちよしたか》と結んで復権を目指す龍造寺隆信《りゅうぞうじたかのぶ》が登場し、翌年には大内義隆が

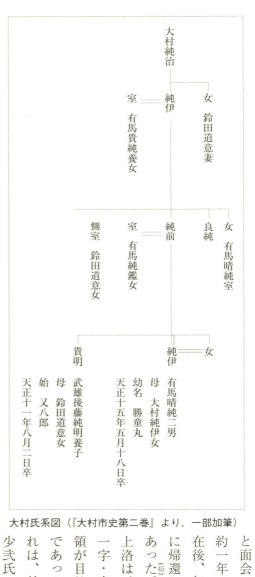

安芸大寧寺（山口県長門市）の変で陶隆房《すえたかふさ》（晴賢《はるかた》）に討たれ、かわって豊後の大友義鎮《おおともよししげ》（宗麟《そうりん》）が肥前守護として進出し、大友・少弐氏連合が竜造寺氏と対立を強めるようになるなど、戦国前半までの肥前の勢力地図が大きく塗り替えられていったのである。(46)

こうした状況の中で、晴純は純前の死後まもなく、子の純忠を純前の娘（有馬尚鑑娘の子）婿として大村氏へ送り込み、不安定な政局への対応として、大村氏との連携強化を図ったのであった。しかも純忠の入嗣に先だって、大村氏側では庶長子（鈴田道意の娘の子）佐純《すけずみ》（のちの貴明《たかあき》）を武雄《ご》（佐賀県武雄市）の後藤純明《とうすみあき》の養嗣子として送り出しており、そこには純前の死を契機に大村氏への統制を強めようとする有馬氏の計算があったことは間違いなかろう。しかし、佐純の後藤氏への入嗣も、純忠の婿養子としての大村氏入嗣も、有馬氏の一方的な意思として考えるのはいささか一面的に過ぎる。大村氏が一族・姻族や譜代・外様からなる家臣団を抱えている以上、有馬氏が彼らの意思を無視して事を進められる状況にはなかったからである。また、佐純が庶長子であったのに対し、嫡女の婿養子となった純忠は、継嗣としてそれなりの正当性を有していた。それゆえ、その後の純忠と後藤貴明との抗争を、彼ら二人の遺恨という側面のみで説明しようとするのはいささか妥当を欠くといわなくてはならない。その背後で巻き起こっていた大友・竜造寺氏による北部九州支配の主導権争いに連動した、有馬・大村・後藤氏らの生き残りのための戦いとして捉え直すことが必要であろう。

それではこの当時の大村氏の家臣団や支配領域はどのようになっていたのであろうか。この点について、全貌を示す同時代史料はないが、近世の系図・家記・地誌などを参考にしながら概観すると、大村氏の家臣団は、郡内に存在した一族・姻族と譜代の家臣団を核にして、その回りに彼杵一揆の構成員の末裔の中小領主を従える形であった。このうち大村氏は、譜代家臣や比較的早く従った近隣領主らを中核にして、本拠の大村周辺や

「内海《うちめ》」と呼ばれる西彼杵南部などの領地を権力基盤にしていたが、(47)大村一族や姻族の有力者の多くは相対的な自立性を保持し、彼杵一揆の末裔らも本領によって自立している者が多く、それゆえ大村氏は軍事指揮権によって、彼らを緩やかに統制する状態にあった。そこには彼杵一揆の伝統が脈々と息づいていたのである。

もとより大村氏の権力の弱さだけを強調するのは一面的である。大村氏は地域権力に転化した純治以降、領域支配や家臣団統制に力を注いでいた形跡がある。大村氏の直轄領は、大村・郡《こおり》（ともに長崎県大村市）を中心とする東彼杵中南部、「内海」と呼ばれる西彼半島（長崎県西海市）の一部に早くから存在し、純忠のときに領内各地に拡大されていったとされる。(48)また、敵対した一族や自立的領主の跡地を従順な一族や家臣に宛行《あてが》うなどの行為を通じて、主従関係をかためる政策も進められていた。

さらには西彼杵地域最大の勢力とされる小佐々《こざさ》氏が、一貫して大村氏に従っていたという事実もある。小佐々氏は、松浦郡小佐々（長崎県佐世保市）を名字の地とする下松浦一揆の構成員の末裔であり、(49)すでに鎌倉期から彼杵荘内に所領を有し、五島灘をまたにかけて活動する海の領主であったが、大村氏に協力して大村・彼杵に所領を与えられたほか、五島灘に連なる平島・江島・大立島・嘉喜浦島・大島・松島も単独知行し、一族に分け与えていたという。(50)これらの島々は、五嶋氏や平戸松浦氏と大村氏の「境目の地」であることからみて、大村氏が小佐々氏の既得権をいち早く容認し、それをテコにして配下に組み込んだと考えてよかろう。このように、自立的で有力な海の領主であっても、彼らとの利害関係の調整次第で強力な支援者とすることができたのである。

類似の事例としてあげられるのが、針尾島とその周辺領域・海域を支配した針尾氏である。(51)針尾氏は、嘉暦四年（一三二九）七月、針尾兵衛太郎入道覚実《はりおひょうえたろうにゅうどうかくじつ》が彼杵荘内の江上《えがみ》・小鯛《こたい》（以上、長崎県佐世保市）・鈴田《すずた》（長崎県大村市）の領主として登場し、(52)正平一七年の彼杵北方一揆契約状には針尾勘解由太夫藤原《はりおかげゆだゆうふじわら》□の名が見える（第1表）。針尾の名字は針尾島に由来し（小鯛もその一角を占める）、江上は針尾島の東にある江上浦を中心とする所領、鈴田は大村の南東に隣接する。この所領構成から見れば、針尾氏が古くから針尾島に本拠を置いていたことは確実といってよいが、この島は佐世保湾と大村湾を結ぶ狭い海域に浮かんでおり、島の西側の針尾の瀬戸は、難所ながらも両者を最短で結ぶ水道として極めて重要な役割を果たしていた。この針尾島を掌握する意味は極めて大きく、それゆえに大村氏は針尾氏の既得権をそのまま容認し、その対岸にある要港横瀬浦の管理も委ねるなどの待遇をもって配下につなぎ止め、緩やかに統制していたのであった[53]。

注目されるのは、針尾氏の本城とされる小鯛城跡の発掘調査の結果、日本産の陶器・瓦器・土師質土器などに加えて、一二世紀の白磁を最古として、一三～一六世紀（一五～一六世紀にピークを迎える）の貿易陶磁器が大量に出土した点であり、針尾氏が活動した時代にこの城が確実に存在し、針尾の瀬戸を往反する船舶の監視を行っていたことが解明された[54]。しかも、出土した貿易陶磁器は、その分量ばかりでなく、中国産・朝鮮産に加えてタイ産などのものもあり[55]、針尾氏が国際色豊かな交易に関与していた様子も見えてきた。また、出土遺物の中に薩摩塔と呼ばれる特徴的な石塔の残欠も含まれている[56]。薩摩塔は中国浙江省寧波市郊外の石材で造られた石塔で、九州西海岸の各地で確認されており[57]、一三～一四世紀前半頃、中国と日本との私的な交流・交易の中でもたらされたと考えられる。時期的には、針尾兵衛太郎入道覚実が活動した時代に重なることから、針尾氏が唐人と呼ばれた中国の私貿易商人などから取得した可能性もある。

このように、針尾島と針尾の瀬戸、その対岸の横瀬浦（長崎県西海市）周辺には古くから国際的な交流・貿易が繰り広げられていた形跡がある。大村氏がここを重視し、海の領主として力を持つ針尾氏を起用し、向かい側の横瀬浦の管理まで委ねていたのは、それまで針尾氏が培ってきた支配力を活用した現実的な政策であったのである。純忠は腹心の朝長《ともながし》氏を「奉行」として派遣し、針尾氏と抱き合わせの管理によって、その成果を享受していたのである。大村氏はこのほかにも主要な港湾に着目し、さまざまな方法で掌握しようとしていたが、龍造寺氏や平戸松浦氏・有馬氏らと競合する中で、無理のない発展を遂げようとすれば、西に拡がる東シナ海に目を向けるのが自然の成り行きであった。

ちょうどその頃、東アジア世界は、ポルトル・スペインなどイベリア半島の国々の進出とともに、キリスト教布教や貿易、植民地化政策などの洗礼を受け、それまでにない大きな転換が始まっていた。つぎにイベリア勢力のアジア進出の概要と日本への来航について見ていくことにしよう。

二　イベリアインパクトと西海地域

1　イベリア勢力の九州来航

松浦一揆・彼杵一揆が結ばれていた一四～一五世紀は、近代ヨーロッパの形が徐々に形成されてくる時代であった。この地域は、一四世紀半ばに始まるペストの大流行、度重なる飢饉と戦争の連続、帝国の細分化による領土再編、教会大分裂などの混迷を経験する中で、その後に繋がる統一ヨーロッパを生み出したのであった(58)。それまでこの地域は、イスラーム世界の一部であった西アジアからアフリカ北部・イベリア半島、ビザンツ帝国とその影響下にあったバルカン半島からスラブ地域にかけてのビザンツ世界、ゲルマン民族が定着したゲルマン世界に分かれていたが、一四～一五世紀の転換の中で新たな主権国家を生み出していった。このうちイスラム教徒の支配下にあったイベリア半島では、キリスト教徒によるレコンキスタ（国土回復運動）を通じてイスラム教徒が一掃されて、一五世紀後半にはスペイン王国が成立、同じ頃、カスティリャから独立したポルトガルも主権国家を形成した。この両国は、イギリス・フランス等に先駆けて国家の統一を実現すると、地中海世界から大西洋に目を向けて、領土拡大を目指し始めたのである。

ポルトガルのアフリカ北岸・西岸への探検・進出は、すでに一五世紀前半から開始されていたが、一五世紀後半に両国の大西洋への進出が加速されてくると、ローマ教皇もこれに関心を高めて支援するようになり、キリスト教君主に所有されていない土地は、アフリカ北西沖のアゾレス諸島を通過する線を境界にして、スペインとポルトガルが東西に分割することを定め（一四九三年）、その翌年、スペイン・ポルトガルがトルデシリャス条約を結び、この境界線を大西洋上へ移動させ、その西側はスペイン、東側はポルトガルが支配するという、世界分割に乗り出したのであった。(59) クリストファー＝コロンブスがカリブ海の西インド諸島に到達したのも、ヴァスコ＝ダ＝ガマが喜望峰を迂回してインド西海岸のカリカットに到達したのも、そしてフェルディナンド＝マゼランの大航海なども、そうした動きの一環をなすものであった。

スペインは、コロンブスの西インド諸島到達以降、カリブ海の島々を征服すると、その内陸部に進出の目を向け、一六世紀前半にフェルナンド＝コルテスがメキシコ中南部にあったアステカ王国を（一五二一年）、フランシスコ＝ピサロがペルーにあったインカ帝国を（一五三三年）それぞれ滅ぼして、中南米に広大な植民地を獲得していった。(60) さらに中南米から太平洋に出て、一六世紀半ば過ぎにようやくフィリピン諸島に到達するが、そこにはすでにポルトガルの勢力が及んでいたため、競合の末に、フィリピンから後退することを余儀なくされ、日本に来航するのは戦国末期になってのことであった（ただし、スペイン人でも、ポルトガル国王の意思のもとに、早くからポルトガル人とともに来日した者は少なくなかった）。

一方、ポルトガルは、太平洋を東に進み、一六世紀に入ってまもなく、インド西岸の要港ゴアを占領して海軍の基地としていた（一五一〇年）。そして、その翌年には南海貿易で繁栄していたマラッカ王国（明の朝貢国）を滅ぼし、マラッカに商館を置いて東方進出・東アジア貿易の拠点としたのであった。さらに当時、

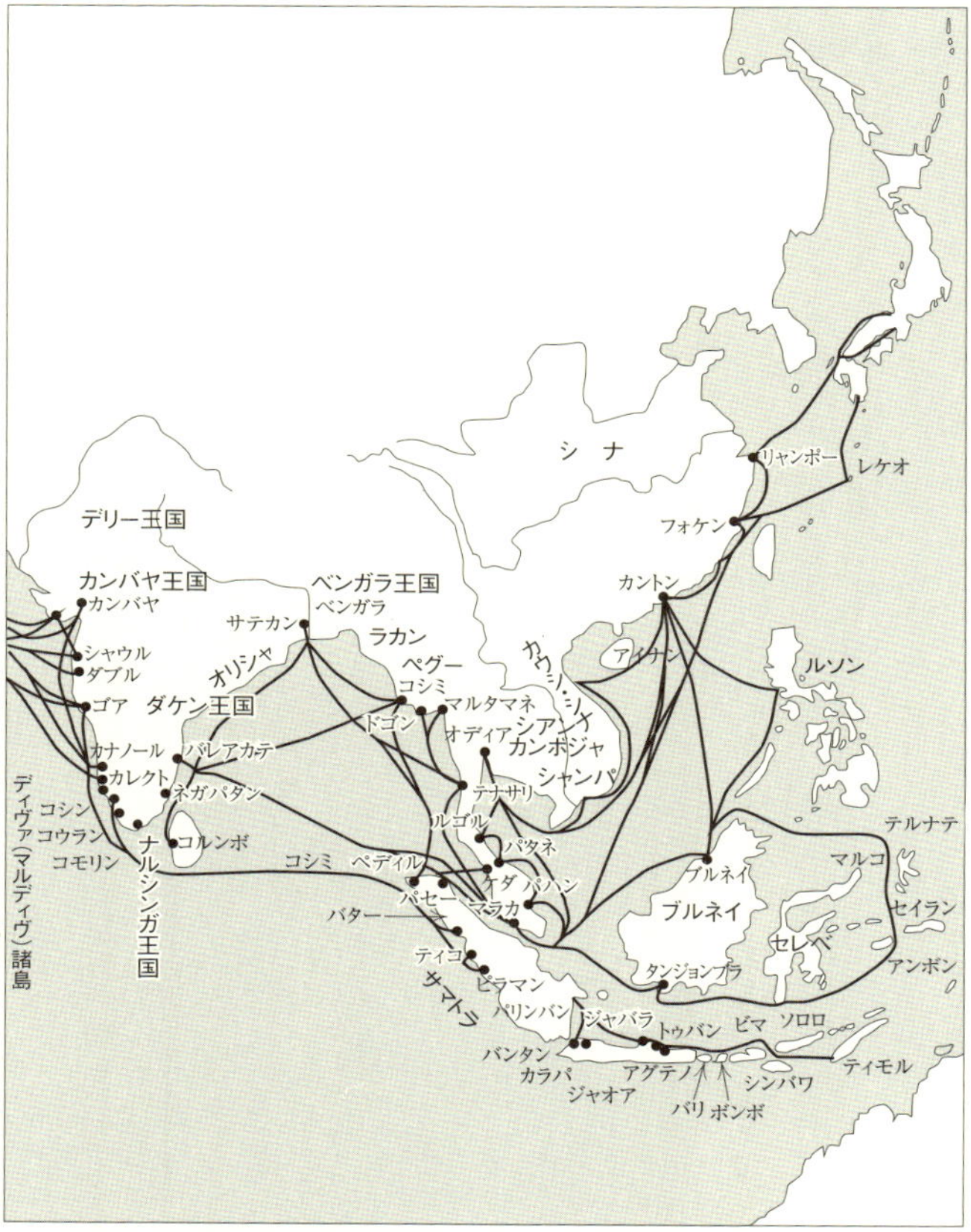

第３図　16世紀の主要海上交通路（村井章介『海から見た戦国日本』より）

世界で最も富裕であり、大帝国でもあった明国との正式な通交を望んで、遣明大使トメ・ピレスを北京（中国河北省）に派遣したが、その間にポルトガル海軍の示威行動が行われ、また、マラッカ王が北京に出向いてポルトガルの侵略行為を訴えるなどのことがあって、ポルトガルの要望は拒絶される結果となり（一五二〇年）、その三年後には明へ来航するポルトガル船の打払令まで発せられたのであった。そのため、ポルトガル商人たちは密貿易に舵を切り、広州《こうしゅう》（中国広東省）から東進・北上し、杭州湾《こうしゅうわん》口に浮かぶ舟山諸島《せんざんしょとう》南部の双嶼《りゃんぽう》（中国浙江省）などに進出し、東アジア世界に向かい合うようになったのである。(61)

その頃、南アジアから東アジアにかけての海域では、倭寇（後期倭寇）の活動が活発化しており、ポルトガル人の双嶼への進出も、倭寇ら密貿易商人の誘引と彼らが築いた密貿易ルートに乗って初めて実現したことであった。そして、ポルトガル人の双嶼への進出と定着が進んだ天文一一年（一五四二）、倭寇の首領許棟《きょとう》兄妹に属する五峯《ごほう》（王直《おうちょく》、のちの倭寇の首領）が、自分の運営する密貿易船にポルトガル人たちを乗せて種子島に来港し、島主種子島時尭《たねがしまときたか》に日本初の鉄砲を伝えたのであった。(62)

同じ頃、ポルトガル国王の支援のもと、リスボンを発ってインドのゴアに向かった宣教師がいた。その名をフランシスコ＝ザビエルという。彼はピレネー山脈の西側にあったナバラ王国（バスク人）の貴族の出身で、祖国がスペインに併合されたあと、フランスのパリ大学で哲学を学び、同じバスク人でカトリック改革派のイグナチィウス＝デ＝ロヨラとともにイエズス会を結成すると、それからまもなく東方での布教を目指し、新任のインド総督ソウザらの船に同乗してインドのゴアに着いたのであった（一五四一年）。それから数年、ザビエルの積極的な布教活動が続けられるが、大きな成果を得られないまま、モルッカでの布教を終えてマラッカに戻ったとき、そこで一人の日本人に出会った。その人の名をアンジロー（ヤジロー＝弥二郎ともいう）といった。彼は鹿児島の出身であり、殺人の罪を犯して二人の従者とともに逃亡の途中、ポルトガル商人の船に助けられ、マラッカのザビエルを訪ねるよう勧められた。アンジローはザビエルに面会し、ザビエルの勧めでゴアの聖信学院でキリスト教の教理を学んで洗礼を受け、パウロという名を与えられ（従者二人も洗礼を受けてジョアンとアントニオという名を与えられた）、熱心なキリスト教徒となった（一五四八年）。その翌年、ザビエルは、アンジローことパウロを案内役として、コスメ＝デ＝トルレス神父、ジョアン＝フェルナンデス修道士らと一緒にゴアを出発し、マラッカに到着すると、マラッカ長官に日本渡航の準備を依頼し、中国人商人のジャンクに乗り換えて、広東・福建沿岸の密貿易ルートを北上し、鹿児島に到着したのである。天文十八年（一五四九）八月のことであった。(63)

ザビエルは鹿児島に一年ほど滞在し、島津氏の菩提寺福昌寺《ふくしょうじ》で説教をするなど熱心に布教活動を展開したあと、九州西岸を北上して平戸へ移り、そこで二ヶ月ほど滞在して布教活動を行い、そこにトルレスを残してフェルナンデスとともに京都を目指した。その途中で、大内義隆の求めにより、周防山口（山口県山口市）の大内館近くで説教を行ったあと、瀬戸内海を東進し、天文二十年一月、念願の京都に到着したのであった。しかし、その頃の京都は応仁・文明の乱後の荒廃から十分に回復しておらず、天皇・将軍の権威・権力も大きく後退し、もはや有効な布教活動ができないと判断したザビエルは、ふたたび山口に戻り、大内義隆の許可のもと、教会を建設して布教の拠点にした。その二ヶ月後、今度は大友義鎮（のちに宗麟）の招きによって、山口から豊後府内《ぶんごふない》（大分県大分市）に移り、そこでも精力的な布教活動を展開し、それから間もない天文二十年十一月、豊後沖の浜（豊後府内の外港、地震で沈没した瓜生島の港）を発ってマラッカに向かったのであった。その間、ザビエルは、鹿児島・平戸・山口・豊後府内で信者を獲得し、日本におけるキリスト教発展の基礎を築いたのである。[64]

2　九州の大名・領主たちの対応と平戸の繁栄

このように、天文十一年（一五四二）のポルトガル人の種子島着岸と鉄砲伝来、同十八年から二年に及ぶザビエルの西日本各地での布教活動は、いずれも倭寇や密貿易商人の協力と彼らが築き上げたアジアの密貿易ルートを利用することによって、初めて実現したものであった。それゆえ彼らは当初、日本側の領主や民衆から倭寇の一部と見なされていたのであった。

ザビエルへの対応　それでは、ザビエルが鹿児島を起点に廻った訪問先の反応は、どのようなものであったであろうか。彼がゴアやヨーロッパのイエズス会の会士らに宛てた書簡を材料にして、客観的な立場からその実態を明らかにしていくことにしよう。

まず、天文十八年（一五四九）八月に到着した鹿児島では、パウロ（アンジロー）の郷里であったため、彼の親戚や「親戚でないもの」から歓迎を受けている。その頃の島津貴久は分国の統一過程にあり、鹿児島の城代や奉行たちも好意的に迎えてくれた。貴久がパウロを引見したとき、彼はザビエルたちが持参した聖母画像に丁寧に接し、居合わせた者たちにも礼拝を命じており、貴久の母親は、その画像に興味を示し、同じものを造るにはどうすればよいか、と訪ねたほどであった。ザビエルが鹿児島に滞在した約一年の間、パウロ（アンジロー）は親戚の人たちにたびたび説教し、約一〇〇人を信者にしたが、彼らに対する人々の非難や僧侶たちの強い反対を受け、領主の島津氏も家臣や領民たちのキリスト教への改宗を禁じるようになった(65)。

島津氏によるキリスト教の布教拒否を受け、ザビエルはパウロ（アンジロー）を鹿児島に残して平戸へ移った。平戸の松浦隆信《まつうらたかのぶ》は、大いにザビエルたちを歓迎し、布教を認めたため、二ヶ月の滞在中に一〇〇人もの人々が信者になったとされている。手応えを感じたザビエルは、信者たちとともにコスメ＝デ＝トルレスとパウロ（アンジロー）の従者であったジョアンとアントニオらを残し、フアン＝フェルナンデスや鹿児島で信者となったベルナルドらとともに、大内義隆の本拠である山口に向かったのであった(66)。

ザビエルは大内氏を「日本最強の領主」と評価し、山口には「一万人以上の人々」が住んでおり、「武士やそれ以外の人々多数」が彼らの教えの内容に関心を示した、と記している。そして、内藤氏ら上級武士の中には、彼らを家に呼んで教理に関する質問をし、キリスト教が仏教より優れているなら帰依したいという者もあったが、町中では子供や大人から嘲笑され、しばしば嫌悪の対象にまでされていた。そのようななか、ようやく大内義隆がザビエルらを館に招いて、教理についての説明を求めてきたので、時間をかけて丁寧に説明したところ、注意深く聞き入ったあと、退出に際して好意的な対応を受けた。山口で獲得した信者は少数であったが、最低限の手応えを感じたザビエルは、「ミヤコ」（京都）での布教を目指し、山口を発ったのである。[67]

しかし、ザビエルが荒廃した「ミヤコ」（京都）を目撃し、また、権威を失墜させた天皇・将軍らの実情を知り、そこでの布教が困難であると判断すると、ふたたび山口に戻り、大内義隆に改めてインド総督と司教の親書と親善の贈り物を渡した。ザビエルは、義隆からの返礼の代わりに領内での布教許可を願い、それを認められるとともに、「学院のような一宇の寺院」を住居として与えられ、そこを拠点に布教活動を展開し、約二ヶ月後には五〇〇人前後の人々が洗礼を受けたとされる。しかし、その一方で、この山口でも僧侶・仏教徒との間の激しい確執を生み出していた。[68]その背景には、仏教を異教として厳しく捉える彼の一貫した姿勢があったことに留意する必要がある。

ザビエルが山口に滞在しているとき、豊後の大友義鎮《おおともよししげ》から、ポルトガル船が豊後沖の浜に着岸し、それについて聞きたいことがあるとの連絡があった。ザビエルは、コスメ＝デ＝トルレスとフアン＝フェルナンデス、そして山口の信者たちを残して豊後府内へ行き、義鎮の歓待を受け、着岸したポルトガル船の船長ドゥアルテ＝ダ＝ガマ（ザビエルの友人で毎年日本に渡航していた）たちと歓談する機会を得た。しかし、ザビエルの豊後府内滞在中、大内義隆が陶隆房に討たれ、山口での布教に暗雲が立ちこめることになったが、大内氏重臣らの求めによって義鎮の弟が大内氏の跡を継ぐことになり、山口での布教活動の継続を約束された。それから間もない天文二十年（一五五一）十一月、ザビエルは山口に戻らず、ガマ船長の船に同乗し、豊後沖の浜からマラッカに戻ったのである。[69]

このように、ザビエルの精力的な布教活動に対し、比較的好意的に接したのは、平戸の松浦氏、周防山口の大内氏、豊後府内の大友氏であったが、大内義隆が討たれたあとは、豊後府内が最も重要な布教の拠点となり、やがて大友義鎮やその一族・家臣たちがキリスト教を受容し、熱心な信者となったことは周知のとおりである。しかし、それをすべて純粋な信仰心から説明するだけでは不十分であろう。すなわち、ザビエルは鹿児島滞在中、マラッカ長官ドン＝ペドロ＝ダ＝シルヴァに、「ミヤコ」（京都）へ行って教会を建てること、「日本でもっとも富裕な港」であり、「日本中の銀や金の大部分が集まってきている」和泉の堺（大阪府堺市）に商館を建て、「日本の国王がインドへ大使を派遣する」よう働きかけることを伝えており、日本・ポルトガル間の貿易に深く関与していたのである。(70) また、来日に際し、日本で高価に売れる商品リストを作成したり、マラッカ長官から贈られた大量の良質な胡椒を売却し、自分たちの諸経費に充てるなどの商業活動を行ったほか、和泉の堺に行って納屋衆の一人日比屋了珪《ひびやりょうけい》と接触していたことなども知られている。しかも、ポルトガル・スペインの両国王がイエズス会の保護者となっていたことを想起するならば、ザビエルはポルトガル国王の意向に添いながら、布教と商業・貿易を一体化させた活動を展開していたことは間違いないところであろう。(71)

平戸の繁栄とポルトガル宣教師・商人　その後の動きを概観しても、大内・大友両氏はもとより、平戸松浦氏もポルトガル人との貿易が生み出す利益に大きな魅力を感じていたことが分かる。ここでは平戸松浦氏と平戸に着目し、ポルトガル宣教師や商人らのキリスト教布教と貿易をめぐる動きがどのように推移していったかを見ていくことにしよう。

ザビエルが鹿児島から平戸に来航した頃、松浦隆信は大内義隆に属しながら、この地域の有力領主に成長していたが、まだ周囲から認知された松浦本家の松浦親《ちかし》とその養嗣子鎮《しげる》（少弐資元《しょうにすけもと》の子）がおり、庶子家の隆信の地位はかなり不安定なものであった。松浦親は、少弐氏が竜造寺氏によって滅ぼされると、有馬晴純の子盛《さかう》を新たな養子に迎え、松浦本家の存続を図ろうとした。永禄六〜九年（一五六三—六六）、隆信は親・盛を攻撃して屈服させ、さらに有力庶子家の佐志氏の内紛に介入、これも傘下に従えることによって、地域

権力としての立場を固めることに成功したのであった。(72)

　隆信はそうした不安定な立場でザビエルに接し、ポルトガルとの貿易の利益に魅力を感じて、彼らとの交流の基礎を築くことになったが、その頃すでに、平戸は東アジア世界に広く知らた国際港湾として発展を遂げていた。そもそも天文十九年（一五五〇）のザビエルの平戸入港は、倭寇の王直の手引きによるものであった。王直は、五島列島の福江島（長崎県五島市）に本拠を置く一方、隆信の勧誘を受けて平戸にも豪勢な屋敷を構え、一族・腹心のほか多数の部下を従え、やがて倭寇の大首領に上り詰める。平戸は明への渡海に際しても、韓半島から九州西岸を南下するときにも、海の十字路として機能していたところであり、倭寇の大首領王直の活動に引き寄せられ、各地の人や物資が集散する場となった。王直自身は、嘉靖《かせい》三十八年（永禄二、一五五九）、明の官憲に逮捕され、波乱に富んだ生涯を閉じるが、(73)ポルトガルの定航船（ナウ船）は天文二十二年（一五五三）に再来航以降、毎年のように来港するようになり、平戸は大いに繁栄したのであった。

　天文二十三年（一五五四）、在日経験のあるペドロ＝デ＝アルカソヴァがポルトガルのイエズス会士に宛てた書簡によれば、この頃の平戸には二〇〇人のキリスト教徒がおり、松浦氏の姻族籠手田安経《こてだやすつね》ら三人の有力武士を含む多くの人々が新たに信者となった上に、隆信がカーザ（修院）を建てる土地をパードレ（神父、司祭）に与えようとしたという。(74)さらに弘治元年（一五五五）、平戸滞在中の神父バルタザール＝カーゴがイエズス会士に送った書簡によれば、平戸には五〇〇人のキリスト教徒がおり、彼らを葬るための聖十字架称讃の祝日に、大きな十字架を建てた土地を与えてくれたとある。(75)また、同年十一月、隆信は「平戸の国王」という肩書きで、インドにいるパードレに宛てて、自分はキリスト教徒をよく保護しており、「いかなる害をも彼らに加えることを許さない」し、自分もキリスト教徒になろうとしている、と書き送っていた。(76)これらの書簡から明らかなように、ザビエルの離日以降も、松浦氏とポルトガル人たちとは、しばらくの間、表面上は無難な関係を保っていたのであった。

しかし、キリスト教徒が増加し、その影響力が高まるにつれて両者の関係に変化が現れる。とりわけ、弘治三年（一五五七）、バルタザール＝カーゴに代わってガスパル＝ヴィレラが平戸駐在の神父となると、二ヶ月の間に一三〇〇人の信者を得たとされるように[77]、彼の熱心な布教活動の中で、僧侶や仏教徒との対立が高まっていった。ヴィレラは僧侶らと宗論を行ってこれを論破したほか、寺にあった仏像や経典を海岸に運んで焼却するなどの行為に及んだため、僧侶たちとの対立関係は修復しがたいほどに悪化し、安満岳《やすまんだけ》（平戸島北部の山嶺で西禅寺や白山権現がある）と志々岐山《しじきさん》（平戸島南部の山嶺で志々岐大明神とその別当寺円満員などがあった）の「二僧院の上長」が、他の僧侶や檀徒たちを広く招集し、隆信にヴィレラの処罰を迫るという事態にまで発展した。隆信はポルトガルとの貿易の利益や籠手田氏との関係調整に苦慮しつつも、永禄元年（一五五八）、ついにヴィレラに領外追放を命じ、教会は閉鎖されることになったのである[78]。

翌永禄二年、ポルトガル船が平戸に来港したが、ポルトガル人たちは、ヴィレラが追放され、教会が閉鎖されたことを知ると、ヴィレラの代わりにカーゴを平戸に召喚しない限り、平戸には入港しないと主張した。まもなくガーゴが平戸に来たものの、教会には入ることができず、ある信者の家に滞在し、ポルトガル人らのためにミサを捧げたのであった。しかし、彼らに対する僧侶や仏教徒の対応は一層厳しさを増し、隆信も平戸のキリスト教徒に棄教を求めるようになると、彼らの中にはこれを拒んでカーゴと一緒に豊後府内のコスメ＝デ＝トルレスのもとに逃れたのである[79]。

そうした最中の永禄四年（一五六一）、平戸の七郎宮の前で決定的な出来事が起こった。宮ノ前事件と呼ばれるこの事件の内容は、およそ次のようなものであった。数名のポルトガル人が、高価な布の取引を廻って一人の日本人と争いになり、双方の助成者たちが集まり来たって集団での武力抗争に発展し、カピタン・モール（司令官）ソウザと十三人のポルトガル人が殺害される結果となったが、松浦隆信は犯人を処罰しようとはしなかった。[80] コスメ＝デ＝トルレスは、インドのイエズス会副官区長ベルシオール＝ヌーネス＝パドレに書簡を送り、ポルトガル人が取引のため平戸へ行くことがないよう訓令を出してほしいこと、この土地ではキリスト教徒の多くが恥辱を加えられ、棄教を迫られていることなどを伝えていた。[81]

実際には、このあと永禄四～七年まで、ポルトガル船が平戸に来港したことが明らかにされているが、この事件が大きな転機となり、ポルトガル商人らは早くも新たな港湾探しに動き出していたのであった。そして、まもなく大村湾口の横瀬浦（長崎県西海市）が彼らの新たな貿易港とされ、歴史の表舞台に登場する。

以上のように、平戸での松浦氏とポルトガル商人との貿易は、いったん中断することになるが、両者とも貿易の継続による利益に大きな関心を持ちながら、それと一体的に進められたキリスト教の布教では、長年かけて日本社会に定着・浸透した仏教および寺院・僧侶たちとの間に、たやすくは乗り越えがたい壁が存在することを実感していた。隆信自身は、キリスト教に対する寛容な姿勢を見せたものの、宣教師たちの仏教・僧侶たちに対する姿勢は極めて厳しく、それに対する寺院・僧侶や仏教徒の反発も大きく根強いものがあり、さらにそれぞれの感情的な対立と利害関係が複雑に絡み合って、最大の目的であったはずの貿易までをいったんは後退させる結果となったのである。

しかし、この平戸の例は、仏教・僧侶とポルトガル人宣教師らとの対立に加え、松浦氏と大村・有馬氏や龍造寺・大友氏、それと係わる海商・商人たちのポルトガル貿易＝南蛮貿易をめぐる競合も絡んでいた可能性がある。前述のように、永禄前半期の松浦隆信は、下剋上によって松浦本家に取って代わったが、そのとき退けられたのが有馬晴純（仙巌）の子松浦盛であり、彼は大村純忠の兄弟にあたる人であった。隆信は松浦氏の実権を掌握する過程で、有馬・大村両氏との対立を内包させていたのである。以下、大村氏とその領内の港横瀬浦をめぐる諸問題について、具体的に見ていくことにしよう。

3　大村領横瀬浦の発展と焼亡

平戸で宮ノ前事件が発生した頃、松浦領の南東に接する大村領でも新たな動きが始まっていた。前述のように、大村純忠《おおむらすみただ》は島原半島を中心に勢力を持つ有馬晴純の子（義直のち義貞の弟）で、有馬氏の血をひく大村純前《すみさき》の嫡女の婿養子となり、有馬氏との連携のもとに、自立的な一族・姻族・家臣たちとの関係を調整しつつ、大村領の支配体制を固めていた。純忠が拠る三城城は、永禄七年の築城と伝えられるが、それに先行して大村館周辺の町や大村湾に面したその外港が存在した可能性が高い。

近年、中世大村を代表する郡七山十坊《こうりしちさんじゅうぼう》の一ケ坊跡地とされる龍福寺跡から、中国浙江省石材で造られた薩摩塔の残欠が確認され、針尾島の小鯛城跡出土の薩摩塔残欠と合わせて、一二～三世紀には大村湾口のみならず、湾内の奥深くにまで中国海商らが来航していた可能性がにわかに高まった。郡は三城城以前に大村氏が本拠とした久原城などが存在する地域であるが、郡川河口付近の寿古遺跡（彼杵荘政所の跡とみられる）でも、一二～一三世紀頃の貿易陶磁器が大量に出土し、この地域の重要性が確認されるとともに、一見閉鎖的に見える大村湾が、実際には外海の広い世界と繋がっていた様子が明らかになってきた。[82] 戦国時代、大村氏は大村館や三城城に本拠を移し、郡川下流域と合わせて最大の権力基盤とするが、それらの所領群を含めて、大村氏の地域支配のあり方から見えてくる支配構想は、港湾や海運ルート掌握へのこだわりであり、小佐々氏や針尾氏ら海の領主を目下の同盟者につなぎ止めていたのも、その一環をなすものであったといってよかろう。

横瀬浦の国際港湾化　大村氏の支配領域の北部は、平戸松浦氏の支配領域に隣接し、錯綜状態にあった。針尾島の針尾氏の勢力は、そうした地域に広がっており、大村・松浦両氏にとって「境目の領主」である。針尾氏をどちらが傘下に従えるかは重要な課題であったが、少なくとも純忠の活動が始まる一六世紀半ばまでに、大村氏が針尾島周辺を勢力下に置いていたことは確実であり、針尾島対岸に位置する西彼杵半島北端の横瀬浦周辺もまた、大村氏の勢力下に入っていたと考えて間違いないところであろう。

永禄四年の宮の前事件で、ポルトガル宣教師・商人らが平戸松浦氏との対立を決定的なものとしたとき、彼らが平戸に代わる貿易港として横瀬浦に着目したのは、平戸に近く松浦領外にあるという政治的環境と、佐世保湾内の深い入り江の良港という自然環境から見て、まことに自然な判断であったといわなくてはならない。横瀬浦が、古くからこの地域の良港として機能していた可能性は極めて高い。

宮ノ前事件と期を一にして、豊後府内のコスメ＝デ＝トルレスは、平戸に代わるポルトガル船の来港先探しに乗り出していた。永禄四年（一五六一）、フェルナン＝デ＝ソウザの定航船（ナウ船）が平戸に着いたとき、イルマン（修道士）のルイス＝デ＝アルメイダがトルレスの意を受けて密かに平戸へ行き、ポルトガル船の水先案内人ドミンゴ＝リベイロ、京都出身のキリスト教徒ゴノエ＝バルトロメウと、平戸の松浦隆信には極秘裡に大村殿（純忠）の港である横瀬浦を測量・視察し、そこがポルトガル船の入港可能な条件を備えていれば、バルトロメウが大村殿に説得することなどを話し合った。リベイロとバルトロメウは、さっそく一軒家のような屋根付きの漁船に乗り込み、横瀬浦の視察に出かけ、水深が十分に有り、貿易船の入港に適した条件を備えていることを確認すると、大村に行って「大村家の首席家老である伊勢守殿」と交渉し、好都合な返答を得たのであった。彼らが交渉した「大村家の首席家老である伊勢守殿」とは、朝長伊勢守純利《ともながいせのかみすみとし》のことを指しており、彼の返答は、トルレスが豊後府内から大村領に来たいのなら布教の許可を与える、純忠のキリスト教への改宗はトルレスが本人と直接相談すればよい、という内容であった。[83]この一連の動きから見て、リベイロやバルトロメウらは、ポルトガル宣教師・商人らに対する大村純忠の見方や、港湾としての横瀬浦について一定の情報を持っていた、と考えるのが自然であろう。

トルレスは、大村領での返答内容を知ると、周防山口出身の内田トメというキリスト教徒を大村に派遣した。内田トメは純忠に面会し、①布教許可に間違いはない、②布教のためにイルマン（修道士）二人を派遣してほしい、③二人のために教会を建てて俸禄（知行）を与える、④横瀬浦とその周囲二レグア（約十一キロ）、そしてそこに住む領民を合わせて教会に寄進し、そこに大きなキリシタンの町を造り、ポルトガル商人が宿泊できるようにしたい、⑤彼らが商品を携えて横瀬浦に来航する希望があれば一〇年間税を免除する、などの返答を得て豊後へ帰還した。[84]このうち、①②③は純忠がトルレスらの布教に極めて好意的な対応を示したことを示しているが、さらに注目されるのが④⑤であろう。すなわち④は、大村領内の横瀬浦そのものを教会に寄進し、そこに大きなポルトガル商人の町（ポルトガル人居留地）を建設しようとするものであり、⑤はポルトガル商人との貿易では税を免除する、という特別の待遇を提示したことになる。そこから見えてくるのは、純忠がキリスト教容認政策と抱き合わせで、ポルトガル商人との貿易、すなわち南蛮貿易の振興を計り、横瀬浦を国際港湾に発展させようとする構想である。純忠は、トルレスらポルトガル人が国是とするキリスト教布教・貿易振興の一体的推進策を察した上で、大村氏と大村領の発展を思慮し、したたかな対応をしたといってよかろう。

内田トメの報告を受けたトルレスは、翌永禄五年（一五六二）七月、横瀬浦の件についての協定を結ぶべく、二人の修道士ジョアン＝フェルナンデスとルイス＝デ＝アルメイダを大村に派遣した。彼らは博多を経て横瀬浦に到着すると、その翌日、大村に向かって純忠に面会し、「家老の伊勢守殿（朝長純利）」との交渉に臨み、純利から①②③⑤については「万事承諾する。ただし、キリシタンばかりが（居住することになる）かの（横瀬浦の）地所の半分を大村殿が、そして他の半分を教会が所有するのがよかろう」との回答を受けた[85]。純忠は当初の交渉で横瀬浦の全面寄進を提示しながら、交渉の最終段階では折半案に変更し、協定を妥結させたのであった。これは、純忠が彼らの力を利用し、横瀬浦を日本内外の商船で賑わう国際的港湾へと発展させ、その利益の半ばを確保しようとしたことを示している。実際、純忠は横瀬浦の教会近くの領地（横瀬浦で純忠が確保した土地）に自邸を建て、ポルトガル人らと交流し、身近に貿易の有り様を監視しつつ、そこから上がる利益の半ばを確実に吸収しようとしたのであった[86]。

アルメイダの報告を受けたトルレスは、豊後府内を発って横瀬浦に到着すると、永禄五年八月初め、教会などの建設に乗り出した。純忠はこれを支援すべく、木材が取得できる森と多数の労働力を提供したので、三ヶ月ほどのうちに横瀬浦の整備が進展し、翌永禄六年四月段階で約三〇〇人のキリシタンが教会の周辺に居住しており[87]、これ以降、平戸・博多・山口・豊後府内の商人や、ポルトガル商人を初めとする東アジア各地の商船も来航するようになっていった。

国際的港湾横瀬浦の実態　横瀬浦の故地である長崎県西海市横瀬郷には、佐世保との間を行き来する定期船が就航しており、現在でもまだ港湾としての機能を維持している。また、港の周囲のあちこちに教会跡や純忠屋敷跡などとされる場所がある。純忠との交渉に当たったアルメイダは、永禄五年に横瀬浦から発信した書簡の中で、横瀬浦の有り様を次のように書き留めている。

小島の内は大変よい港で、さまざまな船舶が停泊している。同じ港を形成している小さな入り江には、右手に入り込んでキリスト教徒たちの集落があり、これに向かい合った高いところに私たちのカーザ（修院）

がある。対岸のキリスト教徒らが渡るために、幅の広い石橋が両側に架かっており、塩が流れ込む橋の中央には、その両側の石の上に据えてある桁があり、この橋の末端に、双方に壁をもったおよそ七段の石段がある。石段は橋と同じ幅の広さから始まって、次第に三段ほどの広さにまで広がっている。石段の上には、たいへん美しい樹木の入り口がある。この入り口から大きな門に着くまで四段あり、門内には奥行きと幅が八ブラザ（一六・六メートル）ほどの方形の庭があり、その前面に教会がある。教会は奥行き七ブラザ（一五・四メートル）以上、幅五・五ブラザ（一二・一〇メートル）であり、その土地の人々の協力を得て造られた。（中略）教会があるところは、全体がはなはだ高い樹木に囲まれており、この地所の中には教会に必要な家々が他にもある。そして、大弓一射程くらいの教会近くには菜園もある。[88]

初めにある小島とは、横瀬浦の湾頭にある八ノ子島を指す。この島には十字架が立てられていたとされるが、その内に入れば波静かな内港となり、多くの船舶が停泊可能なところであった。アルメイダは、佐世保湾から横瀬浦に入る視点で景観を描写していると考えるならば、全体に現在の風景とかなり合致する内容であることが判明する。[89]

第4図は、アルメイダが残した情報と、『大村郷村記』の「横瀬浦村」の項など現地の地誌に書き留められた情報を合わせて、現在の地形図に加筆したものである。これによると、横瀬浦のある湾は、入って間もなく分かれる左右の入り江と、最奥部に延びる入り江とに別れており、この三つの入り江のいずれにも船舶の停泊が可能であった。この三つの入り江の中で、右側の入り江は現在も定期船の発着場となっており（西港）、アルメイダらポルトガルの宣教師や商人たちの活動の舞台となったのも、この入り江とその周辺であったと考えて間違いない。

第４図　横瀬浦の実態

この入り江に入ると、天然の地形を加工し、掘り込み港にした形跡があるが、この部分の水深は余り深くないので、実際には艀か内湾用の小型船の着岸に使用されていた可能性が高く、ポルトガル船やジャンクなどの外国船は、伝承通りその少し手前にある現在の定期船の発着場付近に着岸していたと考えたほうがよかろう。

その掘り込み港の右側の台地の裾には、建物が建ち並んでいた形跡のある二段の平場がはっきりと残っており、上の段は上町、下の段は下町と呼ばれているという。『大村郷村記』の「横瀬浦村」の項によると、江戸時代にはまだ石垣などの遺構も一部残っていたとあるが、[90]ここがポルトガル商人たちの町場（ポルトガル人居留地）の跡であったことは、ほぼ確実といってよかろう。そして、それに向かい合う左側の台地（この台地一帯は寺屋敷と呼ばれる）に教会やその関連施設があり、教会はポルトガル商館の機能も兼ねていたと考えられる。

現在、掘り込み港跡の入り口付近にコンクリート製の橋がある。アルメイダは、永禄五年（一五六二）当時、上町・下町のキリシタン集落（ポルトガル人居留地）に住む人々が、台地の上にあった教会へ行くため

に使う石橋が架かっていた、と書いているが、もとよりそれが、現在と同じ位置にあったかどうかは分からない。しかし、「塩が流れ込む橋」という表現から判断すると、掘り込み港の入り口から比較的近い場所であったと考えるのが妥当であろう。この石橋は、左右両側に礎石を置き、その上に橋桁を乗せるという構造を持っていたという。

この石橋が台地に達したところに壁面があり、そこから七段の石段を上っていくと、美しい樹木で造られた入り口があり、そこからさらに四段ほど上ると門が見え、その中に一六〜一七メートル四方の庭園と、その先に奥行き一五メートル余、幅一二メートル余の広さを持つ教会が建っていた。この教会は、大村純忠による建材や労働力などの支援を受けて建設されたもので、周囲が高い樹木で取り囲まれ、同じ敷地内には教会に付随する家々があり、そこから少し離れたところには菜園（畠）もあったという。

一方、一番深い入り江の中程に東港があり、台地の南側の船着き場から少し上ったところに大村純忠の屋敷跡があったと伝えられる。純忠が横瀬浦に屋敷を造ろうとしていたことは、ルイス＝フロイスも書き留めており、おそらくここがその屋敷跡であると考えて大過なかろう。その位置から見て、東港と純忠屋敷とは一体的な関係にあり、教会と西港との関係に対応することになる。そういえば、この地域の大字に相当する横瀬郷が、西港を中心とした横瀬西と東港を中心とした横瀬東とに分かれているが、おそらくこれは、純忠がトルレスらポルトガル人との間で横瀬浦の権益を折半したときの名残であり、西港にはポルトガル船が来港し、教会主導のもとに、上町・下町居留のポルトガル商人らによる取引が行われ、東港には日本各地から日本人商人が来港し、純忠監視のもとに取引を行っていたと考えられる。(91)

フロイスは、当時の横瀬浦には豊後商人らも来港し、彼らが最も裕福な商人であったこと、彼らはポルトガル商人がもたらした絹（中国産生糸）を大量に買い取ろうとして、銀を携えて待ち構えていたと書き留めている。[92] これは西港に入ったポルトガル商人と、東港で待機する豊後商人ら日本商人との取引の様子を伝えるものであるが、西港と東港のどちらで取引していたかは不明である。その点で注目されるのは、純忠屋敷跡の伝承地が横瀬東に属しながら、横瀬西にも睨みをきかすことができる地点に立地することであり、両者の取引の監視が可能なところに純忠が屋敷を建てていたことになろう。純忠による横瀬浦の支配・管理の全容を解明するためには、西港・東港に加え、その対岸地域の港湾集落まで含めた検討が必要であり、今後の重要な課題の一つとして残されている。

大村純忠の改宗と横瀬浦の焼亡　大村純忠は、貿易の利益追求と合わせて、早くからキリスト教に好意的な対応を示していたが、洗礼を受けてキリシタンになるまで、かなり慎重な姿勢をみせていた。しかし、永禄六年（一五六三）、純忠は横瀬浦のトルレスを訪れ、①自分は大村領の領主であるが、目上の同盟者であり、異教徒（仏教徒）である有馬義貞（純忠の実兄）の意向を考えず、勝手に領内の神社仏閣の仏像を焼却し、寺院を破却することはできない、②しかし自分は今後いっさい僧侶たちの面倒を見ないので、やがて彼らは自滅するであろう、と伝え、これをトルレスが了解すると、直ちに受洗したのであった。[93] ①②は純忠が示した意思であるが、それを求めたのはトルレス側であったことは明らかであり、純忠は兄の義貞や大村氏の一族・家臣とのしがらみに苦慮し、①の代替条件として②を示すことにより、ようやく洗礼を受けることができたのである。

このように、純忠改宗の背景には、地域社会に根付いた寺院・僧侶らとの深い関係、それに馴染んだ大村領の領主としての立場に加え、連携する実兄義貞との関係もあり、単純に純忠個人の改宗としては済まされない複雑な事情があった。そうした状況を調整しつつ、純忠はトルレスから洗礼を受け、ドン＝バルトロメウの教名を与えられたのである。このとき純忠の家臣二五人も受洗したとされており、その中には朝長純利

の弟新助《しんすけ》（純安《すみやす》）も含まれていた。純安はドン＝ルイスの名を授与されている。(94)

こうして大村純忠は、難題を抱えながら改宗に踏み切って日本最初の「キリシタン大名」となった。それによって、ポルトガル人との良好な関係を深め、南蛮貿易による大きな利益を獲得し、大村領の富国強兵を目指そうとしたのである。この純忠の改宗を契機として、大村領内のキリスト教徒が一段と増加することになるが、ここで注目したいのは、純忠がトルレスに示した①の仏像焼却・寺院破却についての問題である。というのは、大村領の石塔類が、いずれも人為的に破壊され、溝や谷などに投棄された状態で検出されるからである。実際、教会があった横瀬浦の一角からも、道路工事に際して一四～一五世紀頃の結晶片岩製の五輪塔・宝篋印塔などが多数出土し、教会の建設前、この台地上かその周辺に仏教徒の墓地群が存在したことが分かってきた。また、この台地の「寺屋敷」という呼び名も、ここに寺院が存在したことを暗示しており、教会建設と寺院や墓地の破壊が密接な関係のもとに進められたことを示している。同じく「キリシタン大名」となった有馬義貞の居城日野江城跡（長崎県南島原市）でも、墓石が惜しげもなく破壊され、大量に階段の敷石・踏み石などに転用されていたことが明らかになり、(95)キリスト教を受容した大村・有馬領で、かなり大規模な寺院や墳墓の破壊が行われていた様子が見えてきた。キリスト教が流布し、キリシタンが増大するのに対応しつつ、キリシタンによる「戦国の廃仏毀釈」が広く行われていたのである。

こうした信仰絡みの根深い対立は、大村氏の内部抗争にも大きな影を落としていた。すなわち、純忠が洗礼を受けた永禄六年（一五六三）四月、小鯛城主で横瀬浦の管理に係わっていた針尾伊賀守が、武雄城の後藤貴明と結んで純忠に反旗を翻したのである。フロイスが記すところによれば、この事件の顚末は次のとおりであった。純忠のキリシタン受容策に不満を持つ家臣らが、大村領を窺う後藤貴明をたきつけて純忠打倒を決意させると、針尾伊賀守による朝長純安・イルマン襲撃・殺害を合図に、大村氏の本拠三城城を襲撃した。純忠は多良岳《たらだけ》の僧院（長崎県境の佐賀県多良町の多良山千住院）に逃れたが、後藤・針尾氏ら反純忠勢力は、三城城に襲いかかって略奪と破壊の限りを尽くした。その頃、横瀬浦では、この港の繁栄に不満を持つ豊後商人（彼らは仏教徒）がポルトガル人らを殺害して町に放火し、教会はもとより港町のほとんどを焼き払っていた。まもなく態勢を立て直した純忠は三城城を奪還すると、すぐさま針尾を攻めて放火し、針尾伊賀守を放逐した。(96)

これによれば、大村氏内部には親キリシタン派と反キリシタン派の対立があり、後者が後藤氏を挙兵に導き、針尾氏の横瀬浦での決起とともに、三城城の純忠を大村から放逐したことになる。その点からみれば、この事件はキリシタン政策をめぐる大村氏の内部対立に、大村・後藤両氏の対立が絡んで惹起したものということになる。しかし、同時に発生した豊後商人による横瀬浦焼き討ち事件に注目すると、その背後にはさらに複雑な事情があったことが見えてくる。

すなわち、横瀬浦事件の契機は、針尾の瀬戸と大村での事件を理由に、ポルトガル商人が代金支払い済みの豊後商人に商品の生糸を引き渡さず、武力抗争を展開したことにあるが、仏教徒の豊後商人らは、横瀬浦での南蛮貿易の開始によって大きな不利益を被っており、貿易と布教を一体的に進めるイエズス会士らに対して強い不満を持っていたのである。当然のことながら、横瀬浦の発展とともにポルトガル船が入港しなくなった平戸でも、この地の商人や松浦氏もそうした不満を共有していたと考えなくてはならない。(97)

ところがこの事件には、それのみに止まらない広がりがあった形跡がある。その点、フロイスは、横瀬浦焼き討ち事件や大村純忠放逐事件とほぼ期を一にして、有馬氏で次のような事件が起きていたことを書き留めている。すなわち、永禄六年（一五六三）、有馬義直（のち義貞）は、龍造寺隆信との合戦に敗れ、伊佐早・島原を初め多くの領地を失った。仏僧たちは、有馬氏が敗北したのは、大村純忠が放逐されたのと同じく、キリスト教の布教と教団形成を許容したためであると強く非難したため、仏教徒である前当主仙巌《せんがん》（義直・純忠の父晴純）は義直を退け、ふたたび有馬氏の実権を握ると、それまで口之津《くちのつ》（長崎県南島原市口之津町）を中心に布教を容認していた政策を全面的に改め、今後一人の宣教師も置いてはならないこと、十字架を切り倒すこと、キリシタンに改宗を迫ることなど、厳しいキリシタン禁止令を実行するようになった(98)。

このことから、有馬氏ではキリシタン容認派の義直と、これに批判的な前当主仙巌（晴純）との潜在的な対立が、龍造寺氏との百合野合戦《ゆりのがっせん》での敗北を機に顕在化し、寺社や家臣団の支持により復帰した仙巌が、キリシタン禁止に乗り出したことが明らかとなる。注目したいのは、その契機となった有馬・龍造寺両氏との決戦に至るまで、有馬氏は高来郡のほか藤津・杵島・小城郡も支配領域とし、松浦・彼杵・佐賀郡などにも影響力を持っていたが(99)、竜造寺氏の急成長とともに有馬氏の後退がはじまり、永禄六年の決戦では肥前東部の領主の大半が龍造寺方に属したことからすると、後藤貴明が反純忠派大村家臣と結んで大村攻撃を決行したのも、また、松浦隆信が平戸松浦本家（松浦盛は有馬仙巌の子で純忠の兄弟）を打倒したのも、すべてこの百合野合戦に連動した動きであった可能性が極めて高い(100)。

このように見ると、永禄六年に大村領で発生した一連の事件は、戦国肥前における地域権力の相剋と統廃合の一環をなすものであり、他地域でも広く観察される動向であると見なしてよい(101)が、その一方で、他地域と異なる肥前固有の特質が見られることにも留意しておくことが必要である。それはポルトガル宣教師の布教活動と、それと一体的に進められた南蛮貿易が、この地域の権力・社会・民衆に大きな影響を与えていたことである。すなわち前者は、民衆まで巻き込んだ諸寺院・僧侶ら寺社勢力と、日本人キリシタンとの深刻な対立・闘争を生み出し、後者は平戸・横瀬浦・豊後府内など日本人商人間の対立に加えて、日本人商人とポルトガル商人との対立をも生み出し、しばしば殺傷事件まで引き起こすことになったのであり、この政治・宗教・経済に係わる諸問題が密接に絡み合いながら展開したのが、すなわち肥前戦国史の最大の特徴であった。横瀬浦の焼亡は、まさしくその象徴的な出来事であったといわなくてはならない。

４　福田浦から長崎へ

横瀬浦を焼け出された宣教師やキリシタンの多くは、松浦氏重臣でキリスト教に親しいドン＝アントニオこと籠手田安経《こてだやすつね》の領地度島《たくしま》（長崎県平戸市、平戸島の西に浮かぶ）へ避難した。これは、松浦氏が厳しいキリシタン政策をとり、宣教師たちと対立していたからであるが、翌永禄七年（一五六四）八月、ドン＝ペドロ＝デ＝アルメイダの定航船（ナウ船）が横瀬浦に入港し、その荒廃ぶりを目撃して平戸に向かったとき、度島にいたフロイスは、ナウ船の船長を介して交渉し、貿易船の入港を引き替えとして、松浦隆信に平戸での教会建設・十字架再建を承認させたのであった。[102] 隆信にとってポルトガル商人との貿易が、いかに大きな意味を持っていたかがうかがえよう。

こうして平戸が南蛮貿易の拠点として復活しようとするとき、これに対して強い不満を表明したのは大村純忠であった。純忠は、南蛮貿易の利益ばかりでなく、ポルトガル商人から供与される資金や武器[103]の行方が松浦氏らとの戦争の勝敗に強く影響を与えることを危惧していたのである。日本最初の「キリシタン大名」純忠の強い反対は、松浦氏のキリシタン政策に対するイエズス会士の評価と相俟って、横瀬浦にかわる新たな南蛮貿易港探しの動きを開始させ、永禄八年（一五六五）七月になると、西彼杵半島南部に位置する福田浦（長崎県長崎市）に初めてポルトガル船が入港した。[104] 福田浦が大村領の一角にあることから見て、ここが新たな南蛮貿易港とされる際、トルレスやフロイスなどイエズス会宣教師と純忠との間で、合意が形成されていたことはほぼ確実といってよかろう。しかも、この福田浦は、横瀬浦と違って東シナ海に面しており、ポルトガルの大型船の入港には有利な条件を備えていた。

しかし、同年八月、松浦氏の艦隊七〇艘（五〇艘とも）が、和泉堺の商人の大型船八〜一〇艘と連合し、福田浦に停泊していたポルトガル船を急襲して海戦となり、双方とも大きな被害を出した末に、ポルトガル方の大砲で大型船三艘を撃破された松浦方が退却し、収束を見た。[105] この海戦は、ポルトガル方と松浦方との戦いのようにも見えるが、ポルトガル方には福田氏など大村氏の家臣も参加していることからみて、[105] 南蛮貿易港をめぐる大村氏と松浦氏との争奪が基本となっていたことは間違いない。そして、この海戦を契機として、南蛮貿易の中心は平戸から大村領福田浦に移行し、トルレスの指示を受けたベルショール＝デ＝フィゲイレドも布教の責任者として定住することによって、福田浦はしばらく南蛮貿易とキリスト教布教の中心となった。[106] しかし、港湾の広さや水深、外洋に面するがゆえの安全性・安定性などが問題となり、よりよい条件を持つ港湾が求められ、その結果、福田浦の少し南の深く大きな入り江を持つ長崎（長崎県長崎市）が選定され、元亀元年（一五七〇）、純忠とフィゲイレドとの間で使用協定が結ばれたのであった。[107]

以上のように、天文十九年（一五五〇）のザビエルの平戸入港を機に、肥前西岸はポルトガルの宣教師や商人が行き交うところとなり、その間、貿易とキリシタン政策をめぐる争いやかけひきの中で、平戸から横瀬浦へ、横瀬浦から福田浦へ、さらには福田浦から長崎浦へと、めまぐるしいほどに南蛮貿易の拠点の変遷をみることになった。[108] 注目されるのは、この四港がいずれも肥前北西部にあり、松浦氏とポルトガル人との対立後、①平戸にかわって選定された港湾がすべて大村領内に存在し、②一貫して南遷して長崎に定着、そこが近世日本を代表する国際港湾都市に発展していった事実である。このうち①は、大村氏が早くから積極的にキリシタンを受容しつつ、ポルトガル商人・キリシタンと親しく接していた結果であり、貿易と布教活動とを一体的に進めるイエズス会士の方針とも合致していたからであった。

一方、②については、大村氏やイエズス会士と対立する松浦氏の攻撃を避けるためであったともされる。もとより、そのような一面があったことは否定しないが、最終的に定着した長崎が、やがて世界に開かれた窓口に成長していくのは、ここに九州各地の港湾機能を集中させせようとする動きがあったからであり、その起点が南蛮貿易の拠点に選定されたときに求められることは容易に察せられよう。それ以降、大村氏による長崎の保護・育成策による港湾都市としての発展と、中国・ポルトガル商船やそれにつぐスペイン船の来港、さらにはオランダ・イギリス船の来港を通じて、それまでの寧波―博多と寧波―坊津という二つの基幹航路が統合され、長崎に集約されていくことになるが[109]、その動きはすでに永禄期から開始されていたのである。

おわりに

以上、本稿では、肥前西岸を中心とした地域に焦点を当て、地域の側からの視点をもって中世全般の歴史を概観しつつ、その地域的特質について検討を加えてきた。その検討を通じて、鎌倉期の中小武士団が分立する世界から南北朝～室町前期の一揆的世界への発展と、その一揆的世界の中から地域権力が形成される様相を提示する一方、多島海・海域世界として存在するこの地域が、倭寇的世界の一角を構成し、武士・領主から一般民衆に至るまで、日本・中国・朝鮮・琉球など国家の枠組みに必ずしも囚われない活動を展開していたことを提示した。

そして、そうした地域的特性を踏まえて、大航海の時代の始まりとともに押し寄せた、ポルトガルなどイベリア勢力に対する対応を具体的にあとづけた。その過程で、この地域が倭寇的世界の一部であったことが、倭寇に便乗して来港した彼らに対し、比較的スムースな対応を可能にする要件となっていたことを示しつつ、キリスト教の布教と貿易を一体的に進めるイエズス会宣教師やポルトガル商人らと、当該地域の地域権力（松浦・大村・有馬氏ら）・民衆との交流の有り様を具体的にあとづけた。

それによって、①日本側の地域権力は、当初、南蛮貿易の利益を目的にキリスト教の布教を黙認していたが、キリシタンの増加に伴う寺院・仏教徒との対立が表面化すると、松浦氏のように、布教はもとよりキリスト教そのものを禁圧する傾向が強まっていくこと、しかし、②それとは対照的に、大村・有馬氏のように、南蛮貿易を積極的に展開する一方で、キリスト教の教理を理解して、一族・家臣や領民への布教を許容し、さらには自らもキリシタンとなる者も現れたこと、③ポルトガル人らの布教活動は、仏教が広く定着した日本社会に大きな衝撃を与え、少なからぬキリシタンを生み出していくが、同時に寺院・仏教徒との間に対立を引き起こすようになったこと、④イエズス会士らは、仏教を「異教」と呼んで許容しない立場にあったため、布教に成果を上げたところでは、しばしば「戦国の廃仏毀釈」を強行していたこと、しかし、⑤キリスト教を公認する地域権力の支配領域では、宣教師やポルトガル商人らと協同し、南蛮貿易の拠点となる港湾の保護・育成策が進められ、国際港湾都市長崎の端緒が開かれていたこと、などを明らかにした。

このように本稿では、松浦党からキリシタンまでの長い時代を扱うことによって、当該地域が持つ固有の地域性の一端、一揆・地域権力論とキリシタン論を統合した研究の有効性を、不十分ながらも示すことができたと考えるが、最後に付言しておきたいのは、倭寇やキリシタンの時代に生き生きと輝いた当該地域が、現在は過疎と高齢化の荒波に洗われ、厳しい状況下に置かれていることをどう考えるか、という点である。その理由の一端が、資本主義の発展とともに、それまでの基本的交通手段であった船舶が鉄道にかかわり、かつて海の玄関として栄えた港町が衰弱の一途をたどったことにあるのは間違いなかろう。鉄道が敷設されなかった西彼杵半島地域は、もとよりその例外ではあり得ないが、それはこの地域が当初から過疎地であったことを意味しはいない。それどころか、かつては海の十字路として繁栄した海域の一角に位置しており、それゆえに、鉄道を必要とする状況にはなかったと考えなくてはならない。しかも、当該地域が、国家の枠を越えた交流を展開し、外に開かれた地域であったことを想起してみると、むしろ中世の最先進地域の一つであったといってよかろう。

この最先進地域から過疎・高齢化地域への変貌は、中央集権的な近代国家の形成とともに、端緒が開かれ、昭和の高度成長期を経過する中で一挙に進行したものであった。高度成長は、確かに日本を経済的に豊かにしたものの、中央と地方、都市と農村、家族のあり方、意識や価値観の世界に至るまで、日本社会のあらゆる側面に大きな変化をもたらした。そうした状況の中で、中央・大都市と地方・農村との格差が一段と拡大され、それに伴って大都市中心の価値観も形成され、地方分権のかけ声とは裏腹に中央集権が強化されて行き、私たちは無意識のうちに中央中心の思考法に強く影響されるようになったのであった。

しかし、翻って考えてみれば、当該地域が最も輝いた倭寇・一揆からキリシタンに至る時代は、集権よりも分権が重視された時代であり、しかも当該地域の地域性に規定されて、領主・民衆ともに必ずしも国家の枠に囚われない闊達な活動を展開し、日本史の中でも特徴的な歩を地域の記憶として刻み込んでいった。私たちは、ともすれば無意識のうちに陥りがちな中央中心・大都市指向の思考法を相対化し、かつて生き生きと輝いた時代の当該地域の人々の知恵に学びながら、厳しい現実に立ち向かっていく姿勢を身に付けていくことが必要であろう。[110]そのために歴史学は何ができるのか、私も当該地域の歴史に学びながら、考えつづけて行きたいと思う。

註

（1）かつて地域の歴史の研究を担ってきたのは、中学校・高校の教員を中心とする人々であった。しかし、昭和後期～平成の教育政策の中でしだいに研究と教育の分離が極限まで進められ、教員にとっての研究が教育方法や教育実践を意味するようになると、地域の歴史を研究し、その成果を教育の中で活かそうとする教員は激減した。これは地域の研究の衰退と完全に符合しており、このような状況をもたらしたのが、教育と研究を完全に分離して怪しまなかった底の浅い教育政策にあったことを、私たちは銘記しておくべきであろう。

（2）もとより北方史や琉球史・南島史のように、地域に徹底的にこだわりつつ全体を捉え、新たな論点・課題を次々と提示している研究もある。

（3）第一巻 自然・原始・古代編は二〇一三年三月刊、第二巻 中世編は二〇一四年三月刊、ともに長崎県大村市発行、同市史編さん委員会編集。

（4）長沼賢海『松浦党の研究―北九州海賊史―』（九州大学文学部国史研究室、一九五七年）、瀬野精一郎『鎮西御家人の研究』（吉川弘文館、一九七五年）、同『松浦党研究とその軌跡』（青史出版、二〇一〇年）、外山幹夫『中世九州社会史の研究』（吉川弘文館、一九八六年）、同『中世長崎の基礎的研究』（思文閣出版、二〇一一年）、遺稿集『長崎史の実像』（長崎文献社、二〇一三年）ほか。また、古賀稔康『松浦党武士団一揆の成立』（芸文社、一九八七年）のように地域に密着した成果も多い。

（5）（6）『藩史大事典 第7巻 九州編』（雄山閣出版社、一九八八年）。

（7）瀬野精一郎「肥前国」『講座日本荘園史10 九州地方の荘園』（吉川弘文館、二〇〇五年）。

（8）瀬野精一郎『松浦党研究とその軌跡』（前掲）。

（9）『千葉県史』第一編第一章（二〇〇七年）、平孝治『肥前国深堀の歴史［新装版］』（長崎新聞社、二〇一四年）。

(10)(11) 瀬野精一郎『鎮西御家人の研究』(前掲)、『県史 42 長崎県の歴史』(山川出版社、一九九八年) 3章。
(12) 佐藤進一『増訂鎌倉幕府守護制度の研究』(東京大学出版会、一九七一年) 肥前の項。
(13)『国史大系 吾妻鏡第一巻』元暦元年三月二十四日条。
(14) 安貞二年三月十三日関東裁許状案「青方文書」四一号 (瀬野精一郎編『松浦黨関係史料集 第一』続群書類従完成会、一九九六年)。
(15) 瀬野前掲『松浦党研究とその軌跡』Ⅲ二。
(16)『訓読明月記第四巻』嘉禄二年十月十七日条。
(17) 沙弥西念譲状案「伊萬里文書」七六号 (前掲『松浦黨関係史料集 第一』)。
(18) 関東裁許状案「有浦文書」一二九号 (前掲『松浦黨関係史料集 第一』)。
(19) 青方重譲状案『青方文書 第二』(続群書類従完成会、一九八六年) 補遺二九号。
(20) 松浦党の生活・支配の実態については、白水 智「西の海の武士団・松浦党―青方文書にみる相剋の様相―」(『海と列島文化第4巻』小学館、一九九二年)、海夫については、網野善彦「海夫 九州をめぐる海上交通」(同『海と列島の中世』日本エディタースクール出版部、一九九二年) を参照。
(21) 肥前国守護北条為時挙状「山代文書」一六六号 (前掲『松浦黨関係史料集 第一』)。
(22) 山代亀鶴丸着到状「山代文書」四三〇号 (前掲『松浦黨関係史料集 第一』)。
(23) 青方聞軍忠状案「青方文書」五四二号 (前掲『松浦黨関係史料集 第一』)。
(24) 一色直氏軍勢催促状「中村令三郎氏所蔵文書」六〇五号 (前掲『松浦黨関係史料集 第一』)。
(25) 村井章介『中世の国家と在地社会』(校倉書房、二〇〇五年) の第四部一二章 (初出一九九九年)・同一三章 (一九七五年)。松浦一揆に関する最新の成果に呉座勇一『日本中世の領主一揆』(思文閣出版、二〇一四年) 第一部第三章 (初出、二〇一〇年）がある。
(26) 村井前掲『中世の国家と在地社会』第四部一二章・一三章。
(27) 村井前掲『中世の国家と在地社会』第四部一二章・一三章及び一四章（初出、一九七六年）。
(28) 外山前掲『中世九州社会史の研究』第二部第四章（一九八六年新稿）。
(29) 外山前掲『中世九州社会史の研究』付録 福田文書一〇三号。
(30) 外山前掲『中世九州社会史の研究』付録 福田文書九二号。
(31) 外山前掲『中世九州社会史の研究』付録 福田文書一〇六号。
(32) 右の史料の宛名には福田氏の名が見られないが、これは「浦上一揆等中」が「福田一揆等中」または「福田一族等中」と記された同文の文書が発せられていたためであろう。
(33) 外山前掲『中世九州社会史の研究』付録 福田文書九五号。
(34) 外山前掲『中世九州社会史の研究』付録 福田文書九六号。
(35) 外山前掲『中世九州社会史の研究』付録 福田文書九九号。
(36) ①の日付の次の行に見える「彼杵庄一揆連判着到名字任□□」は、後の注記と見られるので、「彼杵庄一揆」にかける必要はなく、また連署の部分に欠損があるとは思えない。
(37) 彼杵荘の中小領主の少なからぬ部分が南北朝・室町期以降も生き残っていることを思えば、鎌倉期に複数の一族が登場し、主要な領主の一人となっていた大村氏が、南北朝期以降、一人の一族も残さず消滅状態になることのほうが不自然であろう。
(38) この点の研究史は、『大村市史第二巻』第二章第三節を参照。
(39) 外山前掲『中世九州社会史の研究』付録 福田文書の「解説」。

(40)『大村市史第二巻』第一章、第二章第三節。
(41)『大村市史第二巻』第二章第三節。
(42)藤野保編『佐賀藩の総合的研究 正』（吉川弘文館、一九八六年）。
(43)(44)『大村市史第二巻』第三章第一節。
(45)水藤 真『落日の室町幕府 蜷川親俊日記を読む』（吉川弘文館、二〇〇六年）。
(46)『県史 42 佐賀県の歴史』（山川出版社、一九九八年）5章、前掲『県史 42 長崎県の歴史』4章。
(47)(48)『大村市史第二巻』第三章第四節。
(49)下松浦住人等一揆契諾状「山代文書」八四二・八六七号（『松浦黨関係史料集 第三』）。
(50)『大村市史第二巻』第三章第四節。
(51)針尾氏の個別研究に、山鹿敏紀「戦国武将 針尾伊賀守の系譜と針尾島」、池田和博「針尾島戦国史」（ともに『松浦党研究』四、一九八二年）などがある。
(52)東福寺領肥前国彼杵庄文書目録「正慶乱離志裏文書」（瀬野精一郎編『九州荘園史料叢書七肥前国彼杵荘・伊佐早荘史料』彼杵荘史料六一号）。
(53)針尾氏は、やがて後藤氏と結んで大村氏に敵対するが、そこには横瀬浦の利権をめぐる両氏の対立があった可能性がある。なお、針尾氏の子孫は家老待遇で大村藩に仕官している。
(54)(55)『針尾城跡 平成16年度佐世保市埋蔵文化財発掘調査報告書』（佐世保市教育委員会、二〇〇五年）。
(56)『大村市史第二巻』第一章第三節。
(57)高津 孝・橋口 亘・大木公彦「海を渡る石」（高津 孝編『東アジア海域に漕ぎ出す3 くらしがつなぐ寧波と日本』東京大学出版会、二〇一三年）。

(58)(59) 菅沼潤訳、ジャック・ル＝ゴフ『ヨーロッパは中世に誕生したのか？』(藤原書店、二〇一四年)。
(60) 青山和夫『マヤ文明―密林に栄えた石器文化』(岩波書店、二〇一二年)、泉靖一『インカ帝国―砂漠と高山の文明』(岩波書店、第四五版、二〇一二年)。
(61) 河野純徳訳『聖フランシスコ・ザビエル全書簡』(平凡社、一九八五年)第三章、村井章介『海から見た戦国日本―列島史から世界史へ―』(筑摩書房、一九九七年)、五野井隆史『大航海時代と日本』(渡辺出版、二〇〇三年)、羽田正『興亡の世界史15 東インド会社とアジアの海』(講談社、二〇〇七年)、生田滋「世界航海の終点長崎」(前掲『海と列島文化第4巻』)。
(62) 村井前掲『海から見た戦国日本―列島史から世界史へ―』。
(63) 河野前掲『聖フランシスコ・ザビエル全書簡』第四章、村井前掲『海から見た戦国日本―列島史から世界史へ―』、五野井前掲『大航海時代と日本』、宮崎正勝『ザビエルの海 ポルトガルの「海の帝国」』(原書房、二〇〇七年)。
(64) 河野前掲『聖フランシスコ・ザビエル全書簡』第四章、五野井前掲『大航海時代と日本』、宮崎前掲『ザビエルの海ポルトガルの「海の帝国」』。
(65) 河野前掲『聖フランシスコ・ザビエル全書簡』書簡第九〇、書簡第九六。
(66)(67)(68) 河野前掲『聖フランシスコ・ザビエル全書簡』書簡第九六。
(69)『日本関係海外史料 イエズス会日本書簡集 譯文編之一(下)』(東京大学出版会、一九九四年)四七号、加藤知弘『バテレンと宗麟の時代』(石風社、一九九六年)。
(70) 河野前掲『聖フランシスコ・ザビエル全書簡』第九四。
(71) 高瀬弘一郎『キリシタンの世紀』(岩波書店、一九九三年)。
(72) 外山幹夫『松浦氏と平戸貿易』(国書刊行会、一九八七年)。

（73）村井前掲『海から見た戦国日本計―列島史から世界史へ―』。
（74）『日本関係海外史料 イエズス会日本書簡集 譯文編之二（上）』（東京大学出版会、一九九四年）八三号、外山前掲『松浦氏と平戸貿易』。
（75）『日本関係海外史料 イエズス会日本書簡集 譯文編之二（上）』九二号。
（76）『日本関係海外史料 イエズス会日本書簡集 譯文編之二（上）』九三号。
（77）『イエズス会士日本通信 上』（雄松堂、一九六八年）一六八頁。
（78）（79）松田毅一・川崎桃太訳『フロイス日本史6 豊後編Ｉ』（中央公論社、一九八一年普及版）第一六章（第一部一八章）、外山前掲『中世長崎の基礎的研究』第一部第三章。
（80）松田・川崎前掲『フロイス日本史6 豊後編Ｉ』第二五章（第一部第四〇章）。
（81）『大村市史第二巻』第四章第一節。
（82）『大村市史第二巻』第一章。
（83）（84）（85）松田・川崎前掲『フロイス日本史6 豊後編Ｉ』第二五章（第一部四〇章）、『大村市史第二巻』第四章第一節。
（86）松田・川崎前掲『フロイス日本史6 豊後編Ｉ』第二六章（第一部四一章）。
（87）『大村市史第二巻』第四章第一節。
（88）この書簡の内容については、『大村市史第二巻』第四章第一節の五野伊隆史氏の訳・記述と、『イエズス会士日本通信 上 新異国叢書』（雄松堂書店、一九八七年）三五号に拠った。とりわけ前者に拠るところが大きい。
（89）すでにパチェコ＝ディエゴ著・佐久間 正訳『長崎を開いた人―コスメ・デ・トーレスの生涯―』（中央出版社、一九六九年）に、丹念な実地調査に基づいた横瀬浦復元図が示されている。本稿もこの図を参考に、現場の調査を加えて復元を試みた。調査に際して、原口 聡・幸恵夫妻のお世話になった。

(90)『西海町郷土誌』(長崎県西海町、二〇〇五年)第二編第三章第三節。
(91) 安野眞幸『港市論 平戸・長崎・横瀬浦』(日本エディタースクール出版部、一九九二年)。
(92) 松田・川崎前掲『フロイス日本史9 西九州編Ⅰ』第六章(第一部四八章)。
(93) 松田・川崎前掲『フロイス日本史6 豊後編Ⅰ』第二六章(第一部四一章)。
(94)『大村市史第二巻』第四章第一節。
(95)『南島原市文化財調査報告書第6集 日野江城 総集編Ⅰ―平成21年度までの調査成果―』(長崎県南島原市教育委員会、二〇一一年)。なお、大村氏の寺社仏閣破壊については、生田滋「スペイン帝国領『日本』の夢」(前掲『海と列島文化第4巻』)でも指摘されている。
(96) 松田・川崎前掲『フロイス日本史9 西九州編Ⅰ』第六章(第一部四八章)。
(97) この点は、安野前掲『港市論 平戸・長崎・横瀬浦』でも指摘されている。
(98) 松田・川崎前掲『フロイス日本史9 西九州編Ⅰ』第七章(第一部四九章)。
(99) 外山前掲『中世長崎の基礎的研究』第二部第二章。
(100) さらにいえば、龍造寺氏と対立関係あった豊後の大友氏が、有馬氏と通じて何らかの関与をしていた可能性もある。こうした視点で、豊後商人による横瀬浦焼き討ち事件を検討してみる余地は十分にあろう。
(101) これは、拙稿「地域的統一権力の構想」(『岩波講座日本歴史第9巻 中世4』岩波書店、二〇一五年)で言及したように、戦国後半期にみられる地域統合の動きであった。
(102)『大村市史第二巻』第四章第一節、外山前掲『中世長崎の基礎的研究』第一部第三章。
(103)『大村市史第二巻』第四章第二節、この資金・武器の供与は、彼らの本質を考える上で重要な要素となる。
(104) 松田・川崎前掲『フロイス日本史7 豊後編Ⅱ』第二九章(第一部五五章)、『大村市史第二巻』第四章第二節、外山前掲『中世長崎の基礎的研究』第一部第三章。

(105) 松田・川崎前掲『フロイス日本史9 西九州編I』第一二章(第一部六三章)、『大村市史第二巻』第四章第二節、外山前掲『中世長崎の基礎的研究』第一部第三章。

(106) 外山前掲『中世長崎の基礎的研究』第一部第三章。

(107) 松田・川崎前掲『フロイス日本史9 西九州編I』第二四章(第一部九八章)、『大村市史第二巻』第四章第二節、外山前掲『中世長崎の基礎的研究』第三部第三章。

(108) この時代、有馬氏の外港であった口之津も南蛮貿易の拠点の一つであった。永禄七年に仙巌が一時復活したときを除けば、有馬氏はキリシタンに好意的であり、天正八年には晴信が受洗し「キリシタン大名」となっている。口之津の繁栄も、南蛮貿易の拠点を南に吸引する力となっていた。

(109) 安野前掲『港市論 平戸・長崎・横瀬浦』。

(110) これは決して西海地域のみの問題ではなく、列島全体に共通することであろう。

大村氏と西海地域

久田松　和則

はじめに

近世に大村湾を囲む一帯を藩領として統治したのは大村氏であった。その領域は江戸期の呼称にもとづけば、大村湾東部の城下を含む一帯を地方《ちかた》、大村湾に臨む西彼杵半島の内側を内海《うちめ》、同半島の外側を外海《そとめ》、そして大村湾の奥まった底の地域を向地《むかえち》といった。

標題にいう西海地域とは、近世でいう内海・外海の地域を指している。この地がどのような歴史を育み、結果的にはどのような経緯で大村氏が領するところとなったのか、本項ではこの点を明らかにしていきたい。

一　大村氏以前の西海地域

大村氏の治世が及ぶ以前の西海地域の歴史から先ず見ていこう。

関係史料が限定される中で、鎌倉末期にはこの一帯は京都の東福寺領となっていた関係から、東福寺文書によって西海一帯の地域構造が僅かに窺われる。元応二年（一三二〇）付の「彼杵庄文書等」とした記録には、前年の同元年に鎌倉幕府の鎮西探題の下知状が彼杵庄の十一名の豪族達に回されたことが記され、そこには十一名の小領主が登場する。

また東福寺の記録には、同寺僧の良覚が頻発する鎌倉幕府倒幕の動きを記した『楠木合戦注文』もあ

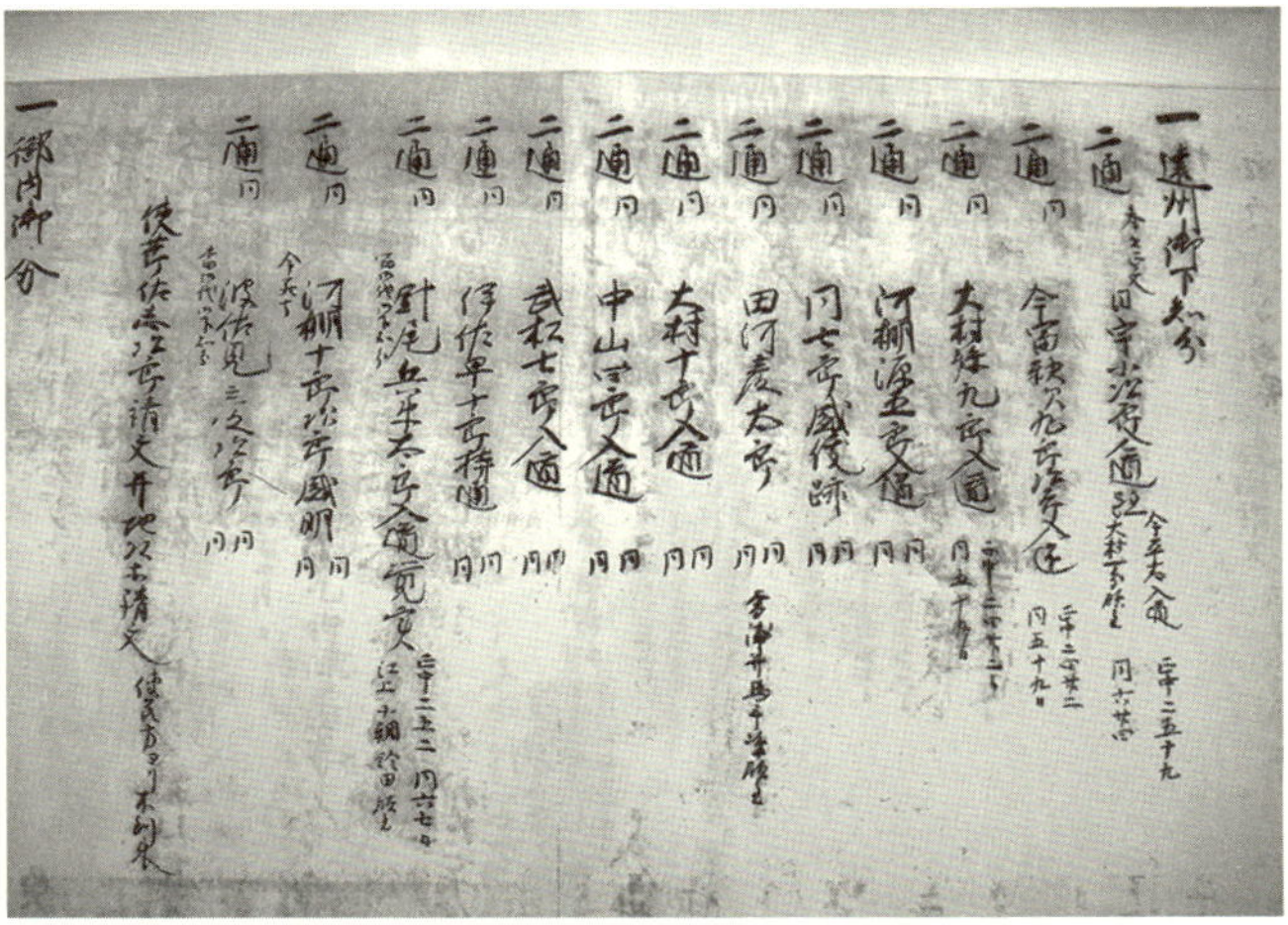

図1　『楠木合戦注文』裏書文書に記される彼杵庄の小領主達（尊経閣文庫所蔵）

る。その裏書文書には鎮西下知状・関東下知状を受けた彼杵庄の六十名の小領主名が記される。

鎌倉末期のこの二つの『東福寺文書』とこの時期の他の文献に登場する小領主達を、大村地域と西海地域に限って抽出すると**表1**の通りである。

まず大村地方の状況は、元応元年の『東福寺文書』回覧を受けた大村氏二氏と日宇氏には「一分領主」と記され、大村領域を小規模な範囲で統治する小領主がいた。続けて『楠木合戦注文』裏書文書に登場する大村氏七氏も同様の小領主であったと思われる。この時点での大村地方は、大村氏惣領家が一円支配するという形態には未だ至っていなかった。大村氏と同等の立場で永岡氏の存在もあった。

加えて大村地域に隣接する今富には今富氏・秋月（秋次）氏・田崎氏、竹松には武松氏、三浦には諫早に本拠地を置いた伊佐早氏の勢力が及んでいた。

従来、大村氏の系譜は、天慶の乱（九三九～九四一）を起こした藤原純友の孫・藤原直澄が正暦五年（九九四）に大村に下向し、大村氏と姓を改めて当地方を治めた事に始まるとされてきた。しかし前記史料では鎌倉末期に至っても大村氏の一円支配の形跡は窺えない。この点からも藤原直澄下向・統治説には疑問がある。

大村地方がこういう状況にあった時、西海地域には面高には面高氏、雪浦には田河氏・中山氏、神浦

表1　鎌倉時代の彼杵庄の小領主達

地域	元応元年	『楠木合戦注文』裏書文書	初出年代	他文献所載	出典
大村	大村十郎入道	大村彦太郎純世子息純童丸	正和三	大村七郎太郎	「福田文書」嘉禎三年十二月廿九日関東御教書案
	大村孫九郎盛純	永岡四郎入道	元亨三		
	日宇小次郎入道	大村十郎入道	正中二	永岡四郎法師法名眼覚	『東福寺文書』元亨二年十二月二十五日鎮西探題裁許状
		大村孫九郎入道	同		
		大村彦太郎跡	同		
		大村五郎太郎	同		
		日宇小次郎入道跡	同		
		大村平太郎	嘉暦三		
		大村青池小次郎入道	嘉暦三		
今富	秋月九郎吉純	今富又次郎入道	元亨三	今富次郎	「福田文書」嘉禎三年十二月廿九日関東御教書案
		秋次九郎次郎	正中二	子息今富三郎・四郎	同
		田崎次郎入道	同	今富彦三郎	「深堀文書」建武元年十月十七日大友貞載書下案
		今富十郎入道	嘉暦三	今富十郎入道	同
竹松	武松七郎入道	武松七郎入道	正中二	武松七郎入道	『東福寺文書』元応二年三月十二日鎮西探題御教書
今村	伊佐早十郎持通				
面高		面高弥四郎入道	正中同		
		面高九郎入道			
雪浦	田河彦太郎	田河彦太郎	正中二		
		田河六郎	同		
		中山四郎入道	同		
神浦		神浦戸町又三郎跡	正中二		
		神浦源藤次	元亨三		
瀬戸		世戸又五郎	正中二		
		世戸七郎	同		

には神浦氏、瀬戸には世戸氏の諸氏が、外海の地域に分立し小領主として存在した。

元応二年の文書目録では田河彦太郎は、「同庄雪浦□□三嶋一方領主」と記される。更に『楠木合戦注文』裏書文書には「雪浦并馬手嶋領主」とある。田河氏はこの二つの記録から雪浦と馬手嶋等の島も保有していた。雪浦には中山四郎入道という小領主の存在も見えるが、この人物についても裏書文書に「雪浦并馬手」には「河棚浦一分領主」としても登場し、おそらく川棚を本貫地としながら、雪浦・馬手嶋をも所領としたのであろう。

ここに見える「馬手嶋」とはどこに当たるのか。雪浦の沖合に浮かぶ大島に「馬刀ヶ浦」の地名が残ることから、大島に当てる説もある。[1]「馬」を伴う地名から、馬の牧があった島とも推測される。とすれば大村藩『郷村記』が、江戸期に馬牧が開かれたと記す大島と寺島が想起されよう。『郷村記』には大島の牧場を次のように記す。

當嶋牧場ハ丹後守純信代、中尾六左衛門始て此牧場を立、其馬代を以て純信の用舎とすといふ、其後中絶、元禄十一年牧場再興、松嶋有移之（後略）

寺嶋の牧場は次のようにある。

寺嶋にあり、今牧馬三拾疋程なり、當嶋牧場ハ貞享二年始之、其後中絶、寶永二年牧場再興、享保四年此牧場を松嶋に移す

大島・寺嶋の牧は三代藩主大村純信の時代、また具体的に貞享二年（一六八五）とあり、いずれにしても江戸時代初期とする。と同時に松嶋にも馬牧が江戸期にあった事が知られる。

この大島・寺嶋・松嶋には、馬牧として相応しいなだらかな地形の草地を有してきたのであろう。そのために古くから馬牧が置かれていたのであろう。馬手嶋をこの三島のどの島に特定する事は難しいが、田河氏の時代から馬牧の島があり、それを馬手嶋と言ったのであろう。こういった中世からの伝統が近

世の馬牧に繋っていったと思われる。

そして元応二年文書目録では田河彦太郎の所領が「同庄雪浦□□三嶋一方領主」とあった。その三嶋とは田河氏時代の馬牧を基礎に、江戸期に馬牧が設けられた大島・寺嶋・松嶋のこの一帯を指しているようにも思われる。

田河氏の雪浦支配の事は、当村『郷村記』にも「雪の浦は往古より田川家代々の領地なり」として、正平十八年（一三六三）、応安五年（一三七二）の彼杵一揆連判状に田河左近将監・同掃部介の名がある事を挙げ、江戸期に至るまで田河氏は雪浦の旧領主として記憶されていた。

図２　面高の唐人墓

面高の面高七郎入道、九郎入道については他に史料は見当たらないが、いずれにしても現在の西海市面高一帯を支配した豪族であった。当地には「唐人墓」と伝承されてきた五輪塔がある。最下部の地輪と上部が花崗岩、下部が安山岩で造られている。当地域は典型的な緑色片岩製の石塔分布圏であるが、この唐人墓は当地域の石材とは異質であり、南北朝中期の中央（関西）で製造された花崗岩製の五輪塔の系統という(2)。

更に面高の遠照院の銅製誕生仏は明代の渡来仏であり、先の唐人墓の存在からも肥前国の辺境の地に位置しながら、国内は中央（関西）や中国大陸にも交易のルートを保有していた事を窺わせる。

神浦・瀬戸はそれぞれに神浦氏と世戸氏が統治した。両氏の存在は時代は下るが戦国期末期の伊勢御師の記録に見ることができる。伊勢御師の宮後三頭大夫文書の永禄四年・十年・同十一年『肥前日記』(3)に登場する。

この『肥前日記』は宮後三頭大夫が肥前国で伊勢

大麻（お札）を配った際に、その大麻を受けた旦那衆を書き留めた名簿である。永禄四年（一五六一）同十年・同十一年には次のように記される。

表1『肥前日記』に見える神浦・瀬戸の領主

永禄四年	永禄十年	永禄十一年
こうのうら之分	神浦之分	神浦之分
兵庫殿祐山入道殿	神浦殿	神浦殿
ひやうこ殿	同祐山入道殿	同上様
彦左衛門殿	同兵庫介殿	神浦掃部殿
ふせん殿	同彦右衛門殿	同新三郎殿
寶積寺	同豊前守殿	清心齋
玉翁入道殿	瀬戸之分	祐山上様
清心齋	瀬戸殿	宮寿様
	同上様	法積寺
		長福寺
		地下へ御祓くはり申候
		御初尾有

永禄四年と十一年の『肥前日記』には瀬戸分の記録はないが、**表1**に示した鎌倉末期から約二五〇年が経過した時代でも、神浦・瀬戸の地では鎌倉期からの両氏が領主として存在していた。

この時期の伊勢御師による伊勢大麻の配札は、地域の豪族・有力者に行われている。御師の活動が神浦と瀬戸に及んでいることは、この両地が西海地域の中でも先進的地域であり、また伊勢大麻を分けた旦那衆は地域の有力者であった。殊に永禄十一年『肥前日記』には、神浦では「地下へ御祓くはり申候」とあり、神浦氏、寺院に限らず地下衆にも伊勢大麻が配られ、地力をもった地域であった。また神浦には寶（法）積寺と長福寺という中世寺院が登場し、この記録によって初めてその存在が知られる寺院である。

当地方の中世史料が極めて少ない中で、伊勢御師の史料として享禄五年（一五三二）の『中国九州御祓賦帳』[4]がある。先の『肥前日記』同様に御師・橋村肥前大夫による伊勢大麻の配り帳である。その筑前国で伊勢大麻を受けた旦那の一人として、

「はかたよこせうらひこ三郎」という人物が記録される。享禄五年には博多に横瀬浦彦三郎という人物がいたことが分かる。この横瀬浦氏の本貫地を西海の横瀬浦に比定する傍証史料は持ち合わせていないが、この人物の存在より三十年後の永禄五年（一五六二）に西海の横瀬浦は、ポルトガルとの南蛮貿易港として歴史に登場する。

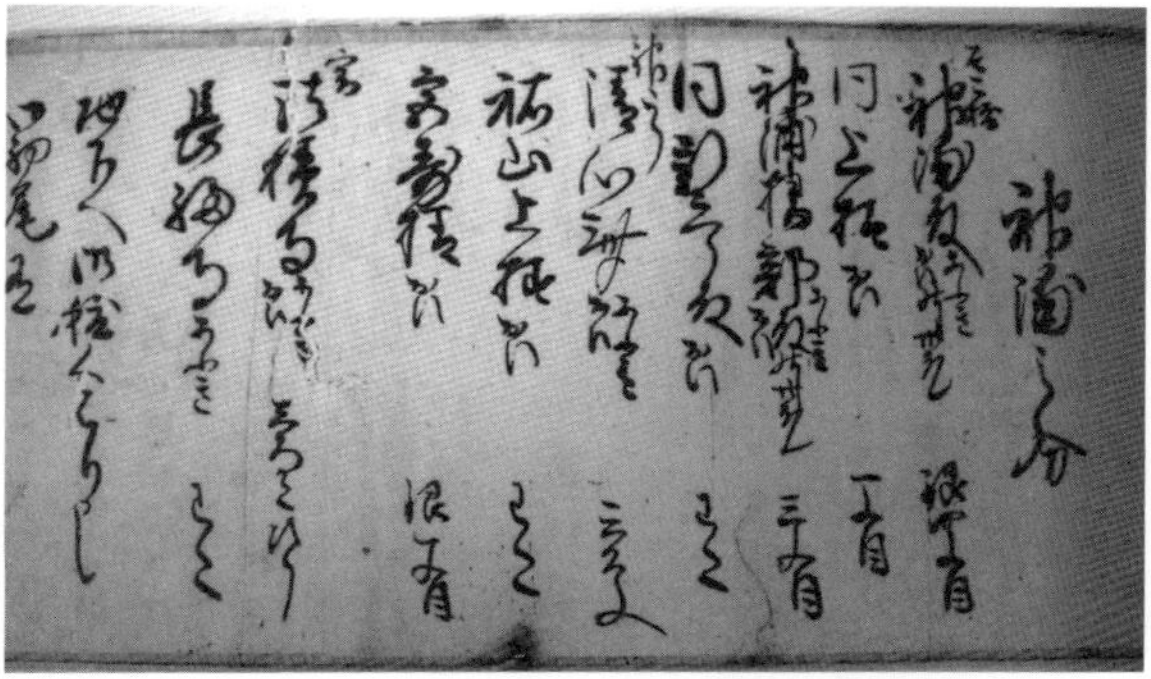

図版３　永禄十一年『肥前日記』神浦之分

その開港の経緯はイエズス会宣教師からの要請を、この地を支配した大村純忠が承諾して開港に至った。勿論、大筋はそうであるが、博多に居住した横瀬浦彦三郎の存在が気に懸かる。中世の海外貿易港として栄えていた博多の地に横瀬浦を名乗る者がいた事は、横瀬浦は南蛮貿易開港以前から博多の海外貿易の一端を担う役目を果たしていた、そういった関係から横瀬浦の住民が博多に進出していた、その人物が横瀬浦彦三郎であったとの推測ができないだろうか。そう考えれば横瀬浦氏が博多貿易に関わってきたという素地が、後の南蛮貿易港開港の背景となったのではないか。

さて**表1**を見ても分かるように、西海地域でも大村湾の内海には小領主の存在は全く認められない。近世の大村藩『郷村記』によると、八木原村の八木原氏が次のように登場するくらいである。

　八木原備中入道祐法地頭たり、其子備中、其子右馬大夫、其子庄右衛門、慶長年中高六拾九石九斗弐升知行す

八木原氏の中世からの知行を記す。初代の備中は地頭職にあったと鎌倉期に遡るような記述をするが、慶長期から遡る代数からしても、とうてい初代を鎌

倉期とするのは不可能であり、戦国初期頃からの知行であろう。

西彼杵半島は耕作地に乏しい地域である。それは内海のみならず外海の地域でも同様であった。そのような同じ環境にありながら内海地区には小領主が存在しないのに対して、外海地域には前記のような面高氏、田河氏等の豪族がなぜ発生し得たのであろうか。

『朝鮮王朝実録』（『李朝実録』）によると一四〇〇年代前半期に、肥前国の海商・金元珍が朝鮮・松浦・薩摩・琉球を結ぶ海路で活躍し、朝鮮系の仏像をも対馬・平戸・五島列島に運んでいた。また一四七一年に成立した『海東諸国紀』によれば、応仁元年（一四六七）には大村太守源重俊が、また文明元年（一四六九）には彼杵遠江守清原朝臣清男がそれぞれ朝鮮に使いを遣っている。このような事例を見ると、九州と大陸の間では海路を用いての活発な交易があったことが分かる。その海路の一端に位置する肥前国の西海地域の小領主達には、海の民として活躍する場所があった。この点が西彼杵半島の内海と外海との大きな違いである。こういった交易の一端を示すのが、面高の唐人墓、遠照院の渡来仏、そして先の推測が妥当とすれば、博多居住の横瀬浦彦三郎の存在も加える事ができよう。

横瀬村『郷村記』には気に懸かる石の記録がある。横瀬村から小迎村に至る途中に「ちゃんぽん石」があるとする。廻り一丈八尺、高さ七尺とあり、高さが二メートルを越え幅一・八メートル程の堂々とした石である。名前の由来は記述がなく、地元での聞き取り調査の限りでは、所在地、現存の有無さえ不明である。

「ちゃんぽん」と言えば、明治以降に長崎居住の中国人が創始したという麺料理が直ぐに思い出されるが、それ以前、江戸時代には「ちゃんぽん」という言葉はあったのである。その言葉の響きから、横瀬浦が南蛮貿易以前から海外貿易に関わってきたことを想起させる石名である。今後の研究課題としたい。

三　大村氏による西海地域支配

近世に入り海地域を支配した大村氏の出自については、前述のように従来言われてきた天慶の乱を起こした藤原純友の孫・藤原直澄を祖とする説は承服し難い。現時点で同時代史料により大村地方の領主として、確実にその存在が確認されるのは大村純治からである。

佐賀市嘉瀬町荻野の富泉院には、康暦元年（一三七九）から永徳二年（一三八二）にかけて大村領竹松村黒丸の本来寺で写経された大般若経が所蔵されている。この大般若経がなぜ佐賀市内の寺院に所蔵されるかは不明ながら、藤津郡太良町を経て、大正十四年に当院の所蔵となったと伝えられる。いずれにしても当大般若経は大村の地で写経されたものである。その六〇〇巻目の奥書には、次のように記される。

肥前州彼杵郡松原村八幡宮
奉寄進大般若経一部
干時延徳二年壬子三月十五日　大村民部大輔藤原純治

すなわち、写経が終わった永徳二年より一一〇年が経過した延徳四年（一四九二）に、大村民部大輔藤原純治という人物により、彼杵郡松原村の八幡宮に寄進されている。その寄進先の八幡宮とは、現在も大村市松原に鎮座する八幡宮に比定して間違いない。そうすると寄進者の大村民部大輔純治は、大村に地縁がある人物と考えられ、従来、大村氏十五代と伝えられてきた大村領主大村純治と考えるのが妥当である。

従来、この大村純治は近世史料によって文明三年（一四七一）に没したとされてきた。しかしこの大般若経の出現によって文明三年より二十一年後の延徳四年には生存し、松原八幡宮に大般若経を寄進しているのである。従来の説と大きく変わってきた。

大村純治の跡を継いだのは大村純伊《すみこれ》であった。その没年についても天文六年（一五三七）に七九歳で没したとされる。しかし大村純伊のものと思われる墓塔が出土し、[5]墓塔建立年が大永三年（一五二三）七月十二日と刻されている。これによって大村純伊の没年は大永三年としなければならず、従来の説より十四年程早めねばならない。その後は大村純前、大村純忠、大村喜前と続く。

大村純治から大村純忠に至る戦国期の大村領主の実在年代を一覧化すると表2の通りである。

西海地域が大村氏の支配下に入っていくのは、この大村氏四代の頃であった。『大村家記』(6)には、大村湾周辺地域が大村氏支配になった事情や時期を記した項目がある。それに基づき一覧化すると表3の通りである。

表2　戦国末期の大村領主

領主名	事跡・没年等
大村純治	延徳四年（一四九二）には大般若経を八幡宮に寄進し生存
大村純伊	大永三年（一五二三）没
大村純前	天文二十年（一五五一）没
大村純忠	天文二年（一五三三）有馬家に生まれ、天文七年大村家養子、天正十五年（一五八七）没

大村氏は四十八ヶ村を所領地として大村藩を発足させるが、その内の三十二ヶ村が大村氏の支配下に入った時期が判明する。早い時期には大村純治の頃から大村地域外に版図を伸ばし、特に大村純忠の時代に急速に拡大している。

表3　大村領帰属諸村とその時期

年代	年号	領主	大村領帰属村名	村数
一四九〇	明応	純治	彼杵村　宮村　長与村　川棚村　時津村　嘉喜浦村　浦上村	七ヶ村
	大永	純伊		
一五三〇	天文	純前	横瀬浦村	
一五五〇	永禄	純忠	壱岐力村　江島村　浦上北村　平島村　大浦村　大島村　戸町村松島村　神浦村　中浦村　大串村　多以良村　長浦村　波佐見村　西海村　福田村　日並村　榣村　形上村　八木原村　三重村	二二ヶ村
一五九〇	文禄	喜前	天久保村　大和田村　面高村	三ヶ村
			合計	三二ヶ村

西海諸村の大村氏への帰属時期は、嘉喜浦村が純治の時代と最も早く、次いで純前の時代に横瀬浦、純忠の時に十六ヶ村が大村領に組み入れられた。外海の江島村・大島村・松島村・神浦村・中浦村・

多以良村・福田村・樒（式見）村・三重村の九ヶ村、内海では大浦村・戸町村・大串村・長浦村・西海村・日並村・八木原村の七ヶ村である。西海地域、すなわち大村藩領時代には内海・外海に二十九ヶ村があったが、その内の十六ヶ村までが大村純忠の時代に大村領となっている。大村純忠といえば直ぐにキリシタン大名との異称を想起するが、その前に戦国大名としていかに領国経営に粉骨したかが窺える。

西海諸村には鎌倉末期から小領主による支配体制が生まれていたことは前述した。その後、大村領に帰属した在地豪族として注目されるのは、天久保氏、大田和氏、小佐々氏である。天久保・大田和の両氏はそれぞれ苗字名とした天久保、大田和の地方豪族である。天久保村『郷村記』によると、大村氏との関係を次のように記す。

> 天久保村は天久保氏代々知行す、天正の比、天久保武藏の女純忠の妾たり、後樒六之亟兼重に給ふ、有娠女子出生す、成人の後、福田半兵衛兼親に後宗半と云嫁す、實は純忠の息女なり、天久保氏朝鮮陣の後、領地没収、家名断絶す、

天久保氏の娘が天正年間に大村純忠の側室となったと記す。『藤原姓大村氏世系譜』にも純忠の七女の母親は天窪《あまくぼ》氏女となっているから事実と解釈して良い。その娘は『郷村記』によると、後に樒六之亟兼重に嫁ぎ女子を産むが、それは実は大村純忠の子であったという。

天久保氏と大村氏との関係は、『大村館小路割之図』によっても純忠の養父・大村純前の時代からあったことが分かる。『大村館小路之図』は、大村純前が大村の大上戸川端に構えた大村館の町割りを描いた絵図であるが、一五四〇年代の様子と思われる。その町割りの北東部に「天窪屋布《あまくぼやしき》」として描かれ、大村純前の館を取り巻く重臣の一人として天窪（天久保）氏がいた。大村純忠に先立つ時代からの関係により、天久保氏の娘が純忠の側室となったのであろう。

しかし純忠の後継である大村喜前《よしあき》の治世に、朝鮮への出兵を拒んだために取り潰されてしまう。大田

和氏も同様の理由により、大田和左馬の長男・次郎は大村喜前によって領地を没収されている。

　小佐々氏の存在は大きく、小佐々定信の系譜には西海地域への定着とその勢力を次のように記す(7)。

> 應仁元年自小佐々村来于同郡多井良村城之辻、構城於小峯居ス、領多井良、七釜、中浦、瀬戸、松嶋、崎戸、蛎浦、江嶋、平嶋、黒崎村、三重村之内二町、大村之内一町、彼杵村之内五町、宮村之内南風崎、為外海衆惣領家、
> 　天久保氏、大田和氏、田川氏、神浦氏ハ弾正ノ配下也

　応仁元年（一四六七）に松浦の小佐々村から西海地域に移動した小佐々氏は、多以良を拠点に外海に面した西海地域のほぼ全域と五島灘に延びる島々を支配した。鎌倉末期からの在地豪族の田河氏や神浦氏、そして前記の天久保・大田和の両氏も配下に組み入れていた。

　続けて定信より四代後の小佐々純正の系譜には、西海地域での同氏の終焉が次のように綴られている。

> 天正十六年、関白秀吉卿之命ニ依リ大村侯ノ臣ト為ル

　ここに見える天正十六年（一五八八）の豊臣秀吉命とは、いわゆる海賊停止令である。西海地域から五島灘にかけて一大水軍を誇った小佐々氏は、その水軍城を廃して大村氏の家臣となり、大村城下の上小路に移住して惣役、中老、元締、物頭などの役目を歴任し幕末に至っている。

　こうして西海の諸村は大村純治の一四〇〇年代の後半期から、文禄・慶長期（一五九二～一六一五）にかけて、大村氏が領有するところとなり、やがて大村藩領に組み入れられることとなった。

四　西海地域の人・物と大村氏

1　人——家船

　西海地域の人が大村氏とどう関わったのか、この

視点で見ていきたい。

イルマン・ルイス・ダルメイダが一五六二年十月二十五日（永禄五年九月二十八日）付で横瀬浦から発した書翰には、横瀬浦を細かく観察した記事の中に次のような興味深い内容が目に止まる。[8]

> 江内には多くの漁夫あり、その妻子とともに海上に生活し、夜は江内に来たりて眠る。

いわゆる船を生活の場所とした家船《えぶね》の存在が知られる。ルイス・フロイスも一五八六年（天正十四）の日本年報の中で博多沖で家船を見たとの驚きを次のように記す。[9]

> 筑前の海岸に沿って博多を過ぎ、諸島の間に出た時、これまでかつて見たことのないものを見た。我等の乗ってゐた船の附近に六、七艘の小さな漁舟があったが、この舟は漁夫の家となり、妻子・犬猫・食物・衣類及び履物、その他家財一切を載せ、各舟には唯一人船尾に坐って櫂を頭上に漕いでゐたのである。

横瀬浦にいた家船もフロイスが記すような船上での生活を営んでいた。

横瀬浦はこの書翰が発せられた永禄五年に、大村純忠によって南蛮貿易港が開港されるから、その時点では横瀬の浦には家船衆という海の民がいた。その開港に至る要因には、船荷の積み下ろには海民の手が必要であるから、この家船の存在もその一つであったことは充分考えられる。

西海地域での家船の存在は、近世に至って大村藩『郷村記』の嘉喜浦村の分では次のように記す。

> 夫家船は由緒在りて往昔より當領内に居住す、家内平常船住居なり、櫓は弐丁に限る、片櫓なり、魚漁を以て産業とす、従来家船中而已嫁娶し、外人に縁を結はす、今嘉喜の浦に三拾八艘、崎戸浦に弐拾九艘居住す

『郷村記』の調査が行われた幕末の安政三年

（一八五六）の時点では、嘉喜浦村に三十八艘、崎戸村に二十九艘がいたという。加えて瀬戸村『郷村記』には同浦の数を六十三艘とし、その来歴を次のようにも記す。

右船何の比より始りや由緒有之よし申傳ふれとも、来歴詳ならす、文明年中、信濃守純伊加々良嶋潜居の砌、忠節を盡せし趣、嘉喜の浦家船所持の書に見えたり

来歴不詳としながらも嘉喜浦・崎戸・瀬戸の家船は、ルイス・ダルメイダが横瀬浦で見た家船の流れを組むものであろう。とすれば中世の時期から西海地域の沿岸部には、この家船衆が数多くいたものと思われる。

この家船と大村氏の関わりについて、先の瀬戸村の記録中に大村純伊が加々良嶋（加唐島）に潜居した際に忠節を尽くしたと記す。純伊が有馬貴純の攻撃を受けて敗北し、大村領を脱出して最終的には呼子沖の加唐島に潜伏する。この大村領主の脱出と潜伏の際に海の民として忠節を尽くした。また純伊が加唐島から行った伊勢参宮の時にもこの家船衆が共を勤めたという。

近世での活躍を嘉喜浦『郷村記』によって見ると、正保四年（一六四七）に来航が禁止されていたポルトガル船が突如長崎港に入港する。その初動警備として家船衆が港口の高鉾嶋とかげの尾の間に大綱を張り、更には高崎・女神崎の間に船筏となって入港を阻止している。

同『郷村記』に収録される「代々家船江相渡候書附」には藩領海での自由な漁労を許すとともに、「公役并臨時之船手御用無懈怠可相勤者也」とあって、大村藩の海に関する恒例・臨時の役目を任されていた。

明治八年『神社明細調帳』[10]の崎戸村蛎の浦鎮座の浅間神社の氏子数が一三五戸と記され、「外に家舩三十五艘」、同じく崎戸郷の乙姫神社についても「家舩二十五艘」とある。また平島の事代神社の境内絵図には、神社下手の入江波戸には「家舩波戸」と記され、家船の漁労が平島一帯にまで及び家船用

の船溜があった。明治三十五年の長崎県水産課の調査では、瀬戸村に一二〇艘、崎戸村に五六艘とあり近代に至るまで健在であった(11)。

中世来の西海地域の在地領主達が大村氏の支配下になる中で、中世末期に横瀬浦に確認できる家船衆は、十六世紀初頭には大村純伊の大村領脱出や潜伏先加唐島からの伊勢参宮を援護し、近世に入ると崎戸島、大瀬戸浦を本拠地にしながら、大村藩の海事の末端を担っていたのである。

図４　平島の事代神社絵図の湾内には「家船波戸」と記される（明治八年『神社明細調帳』）

２　物—雲母石

本書のテーマは「石が語る西海の歴史」であるから、最後は石の話しで纏めてみたい。

大村氏は近世大名となり、慶長四年（一五九九）に大村湾海浜の玖島の地に大村城（玖島城）を築城する、そして十五年後の慶長十九年には最初は北側にあった大手口を南側に付け替え、現在も残る城壁が完成した。

図５　大村城（玖島城）の穴門

大手口を入り右手には穴門という石垣を穿った、さ

図６　大串の海岸部石切場と形成された雲母片岩

図７　雲母片岩の岩肌に彫られた「久」の字

ながら穴のような門がある（図５）。その天井部の竿石には雲母片岩が使われている。この石材は板状に剥離し形成が容易なことから、橋材や大村城下の武家屋敷路地石、社寺参道の敷石として使われ、現在でも随所に残っている。

大村地方には雲母片岩の産地は全くなく、西彼杵半島に産し、この石材を平積みにした石垣は、西海地方独特の景観となっている。殊に現西海市大瀬戸雪浦の熊野神社の参道石段にもこの雲母片岩が使われ、本殿とその下段境内地との分岐部では、石段が自然に湾曲し、無理なく自然に両地に進めるよう絶妙な築法がなされている。大村城の穴門や旧武家屋敷・社寺に使用されているこの石材は、西彼杵半島から大量に運ばれ、当時の作事・普請には不可欠であった。

西海地域に含まれる三町分『郷村記』の「水晶石雲母石之事」には、その産地について次のように記す。

> 同所鳥加山に雲母石あり、瓦の上土に用いてよしと云う
>
> 寛延二年、紀州宮崎浦松屋清右衛門と云者所望ニ依て、大串村の内こさいヶ倉と云所より雲母石を切取事を免許す、尤運上銀百斤入、壱俵ニ付八拾文銀六分五厘宛の定にて、五ヶ年の間是を切取也

寛延二年（一七四九）には紀州の商人が、五年間にわたり大串村のこさいヶ倉から雲母片岩を切り出

している。この石材は商品として流通していた。

その石切場の「こさいか倉」は、『郷村記』に鳥加山とあるから山間部と思われるが、今はその場所を特定できない。同じ大串郷の内に菰立川が大村湾に注ぐ部分を根として、小さな半島が湾曲して大村湾に突き出た場所がある。その湾曲部の内側海岸には雲母片岩の層が露出し、波打ち際には矢穴が残る形成された雲母片岩が放置されている（図6）。更には露出した岩肌には「久」と彫られている（図7）。

こういった現状からこの場所は雲母片岩の切り出し場であったことに間違いない。岩肌から切り出されたこの岩塊はどこへ運ばれようとしたのか。また「久」の文字は何を意味するのであろうか。

冒頭に大村城（玖島城）の穴門竿石に雲母片岩が使われている例を示した。玖島城築城に使われた雲母片岩の切り出し場はこの付近ではなかったのか。「久」の文字は「玖島城」の玖を意味し、搬出先のマークとも思われる。

もしそうであればこの海辺の石材は、玖島城築城の慶長年間からして四〇〇年間、積み出されることなく時代が止まったように大村湾の波に洗われ続けているのである。

註

（1）『大島町郷土誌』三一三、三一九頁（大島町教育委員会、平成七年）
（2）『西海町郷土誌』一三八、一三九頁（西海町教育委員会、平成一七年）
（3）神宮文庫所蔵（三重県伊勢市）
（4）同右
（5）大村市立史料館所蔵
（6）大村家記録　全六巻　大村市立史料館所蔵
（7）小佐々学「小佐々水軍城と西海の城」―東アジアの城郭との関わりについて　注3（『海路』第十一号、二〇一三年）
（8）『イエズス会士日本通信』上　新異国叢書1　二九一頁（雄松堂書店、昭和五十三年）
（9）『イエズス会日本年報』下　新異国叢書4　一四一頁（雄松堂書店、昭和五十四年）
（10）長崎歴史文化博物館所蔵
（11）田中享一「家船の由来と漁撈の概要」（『大村史談』第四号、昭和四十三年）

大村藩主の外海巡視

江越　弘人

一　藩主の領内巡視

肥前大村藩二万八千石の藩主は、健康でないと務まらなかった。残念なことに大村藩士二千の先頭に立って活躍し、古希、七十の長寿を保ったのは四代藩主純長《すみなが》ただ一人であった。特に、第二代純頼《すみより》、三代純信《すみのぶ》は二十八歳、三十三歳で早死にし、大村藩は改易の危機に瀕したのであった。その寸前まで行ったのが元和五年（一六一九）二代純頼の死であった。二十八歳の純頼には側室との間に二歳の松千代を儲けていたが、幕府に嫡子としての届を出していなかった。そこに藩主純頼の突然の死であった。大村藩は武家諸法度による末期養子の禁に触れ、取り潰しは免れない状態に陥った。大村藩上げての猛運動により特例中の特例として松千代に相続が許され、三歳の三代藩主純信が誕生した。

純信の時代は、まさに世の中が鎖国へと舵を切ろうとしており、長崎地方を中心に緊張状態が続いていた。大村藩は、長崎の教会の破壊を命じられたりキリシタンの探索に駆り出されたりした。寛永十二年（一六三五）からは、外海地方に番所を設置し、藩士を配置した。またポルトガル船が来航すると藩士を率いて長崎に駆けつけた。純信は寛永十四年（一六三七）の島原の乱では、長崎警固の指揮をとり、慶安三年（一六五〇）には三十三年の激動の時代を慌ただしく去った。

長崎警固の重責を負った大村藩は、旗本で勘定奉行まで務めた伊丹勝長の四男純長を養子に迎え入れた。十六歳であった。純長は、純信の妻（室）の弟であった縁によるもので、大村藩の期待によく応えた（『九葉実録』第一冊　十七頁）。

純長が大村藩を継いだ時は、将軍も四代目家綱に代った時で、時代もやや落ち着いてきていた。しかし、大村藩主たるもの、小説の世界のバカ殿様のようにのんびりしている訳にはいかなかった。

襲封した慶安四年の八月上旬に江戸を立ち、九月十一日に初めて大村に入部した。その年は大村で過ごし、翌承応元年（一六五二）十月、長崎に赴きオランダ船の帰帆を見送ってから参勤の途についた。その後、一年ごとに大村と江戸を行ったり来たりしたが、明暦三年（一六五七）のこと、大村城近くの郡村にキリシタンが多数潜伏していることが発見され大騒ぎとなった。

この年は、大村藩では多事多難で、正月には、いわゆる明暦の大火で江戸屋敷が焼失し、四月には長崎の蔵屋敷を樺島町から恵美須町に移転している。藩主純長は、二月に大火で焼けた江戸へ向けて大村を出発した。

郡村（現在、郡川流域の村々）のキリシタンが問題化したのは、その年の十月のことで、長崎奉行から大村藩に連絡があった。藩ではキリシタンの大量捕縛に乗り出し、純長がようやく大村に帰ってきたのは、翌年六月のことであった。取調べは長崎奉行が行った。『大村見聞集』（六四五頁）には「切支丹宗門之者搦取候人数合六百三人、内拾壱人ハ鉄砲之者、五人ハ足軽之者、此外は不残百姓也、同百三拾壱人ハ大村而斬罪、内弐拾四人ハ同所牢屋ニ而病死、同六拾四人ハ平戸ニ而斬罪、内九人ハ同所牢屋ニ而病死、同参拾七人ハ佐嘉ニ而斬罪、内弐拾弐人ハ同所牢屋ニ而病死、同五拾六人ハ嶋原ニ而斬罪、内拾三人ハ同所牢屋ニ而病死、同百八拾人ハ長崎ニ而斬罪、同拾人ハ同所牢屋ニ而病死、同五人ハ同所籠内ニ相残于今有り、同拾五人ハ大村籠内ニ残于有り、同九拾九人ハ御赦免之者」と、大村藩を揺るがした大事件のことを記している。

『大村見聞集』には、この郡崩れの処理がひとまず終わった後の藩主純長の行動を次のように記している。

九月二十七日に長崎へ行き、長崎奉行に面会し、その夜は時津に泊った。翌二十八日には大村湾を渡って宮村に行き泊っている。二十九日には波佐見村へ行き、三日をかけて村内を隈なく見て回り、それから彼杵村に行って一泊した。翌日、千綿村、江の串村を巡視し、郡村の福重に泊った。その晩は村々の横目、給人、庄屋を集め、藩主自ら御仕置之次第（切支丹禁制を守る事）を申し渡している。ここで、いったん大村城の館に戻ったが、十一月四日には、鈴田村、三浦村、今村へ行き、在地の家臣や横目、庄屋を集め、自ら切支丹禁制を守るように申し渡した。

これが、大村藩主自ら領内を巡視した最初である。結局、外海地方へは行かなかった。

この他「藩主自らの領内巡視」が行われたことを『九葉実録』から探すと、幾つか見いだすことができる。純長以後、六代藩主で純長の四男であった純庸《すみつね》が外海地方を巡視していることが、『九葉実録』（巻之七　第一冊一六六頁）に記録されている。

純庸は、正徳二年（一七一二）十月に兄で五代藩主純尹《すみまさ》が急逝したのを受けて十二月七日封を継いだ。四十二歳であった。翌三年（一七一三）、閏五月、藩主となって初めてのお国入りをした。

やや分かりにくいが、実録には次のように書いている。「（九月）十七日蘭船抜錨するを以て公長崎に赴く。十七日清館及蘭船を検す。既に畢て大浦戸町より福田に至り外海を巡覧す。其松島に在るや、蘭船抜錨するを聞き直に連署状を閣老に呈す。蘭船の出入及び其他少く常に異なるものあれば脚夫を発し連署牒を呈するを恒例とす。故に一々登録せず唯其異なるものを掲たるのみ。（中略）十月七日公外海内海より至る。（中略）十一月十六日内地を巡覧す。この時（略）二十九日帰城す。」

大村藩主は、長崎奉行に挨拶するのが常であった。また、オランダ船の入港、出港時には長崎へ行き、長崎警備に当たるのが任務であった。純庸は、藩主として初めての帰国であり、それだけに張りきっていたのであろう。蘭船出港の警備のついでに領内の外海、内海、内地（大村湾東岸地方で「じかた」と呼んだ）を九、十、十一の三か月かけて巡覧したのではないだろうか。

純庸のこの時の行動を裏付ける記録に「唐通事会所日録　六」がある。それには「大村伊勢守様（純庸）が九月十六日に、長崎に着き、昼時頃唐人屋敷を巡見した。唐楽などを聞いて御機嫌よくお帰りになった」とある（一八二頁）。一日のずれがあるが、日録はその日その日の記録であるので、大村から長崎に来たのは九月十六日であったのであろう。

次の記録は、天明五年（一七八五）の純鎮《すみやす》の巡視である。『九葉実録』第二冊には「（十一月）。二十五日公遊猟上船す。風涛暴し。因て伊木力に航し、時津に宿す。諸有司及び近習医員以上航場に辞謁す。（十二月）十四日遊猟を終り伊木力に宿す。十五日帰城す。諸有司の謁見前日の如し」とあるので、二十日近くの巡視旅行であったことが分かる。

このように、藩主の領内巡視は、数は多くは無いが、子細に史料を探すと出て来るのかも知れない。ただ、このような藩主の領内巡視については、藩主の事績として残すほどの事ではないとみえて、なかなか詳しいところまで知ることは難しい。

二　最後の大村藩主純煕の巡視

『台山公事蹟』という大部の伝記を残した大村藩最後の藩主であった純煕《すみひろ》にとっても、彼の詳しい経歴のなかのほんの一部分でしかないのか、本編でとりあげる安政七年（万延元年〈一八六〇〉三月十八日改元）の「外海巡視」も「二月二十一日。外海砲台修治竣工につき公遊猟に託し出城巡視し、三月三日に至って帰城す」（『台山公事蹟』）、「二十一日外海砲台竣工に付　公遊猟に託し本日より巡視三月三日帰城せらる」（『九葉実録』第五冊）とそっけないくらいで、それ以上の詳しいことは分からない。

純煕は、弘化四年（一八四七）に十八歳で襲封し、明治二年（一八六九）の版籍奉還（又は明治四年（一八七一）の廃藩置県による大村県の長崎県の統合までか）まで二十年余り藩政をリードしたが、領内を廻ったのは三回あった、と私は考えている。安政七年の領内巡視が最後で、この前に二回廻っているようである。最初は、安政二年二月で「仝（二月）十六日、外海砲台検査として、家老江頭官太夫用人稲垣主計、岩永彦左衛門、大村舎人、其他兵学師、砲術師、普請方、画師等随行、仝二十七日帰庁す」（『九葉実録』第五冊）、「安政二年二月十六日、家老江頭官太夫、用人稲垣主計、岩永彦左衛門、大村舎人等、兵学方、大砲方、普請方数人、及び画工某と共に外海砲台見分として出張し、千島丸に乗じて内海を巡視す」（『台山公事蹟』）とある。十日余りの巡視である。

次は安政三年三月二十七日である。これは『台山公事蹟』にも記載が無く、『九葉実録』には「三月二十七日、公本日より嶋方へ遊猟す、用人庄七郎太夫従う」とだけであるので、これを領内巡視に数えてよいのか分からない。

大村藩主の領内通行ルートは、参勤交代の時に領内を通過するルートと同じである。通常のルートは、大村城下から陸路彼杵宿を通り、俵坂峠を越えて佐賀領に入って行く。その他、大村藩主としての任務に事あるごとに長崎に行かなければならない。参勤交代での出発・帰着の度に長崎へ赴き、長崎奉行に挨拶することになっていた。特に江戸からの帰りには、彼杵から大村湾を渡って時津に上陸し、長崎に行って長崎奉行に挨拶し、再び時津から大村へ船で行くことになっていた。全てがこのルートではなかったが、長崎奉行に挨拶後でなければ大村城には帰っていない。天候の具合で大村まで陸路で戻ってもお城には入らず大村宿の本陣で休憩し、ここから大村湾を渡り、長崎往復をして本陣まで戻り、城内の館に帰っていた。

さらに、オランダ船の入帆（初夏頃）、出帆（秋頃）や異国船（来航が認められない国々の船）が入港、出港の度に、長崎に急行した。特に、江戸時代後期、十九世紀に入ったころから、イギリス、フランス、ロシア、アメリカなどの船が来航することが多くなり、大村藩は、その度に藩主を先頭に長崎警備に駆けつけるという、全国でも最も忙しい藩の一つであった。

ともかく、安政二年と七年の巡視は、どちらも砲台場築造に関わっていたことは間違いない。

これまで、藩主の領内巡視については、浅学にしてこれ以上の史料を見ることが出来なかったが、西海市大瀬戸歴史民俗資料館で安政七年における純熈の外海巡視に関わる古文書を発見した。この古文書を、仮に瀬戸大番所文書と名付けたが、これは瀬戸郡奉行所の記録で、文政十三年（一八三〇、天保元年）から安政七年（一八六〇、万延元年）までの三十年間の断続的な執務記録である。

執筆した者は、瀬戸郡奉行の下で実務に携わった瀬戸代官か、瀬戸役所に勤務する役人であったと思われ、内容の多くは、角力灘《すもう》で獲れたカツオの大村藩主への献上記録であり、ところどころに領民への口達や猪垣《ししがき》の補修の指示、流人船寄港の対応などが記されており、終りに大村藩主純熈の外海台場巡視とその子絢丸《あやまる》の外海巡遊への対応などが記されている。

では、この文書のなかの最後の部分に当たる純熈と絢丸の記録を提示しよう。

大村藩主純熈外海御台場巡見

安政七年（一八六〇）申二月二十五日（三月十八日万延に改元）

一　太守様、外海御台場為御巡見、今廿五日四半時比、面高より直ニ爰許御役所御殿江、被遊御着座候事

一　御役頭始御役内、詰合中、地役中、給人中、新波戸江罷出拝礼申上候事、尤御役頭平上下

一　御着之上、地役中、給人中、光明寺、御台所迄罷出、御機嫌窺、首尾克相済候事

一　御着之上、追々御台場御見分、無滞被為相済候事

一　御先払給人弐人、鉄砲足軽弐人、箒持弐人、相勤候事

一　献上物左之通

一　鯛弐拾枚　　内六枚ひさ

一　鮑五拾盃

右之地役中、給人中、此村浦より差上候

一　御菓子壱箱　　光明寺

一　鯛　〆　大砲方
一　横目川島啓助、大砲手付坂本国助、手代豊村茂兵衛、為前村伺、二月廿一日面高江罷出候処、風波ニ而御延引、廿二日同村御着座ニ付、御台所迄罷出御機嫌窺、首尾克相済候事
一　御家老、御用人、御番頭、大砲方、御下□□江、罷出相伺候事
右、相済直様出船御座候事
一　二月廿六日朝六半時、御乗船ニ而松嶋江御渡海、同所御台場御見分相済、七半時比瀬戸御本陣江被遊御帰館候事
一　同廿七日、雨天ニ而　御滞座候事
一　同廿八日昼九時、御乗船ニ而、昼御機嫌克神浦江被遊御移候事
一　御役頭始御役内中、地役中、給人中計、波戸江罷出、拝礼申上候事
一　御先払給人、御鉄砲、箒持、最前之通
一　御滞座中、給人壱人、御鉄砲弐人、夜廻相勤候事
一　村浦献上鯛鮑、三月五日昼比より、飛脚ニ而御城下江為持参候事、才領小役庄兵衛、途中才領太左衛門

三　瀬戸大番所と藩主の巡視

以上の記録によると、藩主純熙は万延に改元直前の二月二十一日に外海台場を巡見するために大村城を出発し、二十五日の午前十一時頃、瀬戸御役所に到着した。面高から来ているということから、海路大村湾を横切って、潮流が激しいことで知られる伊の浦瀬戸を通過して、二十二日に面高の港に入っていた、と考える。

瀬戸大番所は外海十六番所の一つであるが、神浦、池島、松島、中浦小番所までを管轄し、その長を外海押役と言い、異国船の来航、抜荷（密貿易）の監視に当たっていた。また、押役は、瀬戸郡奉行を兼務し、外海・内海の西彼杵半島一帯の民政を預かる、軍事・民政上の最高権力者であった。

『大村郷村記瀬戸村』には、瀬戸大番所は、押役

兼郡奉行が住む白洲付の二棟の建物と、勘定場、瀬戸代官二人と山手合二人が詰める建物、土蔵四棟を持つ広大な敷地であったことが記されている。現在は、西海市市役所の敷地となっている。

さて、到着したその日、二十五日は、瀬戸大番所に務める役人や外海地方村々の役人、給人（藩士）が番所外の新波止で拝礼をした。また、もっと身分が低い役人や給人たちは、大番所の南側長浜大明神の丘を越えた所にある光明寺の台所で殿様への御機嫌伺いを済ませた。多分、家老か用人が応対したのであろう。

その後で瀬戸台場の見分を済ませたのであろう。「追々御台場御見分無滞被為相済候事」とあるので、大番所のすぐ隣りにある長浜大明神境内の台場であった。

台場は、嘉永三年に大番所の目の前の狭い海峡を隔てた福島の頭ケ鼻に築造されたが、安政五年に長浜大明神境内に改めて築造されていた。

『九葉実録』（第五冊　補欠草稿三）には午（安政五年）十月五日に「御台場御築立方御入箇差上奇特之至思召候、依之巻御上下被下且御台場御築立成就ニ付、被成御祝御酒被下置」として式見台場の岩永敬蔵、山本仙右衛門、神浦台場の池田伝左衛門、朝長弥代吉、瀬戸台場の森連平、坂本邦助（国助と同じ）、面高台場の大串寛右衛門、大串儀三郎、手熊台場の山口末八、田川直八らが褒賞されている。

この瀬戸での藩主一行には、瀬戸大番所から「先払いに地元の武士（給人）二人、鉄砲足軽に二人、箒を持って道を清める箒持ちが二人勤めた」と大番所文書にある。なお、それに続いて、純熈への献上物が記されているが、「瀬戸」らしく「鯛を二十枚、アワビを五十盃」役所と村浦から差上げている。その他特別に瀬戸村の檀那寺であった光明寺からお菓子一箱、台場の大砲方から鯛が献上された。

記録では時間があと先になっているが、二月の二十一日には、瀬戸村横目の川島啓助、大砲手付の坂本国助（実録には邦助）、瀬戸役所手代の豊村茂兵衛の三人が出迎えのために面高へ出向いている。ところが風波が激しいために、藩主一行は、二十二日に面高に着いたと言う。三人は、殿様が上陸して面高の本陣に着いたところで御台所に行って御機嫌窺いを済ませたとある。純熙が面高浦の何処を本陣にしたかは不明である。ただ、面高浦は入江が深く最良の風待ち湊で、岸辺には「庄屋を初め人家百五拾軒余り軒を連ねていた」と『郷村記』面高村にあるので、庄屋を本陣にしたのかも知れない。

なお、文書の次のくだりが読みにくく文意が取れない。

「御家老御用人御番頭大砲方御下□□江罷出相伺候事、右相済直様出船御座候事」

これは、三人が家老や用人、大砲方などにも挨拶をしたということかも知れない。次の「右相済み、すぐさま出船御座候事」とは殿様がその後すぐに瀬戸へ向けて出発したようにも受け取られるが、そうすると日時が合わない。純熙は二十五日に瀬戸に着いているので、出船したのは三人のことであったと思う。

さて、藩主純熙は、二十六日には朝七時頃、船に乗って松島へ渡り、台場を見分した。島には長居しなかったようで、二時間後の午前九時頃には瀬戸大番所の本陣に帰ってきた。

翌二十七日は雨天で、そのまま瀬戸に滞在し、二十八日、正午頃乗船し「御機嫌よく神浦へ移った」とあるので、嵐の後の好天で、美しい角力灘を眺めながらの暫しの船旅であったのだろう。

神浦から先は瀬戸役所の担当外であったのか、巡視の旅の記録は無い。「三月三日に帰城す」と『台山公事蹟』にあるので、二十九日から三月三日まで、神浦から南の西彼半島角力灘沿いに設置された台場

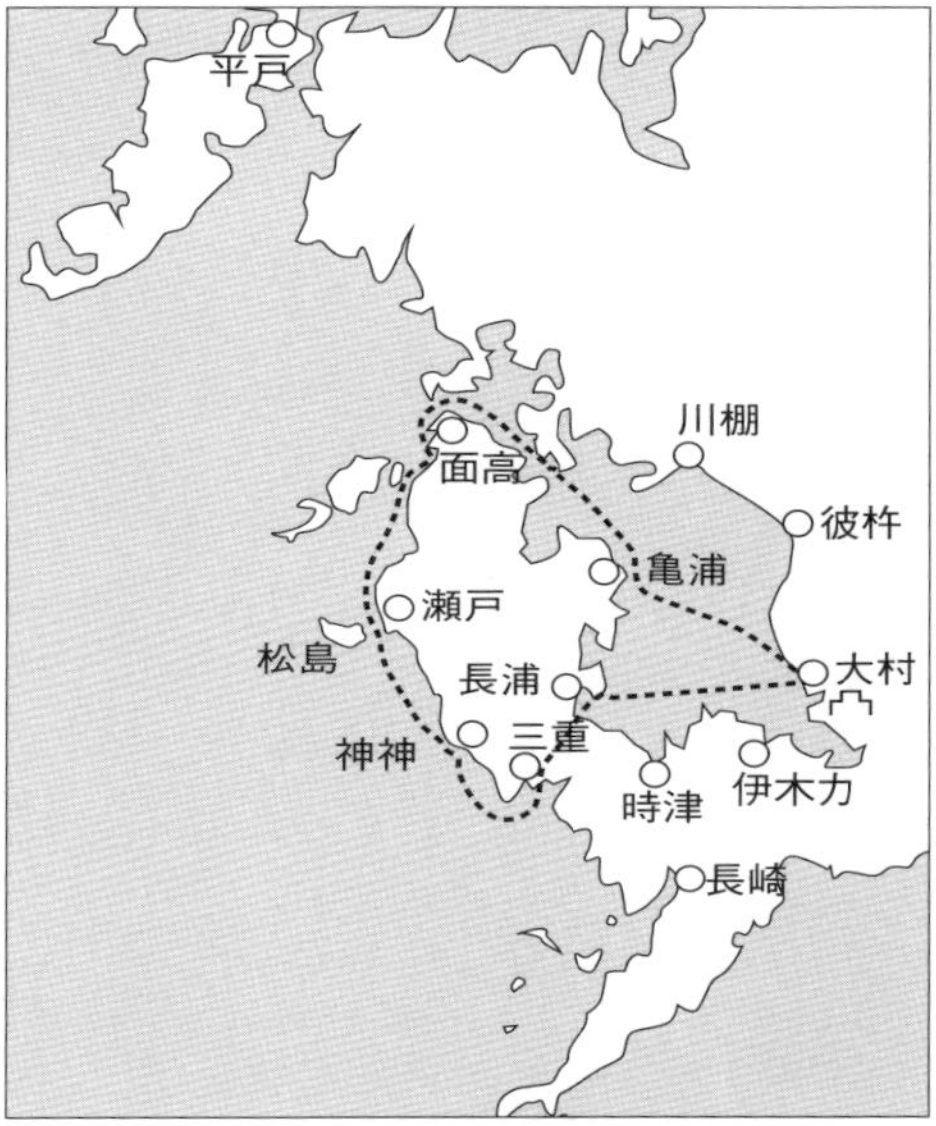

図１　純熙巡視経路想定図

を見分して、長崎経由か、あるいは三重から村松に抜けて大村城に戻ったのかもしれない。「三重経由かも知れない」と考えるのは、長崎に出ると、どうしても長崎奉行に挨拶しなければならないので「遊猟にことよせて」というのであるならば、経路を変えたとも考えられるからである。

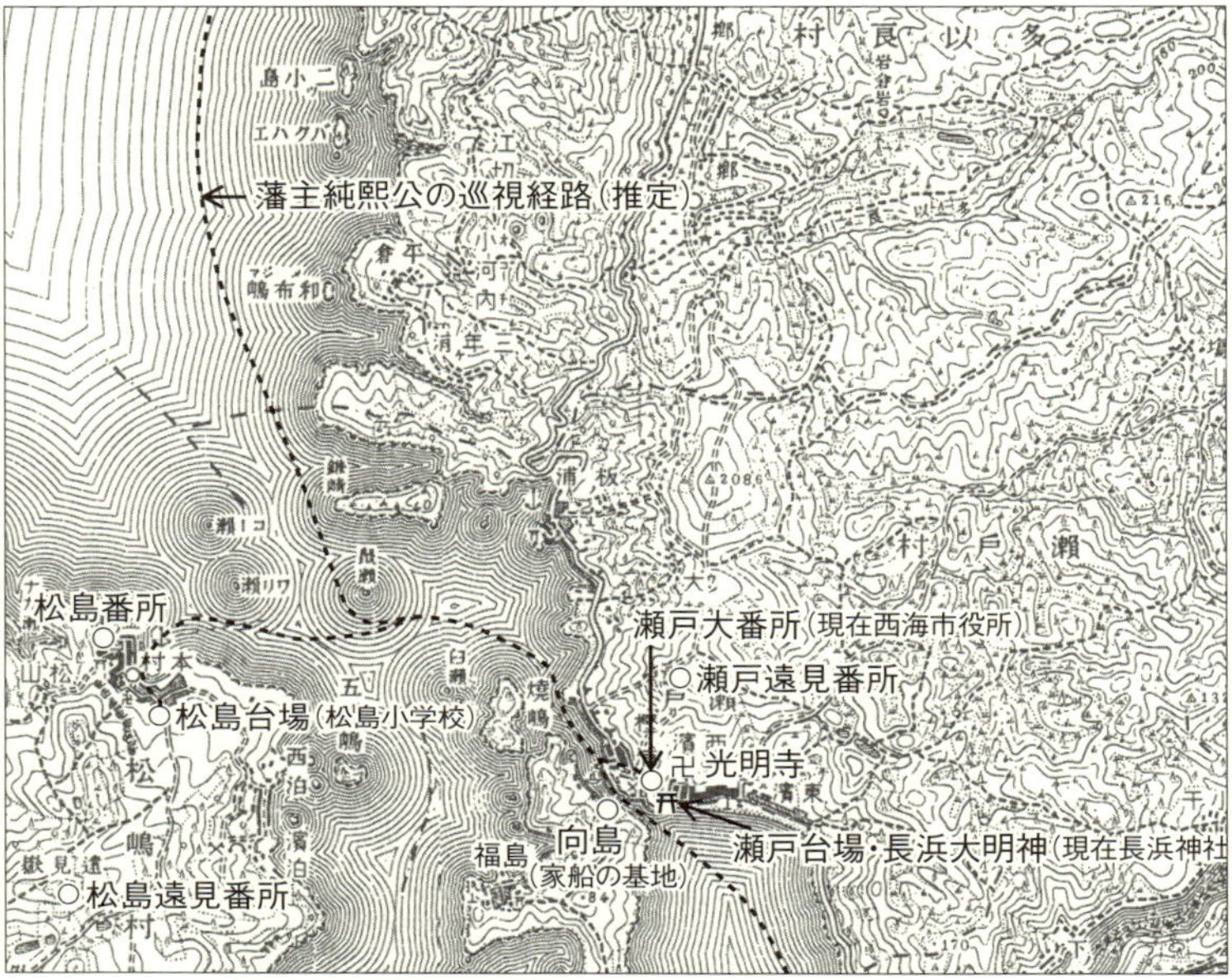

図２　昔（瀬戸村時代）の瀬戸巡視関係地図

「瀬戸大番所文書」での「大村藩主外海巡視」の記録は、僅かにこれだけであるが、その後に記録されている「絢丸様外海御見物」が非常に興味深いので、本論のテーマから逸れるが併せて紹介したい。

まず、絢丸とはいかなる人物であったかを述べて見たい。絢丸は、前藩主純顕の三男で、（武純、分家大村家の祖）、大村氏系譜（『九葉実録別冊』）には「武純　武徳院　享之進　絢丸　孝吉郎　ノチ分家　昭和五、一、五卒　八十二歳　本経寺葬」とある。故外山幹夫元長大教授の『もう一つの維新史』によれば、大村市本経寺の武純の墓碑銘には、「嘉永二年（一八四九）八月九日に生まれ、昭和五年一月九日八十二歳で没す」とあるという。

父、純顕は弘化四年（一八六八）に、弟でこの時、十八歳であった純熈に藩主の座を譲っているので、絢丸（武純）は、父が隠退した年か翌年に生まれたことになる。

藩主となった純熈と、甥にあたり、後に純熈の養子となった絢丸との関係を、純熈の簡単な年譜から述べてみたい。実は、大村藩の歴史を探る上で最も基礎的な史料となる『九葉実録』は十一代藩主純顕までは、きちんと記録され残っているが、最後の十二代藩主純熈の時代については、記録が不完全である。つまり、嘉永元年（一八四八）から文久三年（一八六三）までは、ほとんどが欠落した年であったり、飛び飛びに残っていたりしている。そこで、やむ得なく精粗の入り混じった年譜となるが、武純（絢丸）が純熈の仮養子となった万延元年（一八六〇）までの年譜は以下のようになる。

文政十三・天保元年（一八三〇）十一月二十一日、純熈、大村家二十八代の純昌の八男として大村城で生まれる。初諱は利純、通称を修理と言った。

弘化三年（一八四七）十二月二十三日、兄純顕の養子として世子になり、諱を純熈と改めた。

弘化四年（一八四七）二月二十一日に封を襲い、丹後守となった。十八歳であった。なお、純顕二十七歳であった。純熈を太守とか大殿とか太公と呼び、純顕を太守とか単に「公」と呼んでいた。

この年、四月二十七日、大村城に帰る。初入部。

嘉永元年（一八四八）純熈十九歳、九月参府の途に登る。

嘉永二年（一八四九）二十歳、四月、江戸を発して帰城する。絢丸（武純）生まれる。

嘉永三年（一八五〇）二十一歳、十月参府の途に登る。

この年、七個所の台場を増築する。

嘉永四年（一八五一）二十二歳、四月、江戸を発して帰城する。

嘉永五年（一八五二）二十三歳、九月、参府の途に登る。十一月、純熈江戸に着く。十一月二十七日、片桐氏（大和小泉藩）息女嘉庸と結婚。

嘉永六年（一八五三）三月五日、純顕の長男於菟丸（九歳）を仮養子として幕府に届け出る。

四月、江戸から日光社参後帰城する。

八月、ロシア艦隊（プチャーチン）入港、純熈長崎出張。


安政元年（一八五四）閏七月、イギリス艦隊、長崎入港、純熈長崎出張。

九月、姫君誕生（系譜によると、河洲が嘉永五、十一、十四に卒。麗君　嘉永七、九、五卒とある。三女の隆君か）。


安政二年（一八五五）二月、純熈外海砲台見分として巡視（『台山公事蹟』）。

十月、オランダ献貢の蒸気船（スームビング・観光丸）に乗り移り見学する。


安政三年（一八五六）十一月、純熈、於菟丸と同道し参勤のため東上する。

安政四年（一八五七）正月、江戸城中で於兎丸（十三歳）が養子として認められ、世子として純一と改める。


安政五年（一八五八）九月、純熈、参勤として大村を発し、東上する。

四月、純熈、江戸より帰城する。


安政六年（一八五九）四月、純熈、江戸より帰城する。

六月、開国、大村藩主の長崎警備の任務が変更される。


万延元年（一八六〇）二月、純熈、外海砲台竣工につき、遊猟に託して巡視する。

三月、絢丸、外海見物に瀬戸を訪問する。

六月十七日、世子於菟丸（十六歳）江戸で病死。純熈、八月十八日に、大村に滞在中の絢丸（十二歳）を仮養子として幕府に届け出る。

絢丸外海見物

安政七年申閏三月朔日

一　絢丸様外海為御見物御越、今朝松嶋御乗船ニ而池島平瀬等御覧、八時比、爰元庄屋江御着

座之事
一　右に付御役頭始御役内詰被中地役中、新波戸江罷出拝礼申上候事
一　御着之上地役中、給人中、光明寺、恭王院□、御機嫌窺御台所迄罷出候事
一　献上物左之通
一　鯛五枚　川嶋啓助（瀬戸村横目　城下大給）
　　豊村茂兵衛（手代　小給二石）
　　岸川栄次郎（役職不名　小給　無高　間組）
一　鯛拾枚　村浦　給人中
一　鯛弐拾枚　村浦中
一　鮑三拾盃　家船
一　薄紙百枚　須田長琢（無高　住居　知行人　瀬戸村医師）
　　森連平（村大給　大砲手付□代官）
一　御菓子壱箱　光明寺
一　氷砂糖壱箱　恭王院
一　御火事羽織　山崎喜代八（瀬戸村の豪農）
　　右料合弐拾両
一　御先払給人壱人、小役壱人、箒持壱人
一　閏三月二日、風雨波ニ付　御滞座之事
一　同三日、風波ニ付　御滞座之事
一　福嶋被遊　御出、家船共かつら網被成　御覧候之事、右ニ付家船共江為御酒料金子百疋被下置事
一　同四日朝五半時、御乗船角力灘　御見物、昼御機嫌克三重村　御着座、先座之事
一　御先払最前之通
一　御滞座中、御鉄砲壱人、百姓弐人、夜廻相済候事、尤拍子木無之

安政七年、純熈が外海台場の巡視を終えて大村城に帰ってから一月程経った閏三月一日、前藩主の次男でまだ部屋住みであったと思われる絢丸は、朝に松島に着いて池島、平瀬（不明）などを船の上から見物して午後二時頃瀬戸に到着し、瀬戸村庄屋に

入った。純熙は瀬戸大番所を本陣として宿泊したが、絢丸は大番所から少し南で西浜にある光明寺下の庄屋宅を宿泊所とした。

瀬戸役所の役人たちは、藩主の時と同じように大番所前の新波止場に行って拝礼（挨拶）をしている。もっと身分の低い地役人や給人は、光明寺と恭王院（真言宗の寺院で長浜大明神の宮守）の台所で絢丸付き添いの藩士に御機嫌窺いをしている。

献上物も藩主の時と同じように主に海産物を献上しているが、絢丸の時が献上した人物も多く、献上物のバラエティにも富んでいる。

まず、横目川島啓助、手代豊村茂兵衛、福島問《とい》の岸川栄次郎が連名で鯛五枚を献上している。瀬戸村の給人たちが共同で鯛を十枚、瀬戸村浦中から鯛二十枚を献上した。特に興味を惹かれるのは、外海地方の海上生活者で瀬戸村に根拠地があった「家船」の者たちがアワビを三十盃献上していることである。家船の者たちは、大村藩のなかでも特別に扱われていたのか、瀬戸役所の役人、村や浦と同格に扱われて献上者の中に記載されている。

その後ろに、瀬戸村の医師の須田長琢と代官の森連平が連名で薄紙百枚、光明寺が御菓子一箱、恭王院が氷砂糖一箱、山崎喜代八が火事羽織を献上している。喜代八の次に「右料合弐拾両」とあるのは、川嶋啓助以下の献上物の合計を示したものである。

この山崎喜代八とはいったい何者であろうか。山崎家は大瀬戸町西浜の大地主で、この地方屈指の豪農であった。屋敷は西浜にあり、庄屋の真向かいであった。現在は西海市立大瀬戸歴史民俗資料館の敷地になっている。山崎家の当主は、代々「伝吾」を名乗っていた。岩松正典氏が著した「山崎家系譜につき」という文章には、「喜代八は、子どもがいなかった四代目山崎伝吾に諸岡家から養子に入った。安政六年に四代目が亡くなってから、翌十月に五代目伝吾となって家督を継いだ。明治七年に六十七歳で亡くなった。男の子が一人いて藤吉と言った。明治二十三年に六代目伝吾を襲名した」とある。これを見ると安政七年（万延元年）には五代目伝吾となっていたようであるが、「喜代八」と名乗っている所をみると、まだ、公《おおやけ》には「伝吾」と認められていなかったのかも知れない。なお、没年から計算すると、安政七年には五十三歳であったことが分る。

翌閏三月二日と三日は、風波が荒く、そのまま滞在したが、退屈したのだろうか。嵐に影響が無い目の前の福島（現在は陸続きとなっている）へ渡り、家船の者たちによるかつら網漁を見物した。なお、家船の根拠地は福島の内海側、大番所に面していたので、風波には影響がなかったのであろう。

家船の者たちには、謝礼としてであろう、酒料として金子百匹をとらせている。

翌四日は、好天に恵まれ、朝午前五時には乗船し、角力灘を見物し、機嫌良く三重村に着いている。これは、角力灘の名前のもとなった大角力、小角力の岩礁（岩の塔からなる小島）を見物して、瀬戸から三重までの海上遊覧を楽しんだということであろう。

三重村から先の記録が無いので、何処を通って大村城に戻ったのかは分からないが、おそらく、村松村へ出て、長浦から大村湾を横切って行ったものと思う。

四　「瀬戸大番所文書」について

このように、純熈と絢丸の外海巡遊の記録は、僅か五枚の文書にのみ記されているが、藩の公式記録ではなく、藩主たちを出迎え応対した村方に記され、残されていることが非常に珍しい。

筆者が仮に「瀬戸大番所文書」と名付けたが、瀬戸大番所は、台場や番所を預かる軍事面だけでなく、西彼杵半島一帯を支配する郡奉行所という民政上の役所でもあった。

この記録は、内容から見て瀬戸役所の役人が書いたものと思われる。文書は文政十三年（一八三〇、天保元年）から元治元年（一八六四）まで約三十四年間の断続的な執務記録である。大部分を占めるのが、瀬戸浦で漁獲した松魚《かつお》を、その日のうちに、藩主（太守、純熈）と大殿（先代藩主純顕）への献上物として城内の御膳所へ送った記録である。

その外、弘化二年（一八四五）に瀬戸村から多以良村までの猪垣《ししがき》の補修を命じた文書や、万延元年

（一八六〇）の御救い米配布の口達などが珍しい。

この古文書は、現在、西海市立大瀬戸歴史民俗資料館に所蔵されている。

今日まで残ることができたのは、明治時代になって瀬戸郡奉行所が廃止となった時、瀬戸村に移管されたものによることからである。大瀬戸歴史民俗資料館が開設された時に、大瀬戸町役場から移された。以来、この文書は忘れられていたものと思われたが、昭和五十一年（一九七六）に長崎県教育委員会が『西彼杵半島猪垣分布調査概報』を出した時に、吉福清和氏が、この文書を調べ、猪垣部分の原文と翻刻文とを紹介している。

筆者がこの文書を始めて見た時には、資料館に勤務していた平成二十年頃のことで、吉富氏が閲覧後は、収蔵庫に眠ったままで、傷みが激しく、広げるのもためらわれる程であった。

現在、西海市教育委員会により、補修作業が行われ、将来は、原文或いはコピー本による閲覧ができるのではないかと期待している。

主な参考文献

藤野保・清水紘一編『大村見聞集』（高科書店、一九九四年）
大村史談会編『九葉実録』（大村史談会、一九九七年）
藤野保編『大村郷村記』（国書刊行会、一九八二年）
山路彌吉編『台山公事蹟』（発行者 田川誠作、大正九年）

面高港懐古

太田　隆

一　「大村藩領絵図」と『大村郷村記』面高村

　大村史談会が編纂した大村藩の藩政日記をもとに書かれた、大村藩の基本資料ともなっている『九葉実録』を読んだことがある。人名、地名、交通、産業など日々のできごとが詳しく記されており、当時の様子を垣間見ることができた。そして、その別冊に「大村藩領絵図」が付されてあった。現在の大村市を中心とした範囲の写真の附図である。この絵図は現在、「大村管内絵図」という資料名で長崎歴史文化博物館に所蔵されている。本図は、「地方」「島方」と二枚からなっており、面高は、「島方」の西彼杵半島の北端に描かれている。平成二十四年二月開催された、西海公民館歴史講座シンポジウムで原口聡氏の報告資料として、本図が紹介されていた。面高の御手水との書き込みの近くには地元で塔の尾と呼ぶ場所があり、そこに「唐人墓」という五輪塔がある。周囲は、文政九年（一八二六）に新田が開発されて、今は田園が広がっている。この五輪塔は、地元の人達の間で、あれは唐人墓と口碑として語り継がれていたもので、シンポジウムでの大石一久氏の報告によれば、花崗岩製塔は南北朝時代に関西方面で製作されたと考えられるという。

　佐世保湾に近い面高港は、外海に突き出た二つの岬、曲り鼻と松山崎に挟まれた深い入り江が天然の良港として形づくられている。この港は、道路が今日のように整備される前、いわゆる「陸の孤島」とよばれる時代、明治から昭和の初期にかけて、帆前船（帆船）、機帆船が出入りし、西彼杵半島の北の玄関口として、多くの人や物資が往来しにぎわっていた。

『大村郷村記』（以下、『郷村記』と略）面高村の項の「由緒之事」によると、「往古天久保氏知行　慶長四年の高帳に、大村吉左衛門六拾四石七斗貳桝九合知行すと云」とある。また大村史談会の久田松和則氏から「楠木合戦注文」の裏書に記された京都東福寺領下の各小領主への廻状一覧のコピーをもらった。これによると面高は、京都東福寺荘園中に組み込まれており、その地を治めた面高氏に何らかの下知状を持ってきたものと思われる。当時は、朝廷と幕府の諍いが頻繁に起こっており、その辺の下知と考えられる。その下知状は、正中二年（一三二五）八月十七日付のもので、その時点では、面高弥四郎入道、面高九郎入道の兄弟と思われるものが当地に居を構えていたことは明らかである。この唐人墓と面高氏と何らかの結びつきがあってもおかしくない、と推察しているところである。

『郷村記』面高村の項には古跡として、嶽の古城、梅崎の古城、松山の古城があり、これらは、前記した面高氏との関連が考えられる。また、面高は寛永十三年に設置された外海十六番所のひとつで、キリシタン宗門の禁止が厳しくなり、この地が大洋に接し、異国船漂泊の場所となるために設置された、とある。現在の面高交流センターが番所跡と思われる。面高浦入口には、遠見番所も不慮の変に備えて、安政二年（一八五五）曲りという所に設置された。今は、地元の人々の憩いの場所として、公園になっている。

面高港は『郷村記』面高村には「周囲恰も屏風を立てたるが如し、其形状池中の如し、故に列侯の樓船、諸方の商船、風波の難を避けるの地なり」と記され、天然の良港として知られていた。原口氏のシンポジウムでの報告によれば、天正二十年（一五九二）五月二十日、朝鮮半島へ出陣する島津氏の兵船は、樺島、野母湊を経由して、六月四日「おもたかと中村」の前に繋留し、五日未明より、平戸に向かったとある（『天正年中日々記』）。慶長十四年（一六〇九）島津氏の進攻の後、琉球国の尚寧王は、江戸に連行される際、五月二十五日樺島に着き、二十六日に出帆して沢潟《おもだか》に泊まり、筑前、周防を経て瀬戸内に入っている（『喜安日記』）。元和七年（一六二一）一月二十六日、長崎を出発したイギリス商館長一行は、平戸に行く途中、風が強まったため、ウォアモン・ドッカ（面高）に入港し、夜半に出発して二十七日午前十時頃平戸に到着したとある。

このように、面高の浦は、古くから、諸侯の船、諸方の船が出入りしたことは明らかである。

『郷村記』面高村の項には、「深浦なる故、何風にて船繋きよし、故に諸方の通船爰に泊りて風波の平難を窺ふ」とある。諸方の楼船、商船、あるいは兵船がこの浦を頻繁に出入りしていた。

二　面高港は海上交通の要

面高港は、南北朝時代から往来があったことは明らかであるが、湾口が北西に開いて、比較的水深が深いことも寄港地に利用された要因だろう。幕藩体制下では、番所が置かれ、外洋防衛の要衝としての役割を担った港であった。近代に入ってから、明治二十二年（一八八九）に佐世保鎮守府が開庁し、本谷という所に、また、明治三十二年（一八九九）には、石原岳という所に、佐世保軍港防衛のための要塞が設置されたこと、明治四十年（一九〇七）に崎戸炭鉱、昭和十年（一九三五）には大島炭鉱が開鉱されたことも、港発展の要因である。

明治、大正の時代から昭和の時代にかけて、佐世保港が、軍港として、多くの船が出入りしたころは、佐世保に向かう帆船や機帆船が帆を休める港であった。崎戸炭鉱、大島炭鉱に出入りする石炭運搬船も寄港し、農産物を積み込みする帆船が次々と入港し、港はひっきりなしに出入りする船でにぎわったという。岬が天然の防波堤となった港内は、少々の暴風にも影響を受けず、古くから、避難港として知られ、航行中の帆船、機帆船は嵐が過ぎ去るまで、一週間も十日間も港で待ったという。

面高港周辺の風景

人・物、情報が集まる海上交通の要としての港のにぎわいは、文化と多くの潤いをもたらした。海岸通りには、船員や商人等を相手とした旅館や商店が軒を並べていた。明治七年（一八七四）十二月十六日、長崎県で三十一番目の郵便局が開局し、面高、瀬川全域の郵便取扱をしていた。明治三十二年（一八九九）十月一日、面高銀行が設立され、近隣村の金融の中心となっていた。面高港のにぎわいの最盛期には、遊郭も十数軒あったという。三味線や太鼓のにぎやかな音色が、昼間から夜遅くまで続いていたという。一度荒れ狂うと、船の航行を拒んだ外海。船は嵐が過ぎ去るのをこの港で待った。そして、船員たちが休憩するこの港には、いつしか自然発生的に、あるいはそれをターゲットにした商店ができ、旅館ができ、また歓楽街ができた。

この商店や旅館等には、それぞれ屋号があった。古老が記憶にあるものを、思い出し、思い出し話されたことを記したいと思う。

〔大小屋《おこや》〕藩政時代から置かれた陣小屋。今も跡地が残っている。

〔木屋〕藩政時代に置かれた外洋防衛のための陣小屋、跡地には人家がある。

〔明治屋、佐賀屋〕明治半ば創業の老舗旅館で、面高港の発展と共に繁盛した。今は廃業している。

〔川口屋、小佐々屋、綿屋〕木賃宿屋で、薬売り、旅芸人等の宿屋だったという。

〔岩見屋〕農産物等を取り扱う問屋業を営んでいた。

〔麴屋、酢屋〕麴屋は麴を造り、酢屋は酢を造って販売していた。

〔江上屋〕江上の人で、菓子や飴を売っていた。

その他にも〔質屋〕〔いとに屋〕があった。屋号はなかったが海岸通りには、タバコ屋、酒店、下駄店、衣料品店、薬店等々、生活に必要な店が並んでいたという。

風呂屋も二軒あり、その中のひとつが大正風呂といって、船員や近隣の人が利用していたという。屋号が多かったのが遊郭で、〔米屋、松屋、恵比須屋、泉屋、松島屋、かぐら屋、桜屋〕があった。古老の記憶に残っている遊郭の屋号である。

遊女が三味と太鼓に合わせて歌っていた、

面高港に
　船が百杯着きゃ
帆柱も百本ぽん
　止まる烏《からす》も同じ百羽ぱ…

という歌がある。これは、古老の話では「面高サノサ」といって、遊女達が港に停泊している船に渡る際、伝馬船で、三味と鐘の音に合わせて歌っていたものだという。これがこの土地のはやり歌となって、酒席ではよく歌っていたのを覚えている。今はこの歌も全くなくなった。さびしいものである。

面高港を母港とした地元の船もあった。

〔共栄丸〕米屋の所有で、大正から昭和初期にかけて、佐世保向けの鮮魚を運搬した。農産物の運搬も手掛け、商い船とした半客船。

〔精幸丸〕帆船だったが、機帆船となった貨物運搬船。

〔若木丸〕機帆船。

〔鶴勢丸〕機帆船で主に宇部、神戸、大阪方面に運航していた石炭運搬船。

〔精生丸〕発動機船、農産物等貨物運搬船。

〔共和丸、米子丸〕大島炭鉱、崎戸炭鉱に運航していた商い船、天久保、黒口にも寄港した。西海市の特産として、全国に販路がある「ゆで干し大根」の売り始めは、少量ながらもこの消費地大島、崎戸であったと聞く。

〔初吉丸〕佐世保航路を運航した客船。

〔面高丸〕昭和三年に建造。太田和、黒口、天久保、面高から佐世保間の定期船、約二十トン。

〔鹿島丸〕約二十五トン、六十馬力、四十五人乗、面高港から佐世保まで約一時間、朝七時に出て、夕方四時に寄港していた。面高丸から航路を引き継ぎ、昭和四十年頃まで運航していた。エピソードとして、近隣の人が小遣い銭かせぎに、野菜（つわぶきなど）や鮮魚などを預け、船長さんは、それを市場に持って行き、売上代金をもらって、それを配ったりと、本来の仕事以外のこともしてくれていたという。また、客船でありながら、客と一緒に、牛も乗せたりしていた、との話も聞いた。

ほかに長浦丸という客船もあった。地元の船はそれぞれ宮ノ下という海岸に碇泊していた。

おわりに

戦後九州商船が就航し、第三大生丸、第五大生丸、梅代丸といった船が寄港し、佐世保、面高、大島など主要な港に寄港し、長崎まで就航していた。第五大生丸も約五十トンの鉄大生丸は約五十トン、第三大生丸も約五十トンの鉄船で、当時は珍しい船であった。桟橋等の設備もなく、これらの船は、港の中に停船して、陸地より、サンパン（三板）という十四・五人ぐらい乗れる小船が来るのを待っていた。明治屋旅館が代理店で、旅館の主人が手際よく櫓を漕いでいた。戦後食糧不足にあえぎ、佐世保から買い出し人を乗せ、盆、正月には、帰省客も多く、二往復も三往復もしたという。今も切符売り場のカウンターが残っており、往時を偲ばせている。

昭和十六年（一九四一）にはじまった太平洋戦争の終盤を迎えた昭和二十年（一九四五）三月二十四

日、川棚訓練所教導隊兼面高駐屯部隊の特攻基地となった。快速爆装艇(震洋)四十八隻、搭乗員五十名、その他整備、基地隊員百二十名が駐屯した(隊員が記録した八重桜の記録より)。昼夜を問わず、本土決戦に備えて、特攻訓練が続いた。特攻服に身を包み、港内を疾走する特攻艇震洋の雄姿に憧れをもったものである。昭和二十年(一九四五)七月十日、慣れ親しんだ面高基地から、牧島基地に移動し、そこで、終戦を迎えた。

戦後は、しばらくの間、アメリカ海軍が駐留し、港では、艦船が錨を下していた。現在の面高交流センターの所に、カマボコ兵舎も建てられ、多くの兵士が駐屯していた。近所の子供たちにチョコレートを配ったりして、怖々ともらったことを覚えている。後口浜という所の小高い丘に、竈門神社が鎮座している。その眼下には、真珠や、タイの養殖のイカダが浮かんでいて、今は何もなかったかのように見えるが、かつては活気あふれた港であった。竈門神社の祭神は玉依姫命、地元の鎮守の神として崇敬され、漁業、海上鎮護の神として信仰されている。港内に呼崎という岬がある。そこには、恵比須、弁才天の石造が祭られており、地元の人達は、恵比須様、弁天様と呼んでいる。毎年一月二十日、十月二十四日には、航海安全、豊魚祈願の祭礼を行っている。港内に停泊した帆船、機帆船等の船員は、これらの神々に航海無事の手を合わせ出帆したのではなかろうか。

戦後、船も大型化され、港はそれらにとって手狭となり、寄港する船も少なくなった。道路も整備され、短日で日本全土を走れるようになり、陸上交通の進展は、農産物等の積み出し港の機能を失ってしまった。今、港内は、高速艇が佐世保まで二十分で走っている。また、真珠のイカダやタイの養殖イカダが静かに浮かび、かつてのにぎわいは全く見られなくなってしまった。

桟橋に佇んで、四方を見渡すと、東には、遠照院という寺院が、西には、竈門神社、そして中央には、恵比須神社が港を包むようにして見守っている。神仏の加護があって、港の発展も海岸通りのにぎわいもあった、と往時を偲んでいる。

参考文献

大村史談会編『九葉実録』別冊（大村史談会発行、一九九七年）
藤野保編『大村郷村記』第五巻（国書刊行会、一九八二年）
藤野保編『大村郷村記』第六巻（国書刊行会、一九八二年）

あとがき

本書は、四年前の長崎県西海市で開催された石造物シンポジウムの成果に、数本の関連論考を加えて一書にまとめたものである。歴史系のシンポジウムは、西海市最初の試みであったが、市内外から一〇〇人に及ぶ参加者を得て、地元の歴史、地域の歴史に対する市民の関心の高さを証明した。

西彼杵半島の過半を市域とする西海市は、路線バスで佐世保市や長崎市へも移動可能であるが、鉄道路線から完全に外れているため、交通事情はかなり厳しいものがあり、日々、過疎・高齢化の荒波に洗われている。

しかし、かつてのこの地域は、多島海世界の一角に属し、海上交通の繁栄とともに多くの人・モノ・富が集まる紛れもない先進地域であった。そして、この地域のあり方を特徴付けた倭寇・一揆やキリシタン・南蛮貿易など、教科書にも見える歴史的な話題に充ち満ちた魅力的な地域でもある。

私たちは、この地域の過去と現在との大きなギャップに着目し、過去の繁栄とそれを可能にした要因をあれこれと考える中で、市民の皆さんにも当該地域が輝いた時代の有り様を知っていただき、それをバネに一人でも多くの方々が現状改善への意欲・意識を高めていただければありがたい、との思いを抱きながらシンポジウムを企画した。

歴史学などの人文科学を軽視する風潮の高まりに直面し、私たちは歴史学を学ぶことの大切さと、そこで得られた諸事実をもとに、厳しい状況に置かれた地域社会に対応し、少しでも寄与することによって、その存在意義を示していくことが不可欠になって来たとの思いを強くしている。

さいわい、本書には西海市内外の識者からもご論考をいただき、長崎県やその周辺地域を含む広い地域について、新たな角度から捉え直し、当該地域の歴史的特質と重要性を改めて提示することができた。そして、その過程で、この地域が中央集権・中央指向の発想から自由になることができれば、大いなる可能性を秘めていることを、不十分ながらも示すことができたのではないかと思う。

それにしても、本書は計画よりかなり遅れての刊行となった。その原因は、予定していた刊行先である彩流社の佐藤英豪さんが、独立してアルファベータブックスを立ち上げたため、その間の様々な手続きなどで多くの時間を要したこと、そして、編者の一人である市村が職場の異動と引っ越しのため、やはり多くの時間を取られたこと、などにあった。

それでも執筆者各位の寛容な対応と、独立後の佐藤さんや編集担当の茂山和也さんの献身的な努力によって、ようやく刊行の見通しが立った。関係各位に対し、心からお礼を申し上げたい。

二〇一六年一月

市村 高男（文責）
大石 一久
原口 聡

執筆者紹介（◎は編者）

◎市村　高男（いちむら たかお）　大阪産業大学人間環境学部特任教授
◎大石　一久（おおいし かずひさ）元長崎歴史文化博物館研究グルリーダー
◎原口　聡　（はらぐち さとし）　西海市役所
松尾　秀昭（まつお ひであき）　佐世保市教育委員会
川内野　篤（かわちの あつし）　佐世保市教育委員会
西本　沙織（にしもと さおり）　徳島市教育委員会
目良　裕昭（めら ひろあき）　南国市立鳶ヶ池中学校 主幹
久田松和則（くだまつ かずのり）富松神社 宮司
江越　弘人（えごし ひろと）　元西海市立大瀬戸歴史民俗資料館嘱託
太田　隆　（おおた たかし）　西海史談会副会長

石が語る西海《さいかい》の歴史
倭寇《わこう》とキリシタン世界を読み直す

第1刷発行　2016年4月5日

編　者● 市村高男
大石一久
原口　聡
発行人● 茂山 和也
発行所● 株式会社 アルファベータブックス
〒102-0072　東京都千代田区飯田橋 2-14-5 定谷ビル
電話 03-3239-1850　Fax 03-3239-1851　E-mail alpha-beta@ab-books.co.jp
装丁●佐々木 正見
印刷●株式会社 エーヴィスシステムズ　製本●株式会社 難波製本

ISBN 978-4-86598-009-7 C0021